我是电商

I Am a Electricity

邢晓风　王日俊／编著

中国经济出版社
CHINA ECONOMIC PUBLISHING HOUSE
北 京

图书在版编目（CIP）数据

我是电商／邢晓风，王日俊编著．
北京：中国经济出版社，2017.9
ISBN 978－7－5136－4536－2
Ⅰ.①我… Ⅱ.①邢… ②王… Ⅲ.①电子商务—商业经营 Ⅳ.①F713.36
中国版本图书馆 CIP 数据核字（2017）第 308517 号

策划编辑　伏建全
责任编辑　孙晓霞
文字编加　孙喆浩
责任印制　马小宾
封面设计　华子图文

出版发行　中国经济出版社
印 刷 者　北京科信印刷有限公司
经 销 者　各地新华书店
开　　本　710mm×1000mm　1/16
印　　张　24.5
字　　数　344 千字
版　　次　2017 年 9 月第 1 版
印　　次　2017 年 9 月第 1 次
定　　价　58.00 元
广告经营许可证　京西工商广字第 8179 号

中国经济出版社 网址 www.economyph.com 社址 北京市西城区百万庄北街 3 号 邮编 100037
本版图书如存在印装质量问题，请与本社发行中心联系调换（联系电话：010－68330607）

目录 CONTENTS

做好电商 |第一步|

你要知道自己在卖什么

做好电商 |第二步| 你要知道自己在跟谁合作

做好电商 |第三步| 拼的就是技术

做好电商 |第四步|

玩转电商的核心——营销

做好电商 |第五步|

建立完善的流程，打造给力的团队

做好电商 |第六步| 让网店强大起来的诀窍

做好电商 |第七步| 网店事件紧急处理小贴士

做好电商
|第八步|

仓储物流管理技巧

做好电商

第一步

1

你要知道自己在卖什么

网店定海神针：定位是关键！

开网店如何才能在千千万万的电商中跑赢？做好网店的定位可谓是首当其冲。定位既是网店最初的一步，也是最关键、最重要的一环，没有定位就没有章法可循。只有将定位做好了，才能有条不紊地进行网店工作。既然网店的定位如此重要，那么，如何对店铺进行精准定位便需要花费一番巧心思了。

心思一：产品定位要遵循“二八原则”

对于网店来说，产品的重要性是不言而喻的。皮之不存毛将焉附。产品是网店的基础要素，更是成功的关键。在运营网店之前，一定要思考选择什么样的产品，自己是否熟知了解这种产品。只有建立在产品熟悉和技术精通的基础上的销售，才会无往不利。

卖点是一个产品的灵魂，一个没有卖点的产品在电商平台上很难脱颖而出。质优价廉的产品人人喜欢，但不要想当然地认为只有价廉才能赢得客户，质优才是关键，要把“物美”放到前面，用心地去选择好的产品。

在选择产品时，一是要做到自己喜欢，己所不欲勿施于人，只有自己喜欢，才能用心经营。二是要专业，充分了解自己产品的属性，这样才能做到专业，从而将产品介绍给客户。同时，要去和同行进行比较，并对自己产品的优劣势了然于心，知道自己的优势，才能更好地向客户推荐。三是要懂得投其所好，不仅是对客户如此。对选择的平台也是如此。你选择的平台要喜欢认可你的产品，只有平台喜欢认可你的产品，才会推荐你！四是要关注竞争对手在平台上的销量、价格、上下架时间、客户的评论，这样才能找到客户的“痛点”。

如果是小卖家，不建议考虑太大的类目，因为卖家众多、竞争激烈；大类目肯定是受众面广，会有好多大卖家在里面，而小卖家没有足够的实力去做好，很难脱颖而出。

产品选好后，就要考虑主打产品的定位，此时要掌握“二八原则”。要知道，在一个店铺里只有20%的产品是主角，其余80%的产品只能是陪衬，是衬托红花的绿叶，注定只能做配角。所以要分清楚哪些产品是主要角色，哪些产品是跑龙套的炮灰角色。对于那些炮灰产品，涉及打折、引流、赠品，甚至降价时都要毫不犹豫地拿出来顶缸。主打产品是一个店铺的灵魂，众星捧月才能凸显主打产品的档次，此时切记不能轻易降价，并且要保留充足的库存、好的口碑、详尽的描述、不错的毛利，所有产品都要向它们引流！不是一切产品都要挣钱，绝对不能对所有产品一视同仁。必要时要拿出一些炮灰产品，推动主打产品的上位。当你明白了哪些是你需要精心维护的产品时，其余的便可以舍弃。炮灰产品可以三天两头打折，以此吸引客户的关注，不赚钱也没关系，能给主打产品创造“绝杀”的机会。舍得饵才能钓大鱼。

货源的选择同样不能忽视，它可谓产品定位的坚强后盾。当你将定位的重心放在利润和销量都十分可观的产品上时，要避免“后院起火”，被釜底抽薪的悲剧，前方销售火爆，后方却失去了货源，那一切都会化为乌有！此时就算你千辛万苦再次找到了货源，但时不我待，很可能会错过最好的销售时机。或者货源成本高昂，使网店的利润受到很大的影响。因此在产品定位时，要充分考虑货源，是从线上寻找代理还是从线下进货都要预先考虑清楚。

心思二：买家群体定位要精准

知己知彼百战不殆。开网店要了解你的客户群。了解客户群体的类型，对他们的特征、特点、需求、消费趋势及消费能力都要有很好的把握。对顾客的充分分析，在以后制定有针对性的促销策略时，能够使你有坚实的基础，同时也是在解决顾客需要什么的问题。

精准的定位可以提高转化率。买家群体定位重点在性别、年龄、收入、喜好、习惯等方面。比如，如果选择女装行业，那就需要做进一步的细分，细分客户群体到大码女装、白领女装、淑女装等。对网店来说，越准确越好，当然前提是要保证客户群体有一定的规模和消费能力。比如，做童装的就要看是针对男孩还是女孩，具体哪个年龄段，年龄跨度不能过大。如 0 ~ 10 岁，完全可以只做 4 ~ 6 岁的幼儿园小朋友的衣服，绝对不存在市场容量小的问题。范围越小定位越精准。

确定好买家的消费群体以后，便可以根据目标客户群的年龄、收入、喜好、习惯以及身体特征等，进行产品的原料、款式、价格等的定位。

有一家女装品牌将产品定位为 23 ~ 38 岁的女性穿着。此时期的女性既爱美，又注重品质，且已经有了一定的经济能力。于是，精准的聚焦很快取得了目标客户群体的认同，短时间内年销售额竟达到 1 亿元。

如果服装是针对 36 岁左右的职业白领女性，身材稍稍发福，腰里有赘肉，显小肚子，就可以将产品属性聚焦到不收腰中长款的衣服以方便遮盖肚子。

在消费人群定位方面，有一些店铺的定位值得借鉴。他们的定位非常精准。比如，茵蔓的女装，适合当代白领的休闲世界；裂帛的女装，聚集“向内行走”的人，彰显个性，与众不同，适合有个性有想法的女孩子穿；阿卡的女装，聚焦甜美可爱型的女孩，基本购买人群年龄段为18~26岁，年龄再大就穿不出那种甜美的味道了；骆驼男鞋，强调休闲舒适，自由自在，消费人群定位在25~35岁，再加上韩寒的代言，骆驼休闲男鞋系列销量一飞冲天，成为了休闲男鞋市场的佼佼者。

心思三：价格定位看人下菜碟儿

网上开店，没有店租金的压力，没有工商税务的烦恼，更没有莫名其妙的骚扰，省去了很多的麻烦和额外的成本负担。只要有好的货源，赚钱只是时间的问题。所以，网店商品价格一定要比网下便宜，因为大部分消费者对价格十分敏感，不要太贪心，多参考别人的价格，薄利多销。要知道，优惠的价格往往会吸引很多想省钱的客人。

同时，产品的价格要与顾客群的消费层次相吻合。把自己店铺产品的价格控制在合理的区间内，尽量缩小价格范围，或者细分价格区间。比如，淘宝上童装的价格大区间是几十元到二百元，可以将产品价格控制在20~60元或者60~100元，或者100~200元等，不同的价格区间背后对应的是不同消费层次的顾客，通过价格区间就锁定了对应的目标顾客群。

比如，30岁以上的白领，他们已经有了稳定的经济收入，但对于实体店几千元一件的衣服，还是会心疼和难以下决心购买，但又有一定的产品要求，那么根据这类需求定制300~400元成本的产品，再考虑款式优势以后，就可以将价格定位在600~900元。

心思四：质量定位看品质

品质是一个产品的核心和价值所在，而不同的价格通常对应着不同的产品品质，也就是我们平常所说的高、中、低档。不同的消费群体对产品的质量有着不一样的需求，不同层次的顾客能接受的质量也不一样。通过把控质量可以定位目标顾客。同样款式的服装，采用涤纶、聚酯纤维、纯棉、亚麻、丝绸等不同面料做出来的产品质量也不一样。一般来说，产品质量通常从产品的价格反映出来，与之紧密相关，所以要重点控制好在同样款式和价格下的产品质量。这个方面，市场拿货是重中之重，产品质量的环节需要在选货的时候就定位好。

心思五：店铺定位重视觉

第一印象不容忽视。要知道，店铺视觉定位是决定卖家能否做好的至关重要的环节，很多大卖家的成功要归功到店铺视觉上！歌词中唱："只因为在人群中多看了你一眼，再也没能忘掉你的容颜。"对于产品也是如此，要让客户在进入店铺的一瞬间，便要抓住客户的心，让他们再也不想离开你的店铺。那么怎样进行店铺的视觉定位呢？色彩的选择很重要，要知道，不同色调的使用在网店装修上可以起到不同的视觉和心理效果，而产品图片的构造、视角、光线方面的运用也能呈现不同的风格。

首先要区分冷暖色调。暖色调给人温暖、温馨的感觉，能牢牢抓住温柔型顾客的心，使心理比较柔软的买家感到安心舒适。而冷色调有一种冷艳的感觉。纯黑或者其他深色更能突出衣服的色泽、对比度，给买家以硬朗的感觉，具有鲜明的个性，且不模棱两可，特别适合那种果断，雷厉风行的职业女性。一般在欧美风格、OL 风格中大部分卖家会选择冷色调，如黑、灰、紫等颜色，而在韩版、田园、瑞丽等风格中更多的卖家偏好暖色调，走小清新的路线，如粉红、蓝色、白色等。

其次是图片的构造、视角、光线的运用。不同的图片拍摄方式，呈现出来的效果截然不同。在传统的韩版、田园等风格里，外景往往占据优势，有优美的风景，采用一定的亮色作为背景，且采用朦胧虚幻的风格彰显神秘。构图方式以半身为主，达到景中有物的整体效果。而欧美OL、街头风格等，主要以灰黑色的内景、深色的室外背景作为主色调，用灯光或者拍摄角度来突出模特以及衣服的特性，棱角分明，张扬个性。

心思六：风格定位要统一

店铺风格要专注唯一，最好只有一个定位，既不能风格多变，也不能奢求人人喜欢。任何风格都不可能符合所有人的需要。如果什么都想获得，结果只能会沦为大众化，表现平平。风格统一可以直接提升店铺的转化率，做好风格定位远比在商品描述上下功夫更能提升转化率。对于网店来说，控制产品的风格，要从源头做起，从进货环节把好关，通过档口选择来控制货源的风格。根据产品的客户群体，产品的风格定位，选择一些风格相符的货源档口来拿货。要选出货量大的店，这样的店铺能保证货品的供应，不容易断货。通过货源供应环节定位好产品的风格。一般来说，每个档口经营的货源风格是统一的，风格相差不会太大。同时，又不用费尽心思地去寻找好卖的款式，要明白，一个风格统一的档口经常会有几款热销的产品，放到风格统一的网店通常销量都很可观。

店铺的风格定位是一种取舍，为了获得一部分客户，就必须果断放弃一部分客户。风格就是一种缺憾的美丽，扬长避短才能获得客户的青睐，正因为我们不能获得所有人的喜爱，所以才要选择适合自己的店铺风格，尽力发挥我们的长处，而不是费时费力的补充短处。因为，扬长永远比避短有效。

在买家群体定位、产品的定位、店铺视觉定位三管齐下，都已经做好的前提下，还需要对这三者进行风格整合，择其善者而从之，将三者完美地统一起来。不同的产品风格应对应不同的视觉定位，不同的消费群体往往有不同的视觉偏好，要将产品的定位和视觉定位进行整合，使店铺在风格上能呈现出一种整体的效果，以满足客户的需求，因为店铺整体风格的打造是以满足消费者群体喜好为目的的。

在确定好店铺的整体风格后，要保持一惯性，只有这样才能增加客户的黏性，培养长期的忠实客户群体。一个成功的品牌决不会轻易改变自己的产品风格，比如大家熟知的韩都衣舍、裂帛、阿卡、骆驼等。不轻易更换大风格方向的店铺往往经营良好，聚集在店内的忠实客户自然会越来越多。

很多品牌店铺能做到出类拔萃，是因为他们上线的第一天就做好了客户群体、产品风格与视觉风格的统一，店铺整体呈现出特定的风格魅力，店铺开张后几乎没有竞争对手，店铺很快能够快速发展。而一旦等店铺有了一定的知名度，消费者形成了特定的消费习惯，就有了大类目下小风格的话语权，相应价格就能略微提升，消费者也会欣然接受，从而轻易就避免了和同质化店铺的恶性价格竞争。

心思七：竞争力定位看优势

如何在众多的电商中脱颖而出、让人眼前一亮？那就要知己知彼，通过和竞争对手的对比，找出自己的优势所在，也就是产品的核心竞争力。将竞争力细化到产品上，挖掘优势和卖点，做到与众不同，别人没有的特质你有！那就是你的核心优势。如何吸引客户、怎么留住客户、怎么盈利等，都是由你产品的核心竞争力决定的，你的竞争力到底是价格优势还是产品优势，是供应链优势还是物流优势，是服务优势抑或是品牌优势，这些你必须拥有其中的一项或者多项，才能在激烈的市场竞争中占据优势。

那么多同质商品凭什么买你的

随着电子商务如火如荼地发展，各行各类的网店如雨后春笋般快速建立起来，也使同质化的情况日益严重。在琳琅满目、包罗万象的商品中，消费者有很大的选择空间，商家再难做到“物以稀为贵”，如果不能在诸多的同质商品中突破重围，很快将被市场所吞没。那么，如何让自己的产品脱颖而出、让客户对你的商品情有独钟呢？打造店铺差异化将是不二法门！

1. 打造吸引眼球的网页标题

标题在SEO（搜索引擎优化）中属于最基础、最重要的步骤，犹如人的一双眼睛。哪怕你的产品再好，销量再高，若没有一个抢眼的标题，就会损失大量的访客，导致顾客体验降低，顾客无法一望而知你销售的是什么，从而徒增页面的跳失率。一个抢眼的标题能让产品从竞争中脱颖而出，牢牢占据市场中的一席之地。

标题要主题明确，包含网页中最重要的内容；文章页标题要言简意赅，不要加入过多的额外描述，从而分散用户注意力；不要用生僻字，应使用用户所熟知的语言描述；如果您的网站用户比较熟悉，建议将网站名称列到标题中合适的位置，品牌效应会增加用户点击的概率；标题要对用户有吸引力；能让用户产生信任感。

2. 带给客户一场视觉盛宴

如果产品不可避免地出现了同款竞争，就要在视觉上打造差异化。网店很少有自己的设计师，一般都是买手制，通过市场选款进行售卖，这样就使同质化风潮愈加泛滥。没有视觉上的突破和区别，就容易陷入雷同，从而失去竞争力。如果图片不好就会导致点击转化率差，这是一个致命的问题。尤其对于小卖家和新品牌来讲，更需要在视觉上做区隔，假如在供应链、商品开发方面不具优势，视觉再无法突围，基本就是“死路”一条。那么到底怎样的视觉才能俘获更多买家的心呢？

首先，主图要让人耳目一新，眼前一亮。主图的作用就是帮你吸引顾客进入店铺，主图要做得与众不同，和别家有明显的区别，分到一分的注意力，就取得了初步的成功。需要把产品的卖点逐一列出，选出一个最优的展现在主图上，这个卖点需要不停测试，通过添加卖点元素来提高点击率。

比如，很多家卖男装衬衫的网店的主图大都是一个模特，后面是简单的背景。要做出差异化就需要在图片上下功夫。用明亮色彩的背景色吸引注意力，增加一个特别的设计，比如说一双纤纤玉手从背后伸出，指缝里嵌着一枝玫瑰，或者手腕上系着色彩瑰丽的手环，都会为图片增色不少，趣味感也会马上提升，图片又很有创意，给人一种神秘的、想探求的感觉，加之男性购物习惯比较简单，很少去货比三家，此时，如果销量、评价都很好的话，就会马上下单。很多时候，在同等情况下，吸引到消费者眼球、促使他点击进去的往往就是一个出其不意的亮点！

卖男士内裤的主图一般都是中规中矩的拍摄。为做到产品差异化，可以下一番功夫。喜欢美女是男人的天性，卖家可以利用这一点，配合性感的动作，让一个风情万种的红唇美女勾起一只小指头，牵拉男人的裤脚，这样的图片大大区别于其他产品，可以提高不少点击率。

其次，要有良好的视频、动图。客户对详情页中激发购买欲的形式的关注度一般是视频 > 动图 > 静态。当所有店家都在考虑如何拍好照片时，可以另辟蹊径去做一个完美的视频，用360度全方位展现、全方位说明、原理示意图去展现产品。一个较好地展现产品的视频有利于激发客户下单，同时也能提升品牌的档次。

3. 展现网店特色

店铺要有自己独特的风格。商家可通过颜色、图片和文字的综合运用，打造属于自己品牌的独特视觉形象，加深消费者对店铺的印象，同时与其他店铺进行区别。比如，在女装的详情页，街拍风和店主风已经运用成熟，想打造自己的风格，就要反其道而行。去总统套房，去高档写字楼，将照片的质量和感觉提升起来。

女装品牌七格格、茵曼、裂帛等，在风格上就有显著的可辨识性。七格格从“潮”的理念延伸开去，第一个在淘宝上大面积采用自定义页面，第一个大量使用动态图展示产品，第一个用异形广告字体等，给自己店铺树立了互联网第一潮人品牌的形象。它们在拍摄上无一例外地拥有自己的特色，使别家在短期内无法复制，即便是别人能够成功复制时，它们的销量早已经扶摇直上九万里，成功地与别家拉开了距离，别人再想竞争已是望尘莫及，除非用大把大把的钞票砸进去。

同时在产品的具体展示上，要独具一格，有自己的独创性。许多店铺的产品展示风格，体现出来的仅仅是网上商城内较为大众的形式，虽然归属主流，但依旧缺乏特色和亮点。在产品陈列和摆设上，店铺要能体现出自我特色；在产品介绍推荐上，要充分勾起消费者兴趣，抓住其关注点，避免出现具有负面效应的介绍和展示；在产品图片拍摄上，可以依靠真人拍摄、试用等办法，增加现场感和消费者下意识的比对心理。

要做到比别家更专业精细。比如，商家是卖雨伞的，原材料都差不多，而竞争对手通过将零件分开，显得更专业，假设变成由 385 个零件组合而成的坚韧伞架，内容更加丰富翔实，立即给人一种精细结实的感觉。同时，拍摄的角度不同，显示出来的效果就大不一样。

对于一些地方特产，就比较讲究原产地。比如，阳澄湖的大闸蟹、五常的大米、新郑的大枣、宁夏的枸杞、海宁的皮草、阳江的菜刀、新疆的棉花等，具有原产地的自然优势，可以与竞争对手区分开来。如果是同一产地的产品，那就再细化，哪个产区的产品最好，以及种植的地方和方式，种植的方法，现代化的种植跟手工种植的区别等。

4. 过硬的质量保证

在产品中加入尽可能多的优质技术因子，把自己的产品打造成业内口碑较好的产品，以此来赢得消费者和市场的认可。就像芯片行业的明星——英特尔那样不断进行技术独创和升级，不断拉开与竞争对手的差距，最终成为优质先进产品的代名词。商场中，品牌云集，在如此激烈的市场竞争下，很多品牌商却依然得过且过，跟随在业内大牌后面，费尽心机地抢夺阵地。当然，质量的打造需要高投入。因此，做好充足的资本准备是产品质量策略的重要支撑。

5. 小恩小惠大智慧

产品的价值除了产品本身的功能、效果外，还有很多来自产品捆绑的附加内涵。例如，最常见的礼品、温馨的包装以及特别亲切的服务。

在价值差异化中，你提出的价值需要符合顾客购买当前产品的潜意识期望，吻合他们的需求。比如，卖轴承，就送客户润滑油；卖面粉，就送客户酵母粉；卖童装，就送客户口水巾；卖药品，就送客户体温计。不仅是物质方面的，还可以是感情方面的。

6. 细节上讲究品牌的契合度

一个产品的好坏除了能在质量上得以体现外，更重要的是该产品所蕴含的品牌价值。品牌的契合度策略就是指产品的生产制造要符合品牌定位，与其有效契合，在产品的每一处细节，如生产流程、用料、形状、花饰等方面都要体现品牌风格。品牌商要树立独特的品牌形象，并有效与同类产品进行区分，要让每一位消费者都感受到不只是在购买产品，更是在购买产品背后的品牌价值，真正做到物有所值。

7. 用“情怀”深植人心

人都是容易被感动的，做网店不要单纯地做硬销售，要以情怀打动人。讲故事是营销中非常高端的手段，可以使你一下子从众多的同类网店中脱颖而出。钟茎就是一个以故事来带动销售的成功店家。

钟茎销售的宁夏的枸杞原本的包装非常简单，只是用塑料袋简单地封装一下。后来枸杞行业提出了一个鲜明的概念免洗枸杞，但是钟茎发现免洗枸杞并没有使枸杞销售火爆。钟茎明白要提升枸杞的价值，走出宁夏，走到全国，需要找到核心价值，还要给它一个与众不同的名称，以及找出差异化的卖点。后来，钟茎发现，每年第一波下货的枸杞是最受追捧的，营养价值是最高的。钟茎发现枸杞有一个新的品种叫头茬枸杞，便提出了头茬枸杞的概念，让这个包装含着金钥匙出生了。这个产品成功地把枸杞从20块钱提高到了300元钱，当它在试销阶段的时候，半个月卖了近万盒，超出了厂家和经销商的期望，造成了断货的局面。后来钟茎发现消费者对食品安全、产品品质非常关注。钟茎提出了一个叫小产区珍稀枸杞，2000块钱的枸杞诞生，刷新了宁夏枸杞有史以来最高零售价格的纪录。而且在高端人群当中它仍然是供不应求的。

要给自己的产品赋予价值，一粒枸杞还可以变得更加有价值，更加有魅力，形象变得更性感。

一个产品如果没有营销，没有性感出彩的营销，它就是普通的土特产而已。

在法国格勒诺布尔市的多个地方，都安装了一种短篇阅读的自动售货机。用户可以根据一分钟、三分钟和五分钟三个按钮，选择不同长度的故事。至于买到的具体故事是什么，用户是无法自主选择的，不过大部分故事都是一些文艺小清新或心灵鸡汤方面的文章。这牢牢抓住了法国人喜欢浪漫的心。

有一个网上卖佛珠的商家，抛出一段心灵独白，说出他跟别家的差别，让人感觉他就是一个专家，比较权威，并且通过将一些家人都带入情景中，增加了大家对这个店铺的信任。

“百草味”就是从“神农尝百草”故事中得来的启发：上古时候，神农为了给天下的百姓治病，不顾性命安危用七七四十九大尝遍了山岭的各种草药。最终写成了《神农本百草经》，造福了天下苍生。“百草味”继承神农精神，以自己独特的方式倾心打造出优质的产品，并甄别出每一种食物所能够给人带来的酸甜苦辣。产品的外包装设计体现了产品品牌的精神，逗趣的文案和插画构成了“百草味”独特的包装。比如，水果干、蔬菜产品基本采用写实插画的风格，海鲜肉脯则用牛皮纸包装。再加上脑洞大开的文案，“用美食干掉孤独”“拒绝做无聊的大人，去探索新鲜的趣味”“你牛掰，你试试”“不怕神对手，就怕猪队友”。而“开箱器”“回收舱”“亲嘴巾”“舔屏擦”“3D 互动卡片”“保鲜罐”等周边产品的开发，也极尽趣味性和人性化。“百草味”开发了“开箱器”，附在包裹箱的外面方便消费者随时打开包裹；开发了吃货的“回收舱”，用简易可折叠的纸质盒回收垃圾；开发了湿纸巾，命名为“亲嘴巾”等等，不一而足，这种细致入微的体验和创意，深入到了消费者的每一次购买过程中。

8. 非凡促销赢关注

喜欢占便宜是人的普遍心态。看到品牌网店在首页大张旗鼓地宣传“降价！促销!”时，大家会毫不犹豫地点击进去看个究竟，心里总想着能不能从中捡个大便宜。在当今这个眼球经济时代，这就是产品价格战、促销战所想达到的目的。网店必须要定期找些“噱头”进行一系列的降价促销活动，让顾客毫不犹豫地点击进入你的网店寻找他们心中的“大便宜”。现在最流行的“秒杀”“秒拍”活动就将这种促销战术发挥得淋漓尽致。

例如，唯品会推出百分百抽奖、购物返券、双倍积分、特价抢购等活动。京东商城有娱乐营销、节假日促销、价格战、“夜黑风高”等多种活动。由孙红雷等明星主演的电视剧《男人帮》热播时，京东商城将软性广告植入电视剧中，取得了很好的营销效果；2012 年 8 月 15 日，京东商城 CEO 刘强东利用微博与苏宁掀起价格战，“保证比苏宁便宜至少 10% 以上”的宣传口号再次吸引众多消费者的眼球，而这场战争也让京东商城、苏宁实现了双赢，当天京东大家电类的总销售额就超过了 2 亿元。很多网站通过免运费、限时抢购、会员积分、积分兑换优惠券、定期推出抽奖活动等多样促销手段给消费者以利益优惠，快速抢占消费者心智资源。

9. 让口碑评价为产品说话

网购客户对网店产品质量进行了解有一个重要的途径，就是产品评价，它同时也反映出网店的信誉度。谁都不会在差评满布的店铺里买东西，即使它的价格再低。我们在网上买东西都喜欢对比，喜欢参考评价。当大部分人说这件东西不错时，人在潜意识里就不经意地说服了自己，认可了这件东西。这不算盲目从众，毕竟对一样你无法触摸、无法试用的东西，第三方意见会立刻权威起来。当然这样也衍生出了很多“互刷”等不正当的手段，但毕竟投机取巧的伎俩是不会长久的。

10. 良好的服务为店铺保驾护航

“顾客就是上帝”是市场营销恒久不变的法则，服务是所有经营活动的出发点和归宿。在星罗棋布的网店中，影响消费者购买的因素除产品的质量和公司的形象外，最关键的还是服务的品质。交流就如揭开网购的一层纱，一句“亲！有什么可以帮到您?”使原本冷冰冰的屏幕多了一些人情味，让顾客觉得这不是在和一台机器对话，在向陌生人索要商品，屏幕的另一边有着和自己一样活生生的、有悲欢的人存在。而客户一句“掌柜态度好差”，也会在无形中让店铺形象低至谷底。一个客服代表的是店铺的形象，应以诚待人，诚信为本。

想要客户在浏览同质商品时在你的店里驻留，多一分成交的胜算，就应着力于打造自己的特色店铺，在同质产品中求异创新，让其他的商家只能模仿，无法超越！只有拥有了差异化的意识，有远见地部署你的整套差异化运作方案，才能够成为真正的差异化店铺，届时你将获得源源不断的流量、销量和利润！

商品千千万，服务最好看

罗马不是一天建成的，皇冠店也要经过时间的沉淀。买卖的成交量和好评信誉，直接影响网店的好坏。客服对网店销量的提升起着重要的作用。想要在众多的店铺中占有一席之地，成为成功的卖家，就必须要做好客服工作。只要用心服务好每一位登门顾客，不久的将来一定会带上好评率99%以上的皇冠。用实践证明“卖家说对每句话=100%成交”。

顾客是上帝，但不要把所有的消费者都当成你的顾客，任何一家店铺都不可能把产品卖给所有人。开店时尽可能把顾客做好充分的细分，研究好你最了解的一群细分顾客最大的需求是什么，把最适合他们的产品销售出去，认定一群顾客为“上帝”，服务好他们。等有了一定的客户群，就会发现这些顾客会有更多的需求，然后根据他们的需求找到或研发新的产品。如此循序渐进，你的店铺规模将会越来越大。

1. 热情的导购服务

网上开店服务最重要的就是态度！众所周知，顾客在网上购买稍大金额的产品时，会在网上咨询，甚至会打电话咨询一下产品的详细性能、规格，讨价还价，了解送货服务和售后服务，此时，如果没人答复，没人理睬，或好久才得到回应，语气冰冷，透着不耐烦，或回答不专业，肯定会转脸走人。就比如大家去逛街，到一家店里没有人招待，待了半天没人过问你，你肯定会抬腿走人。客户的等待是店铺的噩梦，超过 2 分钟没有回复，有很大的可能会造成客户的流失。等待或许是有原因的，也许是这个问题需要一些更专业的词汇、专业性的语言，又或者一些问题刁钻难以回答，但客户等待了较长时间后，得到的回复仅仅是“嗯”“好”“哦”，就等于直接把客户拒之门外，所以作为客服要提前编辑好一些出现概率较大的和一些有可能出现的比较刁钻问题的答案，以此来避免让客户长时间等待。

好的客服能让顾客感觉到网线或电话那端的笑容和温度。客服不是面对面的营销模式，要细心、耐心地去揣摩客户的心思。想客户之所想，耐心地根据客户的话，去了解他的需求。网上聊天，客户有时间思考，及时发现你的缺点和破绽，为了避免破绽的出现，一定要速战速决。不要以为客户拍下商品就万事大吉了，一定要让客户核对收货地址，以避免以后出现不必要的麻烦。

客户能接受的是适可而止的幽默与玩笑，可以营造轻松的氛围并拉近双方的距离，但是，切记幽默只是锦上添花之事，你的主要目的是获得顾客的信任和对产品的认可，如果只一味地想以玩笑博胜，而忽略一些专业性的问题，就会喧宾夺主，适得其反。客服人员应当在聊天之中慢慢地与客服熟络起来，在未达成交易的时候，切记不要哗众取宠，这样会让人觉得你不专业，没有责任感，并且影响客户的消费体验。

在回答客户问题时，一定要真诚详尽地回答，“嗯”“好”“哦”这样的回答，会让客户觉得你是在敷衍他，会直接影响客户的购物体验而造成客户流失，所以客服在与客户沟通中要积极主动地引导客户进行产品的选择。

2. 把自己当成第一位顾客

要学会换位思考，俗话说，知己知彼百战不殆。如果以顾客的思维去考虑店铺如何运营，就会避免很多低级的失误。当你在做一个页面时，多想想顾客最想看到什么图片和文字，你也会想到最能够吸引顾客购买的因素是什么。

3. 经常跟顾客互动

最简单的方式是建立一个老顾客 QQ 群。上新品时不妨在群里做一个问询调查，看老顾客最喜欢哪个产品，这样将会帮你迅速判断哪个产品可能卖得好；当你的一个畅销产品突然变得不畅销时，可以在群里调查一下老顾客近期不购买的原因，以方便做出正确的调整。

4. 看顾客会有什么反应

当更换了一张商品橱窗图时，可以观察一下实际顾客的点击率是增高还是降低了；当更换了商品介绍的内容时，可以观察一下实际顾客的转化率是增高还是降低。

5. 快速的订单处理

要养成每天上网维护商品和订单处理的习惯，快速处理订单，不能让顾客的订单状态长时间停留在未处理状态！要交代配送人员送货时的礼节，检查产品的质量问题，千万别以次充好，随时提醒自己诚信交易。

顾客对你的产品写了评论，不管是好是坏，只要不是恶意的，都要及时回复，让顾客知道，你做生意注重信誉，注重效率，这才是生财之道，如恒利数码网上商店每月有 7 万的销售量，就是因为它的口碑和热心的服务。老顾客会给你带来很多新的顾客，这是基本的商业准则。

6. 真诚的售后服务

把每个人看成潜在的消费者，在销售自己商品的同时，可以想象一下自己消费时的情况。谁都想放心快乐地购物，热忱周到而且真诚的服务带来的将是源源不断的销售量！在自己的售后服务条款里注明自己的这些服务，珍惜每一位顾客对你的光顾与青睐。

要做到主动而有针对性的服务。处理投诉只是服务的一小部分，还要主动、定期地回访自己的客户，让他们感受到你对他们的重视，感受到他们购买你的产品后所得到的价值，别吝啬你的电话费，他们会给你很大的回报。建立良好的互动关系，每个订单都注明他们的电话和地址，把他们放到自己的地址簿里面，过年过节发个微信，这样做一定会带来长期收益的。

7. 出单后要做好售后服务，吸引回头客

出单后要及时发货，最好能发货后给客户留言，告知客户已经发货，物流快递名称，物流单号，以及物流运输状态。交货后要提醒客户给予好评，这对店铺尤其是新店铺是尤为重要的。贴心的服务会让买家心里舒服，如果产品质量好，下次光顾的可能性非常高。为了吸引回头客，可以提供优惠券，给老客户打一点折扣，但绝对不能忽略产品的质量，一定要卖正品。

网店卖东西，服务是至关重要的。我们如何才能做好服务呢？首先要有一颗真诚的心，做到了这一点，保证你在网店销售上如鱼得水。服务好，带来的回头客是非常可观的；服务不好，不但回头客没了，严重的还可能会造成客户投诉，所以无论是新手卖家，还是大卖家，在服务方面一定要做好。

卖掉东西看技术，留住客户看人品

在互联网平台上，网店星罗棋布，消费者在购物时，选择的空间非常大。可谓僧多粥多，寺庙大，到处是捷径，条条大路通罗马，稍有懈怠，客户就会流失进入其他店铺。因此，在经营网店的过程中，一定要关注每一位来网店购物的消费者，用各种方法来吸引他们，达成交易。那么，如何留住消费者呢？

一、售前

1. 询盘顾客旺旺咨询

针对买前喜欢先咨询的顾客，卖家一定要有耐心，不要吝啬自己的文字，要充分利用旺旺的自动回复功能，无论你在不在电脑前，都要设置自动回复，这样顾客就可以第一时间收到卖家的回复。自动回复可以设置两条，一条是直接回复首次询盘的顾客，另一条是顾客等待过久解释一下“客服正忙”的回复，两条轮播设置，可以有心机地营造出忙碌接待诸多顾客的氛围。

针对以砍价开场的顾客，卖家不要简单生硬地回复“不议价不包邮”，那样的话很可能导致客户的流失，冰冷的回复会使顾客迅速走掉。卖家要绕开价格话题，先帮顾客查询一下是否有库存，然后引导顾客深入了解产品，了解多了，顾客觉得值了，也就不会再纠结价格，砍价的幅度也会小很多。

2. 吸引新买家

可以在店铺最明显的位置写上：进店送积分、购物送积分、秀贴送积分、推荐送积分、积分抵现金、积分换商品等信息。进店送积分可以使顾客成为你的会员，用赠送的积分购物，促使他再消费。秀贴送积分可以激励其为你宣传。

3. 尊重你的每一位顾客

在工作中，有时我们可能因为意见相左而同顾客产生摩擦。此时更要注意自己的言谈举止，尊重顾客。你的态度会成为你们之间良好关系建立的起点，但也会成为战争的导火索。不管什么时候，都不要失去礼节。只要言辞诚恳，顾客会对你留下良好的印象，从而再次光临你的店铺。

二、售中

1. 引导顾客坚定购买信心

在确定顾客选中的商品有货的情况下再进行下一步，以免沟通半天最后发现没货，会让顾客很反感。顾客针对商品提出问题时，即使商品描述已经十分详细，卖家也不能让顾客自己去看描述，有时候顾客明明看到产品的详细描述，还是会习惯性地去问卖家，特别是女性顾客，此时一定不能敷衍塞责，表现出不耐烦，要针对顾客的提问做出中肯的答复，让顾客感到你对商品很有信心，并且很负责、有耐心，良好的开端可以奠定下一步继续沟通的基础。

比如，有顾客问这件秋装冬天能不能穿，此时卖家要巧妙地了解顾客心理，顾客希望衣服的穿着周期长一些，那么就可以趁机强调衣服的高羊毛含量，保暖性能好，冬天也有穿着的机会，强调这件衣服可以作为内搭穿在大衣或羽绒服里面，再次坚定顾客的购买信心。此时顾客如果提出包邮的要求，其实已经在内心要定这件衣服了，只是女人都喜欢讨价还价，哪怕少 1 元，心里都会舒服一点。尽管店里促销力度已经很大，顾客还是希望再降价。此时卖家一定不能有情绪，理解了顾客的心理自然能心平气和地对待，特别是那些一次买多件的顾客，要先问问顾客是哪个地区，算算成本，如果利润空间大的话，就可以稍作让步，毕竟顾客的购买能力在，可以发展成老顾客，此时赚这一次钱不是唯一的目的，服务好，留住顾客的心更重要。

即使顾客已拍下也不能掉以轻心，要继续跟进促使其完成付款。顾客成功拍下商品后，发现有几毛钱的零头，要求抹零，不伤筋动骨的砍价，可以让利给顾客，让顾客满意到底，用几毛钱换个爽快大方的印象，何乐而不为呢？如果顾客不懂操作进入付款流程无法抹零了，可诚实说明此环节系统已不允许修改价格，加上一句玩笑话调侃顾客的抹零要求，此时顾客非但不会生气，还可能会和你聊起来。但是虽然顾客应该已经准备付款了，如果担心抹零不成顾客会心生悔意放弃购买，就还要继续跟顾客聊天，吸引顾客的注意，让顾客没有心思去考虑不买的事，看到付款成功的提示后，才算成功完成了一笔交易。

2. 时刻为顾客着想

为别人着想就是为自己提供走向成功的良机。站在消费者的立场上真心实意地检查产品的质量，不要抱无所谓的态度。在你检查产品的质量如何、价格是否合理、需要多大包装等问题时，应随时考虑顾客的需要。这样的话，不仅

顾客满意，你自己也会有很大的利润可得。要知道，为顾客着想，就是为自己着想。

3. 诚实待客

做生意一定要诚实，诚实守信方为经营之道，靠欺骗顾客做经营是不能长久的。有时候虽然能蒙骗顾客一时，但却不可持续。在现实中常会上当受骗的人不多，顾客是最聪明，也最公正的。一朝被蛇咬十年怕井绳，只要他觉得在你的店里上过当，日后一定避而远之，而且他一定会把上当受骗的经过告诉他所认识的人，这样一传十，十传百，名声受损，顾客会越来越少。千万不要心怀侥幸，以为只是得罪了一个客户，要知道，你得罪的将是他身后的所有人。所以，千万不要欺骗顾客。

4. 欢迎难缠的顾客

我们经常会遇到一些比较难缠的顾客，不要以为这一定是坏事。纵容使人懈怠和懒惰，而挑剔的顾客，促使我们不断进步。对于难缠的顾客不要拒之门外，而应表示欢迎。对很挑剔的顾客要毫不嫌烦地耐心对待，虚心听取客户的意见，并积极地进行改进，这样方才使我们的店铺日益完美，超越他人。

三、售后

1. 付款完成，承诺发货与售后

大家都有这样的感觉，收到快递的那一刻是最幸福满足的，每一位拍下商品的顾客都迫不及待地想要看到商品，了解了这个心情自然能站在顾客的角度去回复每一句话。但突发情况总是让人猝不及防，有时候卖家也无法避免库存有突然变更的情况，此时要及时告诉顾客，在有货的情况下一定能当天发走，等到真遇见缺货或突然断码的时候，也能跟顾客解释，让顾客放心。很多卖家包括很多皇冠卖家都认为顾客付款完成就万事大吉，放松起来，但千万别高兴太早，后期的评价是最重要的，为了让顾客能给 5 分好评，我们最好提前暗示顾客有问题先联系，我们一定能解决好，让顾客满意。

2. 主动地为顾客服务

友爱是互相的，你让顾客满意，顾客就会让你满意。要实践对顾客应尽的礼仪和责任，必须对顾客心存感激并主动为顾客服务。只要客人表示有什么问题，就要尽力帮助。提醒顾客本次优惠的截止日期，并告知以后将不会再有此种优惠了，或者某种产品是现在这个季节最适合的，错过了就要再等一年。

3. 不要让顾客感到遗憾

必须不断从各种角度去检查自己的店铺到底让顾客满意到什么程度，顾客是否曾在此有过遗憾。只有不断地反省和检查，才能提高自己服务的质量，赢得更多的顾客。对老顾客要特别照顾，比如可以为老顾客设置会员价以突出老顾客的与众不同，设置 VIP 顾客，提供多重优惠。

4. 温柔贴心的问候为交易画上完美句号

确认一下收货地址让顾客感到我们的认真负责，最后别忘记贴心的问候，仿佛老朋友一样，而不是冷冰冰的、单纯的买卖，没有顾客会拒绝热情温柔的客服。要始终保持愉快轻松的心态来面对每一位顾客，不要因为忙碌而忽视了顾客的心理需要。有时候，顾客买的不仅是一件产品，还有交流的乐趣和被重视的感动！

老客户要用心养

网店每天人流量很多，其中混杂着新老客户。老客户的网店的贵人，他们能够在上新时以最快的速度让新品破零，并且可省去测款时间与推广费用，一个店铺的老客户，就犹如一棵树的根基，根基越牢固越扎实，店铺就能够走得越远。

作为卖家，要时刻注意，当一个新客户踏入你的店铺时，就有可能成为你的老客户。不要放弃任何一个让他成为老客户的机会，花点小心思，好好维护好这茫茫人海中的缘分，才是店铺长久经营之道。那么，如何让那些潜在的老客户们成为店铺的忠实粉丝呢？

1. 给顾客一次愉快的购物经历

如果顾客在你这里享受了一次愉快的购物，他回头购买的可能性很大，但如果在购物过程中有过不愉快的经历，那他一定不会再来购物。

比如，顾客收到衣服，抱怨说线头太多，做工粗糙，质量看起来不太好，色差大，颜色没有图片上亮丽。这时客服就要语言温和而甜美地表示：“亲，抱歉呀！质量肯定不会有问题的，都是刚出厂的货，原汁原味，所以线头多了点，这个很抱歉，下次您再来，我保证把线头给你修得整整齐齐的，让您穿起来清清爽爽的，图片是有点色差，这个是照相采光的问题，我们下次一定注意，您喜欢的是图片上的那种颜色，以后常来逛，下次我一定参照此图色给你介绍最贴近的衣服。”

找出你家货物的缺陷，以及顾客的爱好习惯，让人不感到贴心都难。

2. 用商品留住消费者

除了服务态度之外，商品的质量和性价比更是消费者尤其注重的一点，选择合格的商品是学会如何开网店的关键。所以对于商品的质量一定要亲自试用把关，商品的价格也要货比三家，多跟几个上家沟通，一定要选择一个稳定并且各方面的性价比都比较高的上家，保证货物的质量以及货物供应速度。用商品的质量获得消费者的认可，既是获得好评的最佳方式，也是能够留住消费者最直接的方式。

3. 和买家成为好友

网点销售有一个优势是线下店铺无法比拟的，一般来说传统商铺一次购物结束，客户关系往往也就终结了，而网络交易则不同，通过交易，可以了解买家的一些信息，有利于与买家的后续沟通联系，因此一定要抓住机会，让买家成为你的好友！

（1）微信。让买家成为你的微信好友，假设你有 10 个微信号，每个微信号差不多 5000 个好友，这样新品发布时就相当于做了 5000 人的广告，可以想象一下会有什么效果呢？

（2）QQ 群、旺旺群。每次新客户咨询时客服可以提醒他加入 QQ 群或旺旺群，新买家可以在群里看到其他买家的咨询和解答，促进交流。

对于老客户，邀请他们进入 QQ 群或者旺旺群里面，可以给他们一个 VIP

的感觉，使得他们能更好地获取店铺最新消息，而有什么问题，可以优先获得解决，可以使顾客的购物体验立马上升。在群里，要注意互动，与他们搞好关系，聊天交流，培养感情。当他们和你的关系越来越牢固时，他们要买东西自然会找你。这批重要客户不仅可以成为你店铺的忠诚购买者，还可以产生口碑效应。他们会自发把你店铺的好东西介绍给朋友，以他们的信誉为你的店铺质量做背书，主动去帮你宣传。

（3）短信。这可以说是维护老客户的最为便捷的方式了，可即时发送，能第一时间被买家看到，具有时效性和互动性，并且成本相对较低。在买家购买商品以后，就可以开始用短信问候。告知买家商品已经发货，或快递已送到；换季时，问候一下买家；在买家购买了商品一段时间以后，可以发给买家如何保养商品的小贴士。当然，最重要的是，在店铺上新或者做活动的时候，不要忘了在老客户前面主动地提高曝光率。

4. 常与老客户互动

如果你从来不与老客户互动，的买家关注的是一个僵尸，只在要钱的时候才来发条动态，买家会觉得你不专业、不用心、太势利，其实店铺日常活动和趣闻都可以是互动的机会，要把老客户当作你的粉丝，把自己当作明星，懂得分享互动，不定时发些信息，要有存在感，从而引起买家的注意，这样等有新品上市，买家自然记得你。具体的做法，可以参考那些明星微博。

（1）时常更新新品。如果有能力的话店里的商品最好一周更新一次，让顾客时时保有新鲜感，有值得顾客回头的理由，如果顾客喜欢你店里的产品，会时常进店浏览，看有没有自己需要的，如果你的店铺一如既往，天天不更新，顾客慢慢地也就失去了点击的兴趣，这样的话，再忠实的顾客也会走掉的。

（2）定期发布新品。最好固定好时间，有规律的发布新品，如每个月 1

日、15 日、30 日就发布新品。这样慢慢地，让你的老客户养成习惯，每到时间，就会自然打开你的网店浏览，不过，任何事情都不是一朝一夕的，要持之以恒，坚持才有效果，不要第一次发布觉得微信人数少就萌生退意，懈怠了。这个做得好，每次发新品都不用担心没流量、没销量，老客户帮你选款才精准。这条一定要严格执行！

（3）新品预告。网店上新品时，可以专门做个预告位，也可以在公告或留言里注明，但最好是做个预告位，有新衣的招牌图片，更引人注意。除了可以用 QQ 通知大家有新货之外，有些时常会到店里逛逛的顾客也可以一饱眼福。

5. 给买家留些甜头

（1）针对老客户做大促活动。遇到大促销，做一下老客户召回计划，最好是实惠的活动，以此吸引顾客。

（2）赠送积分。顾客购物后根据顾客购物金额赠送顾客一定数量的积分，顾客积分累积到一定数量可以兑换礼品，或者在下次消费时可以抵算部分购物金额。

先前购买过的买家已经知道自己拥有这个店铺的积分了，积分没有用完，就会去店铺看看，在购物的时候会优先选择这家店铺，这样不仅保证了店铺流量，还有助于促进转化。

店庆、节假日、搞活动、上新、清库存，当我们要做促销的时候，可以先给全体老客户赠送一定积分。比如，周年店庆，给老客户免费赠送 50 积分，然后通过邮件通知客户，配上店庆当日的打折促销，可以吸引老客户回来看看。

买家买到了好商品，体验不错，店主可以鼓励他写些商品秀帖，分享自己的使用体验。比如，当顾客买了衣服后，5 天内把实穿的照片展示出来，就可以送积分。

（3）优惠券。一个店铺开展满 100 元送 50 元优惠券活动，看起来似乎是卖家提供 5 折优惠，可这张 50 元优惠券只能在该买家下次购物时才能使用。而买家第一次购买以后，如果不进行第二次购物，那么此次交易就相当于以原价 100 元成交，买家并未享受到折扣。所以，有些买家会念念不忘这张优惠券，总是想着要去花掉它。

（4）打折卡促销。在发货时，每一个物品放一张打折卡，该卡里面注明使用的有效期限（增加客户消费的急迫性），强调只有随机抽取的 10% 的客户可以获得，彰显客户的尊贵性，再附上卡密码等信息。如果店铺较少做促销的话，这样的方式是非常有效的，成交量可以增加 5% ~10% 。

（5）包邮卡。有些买家会因为店铺邮费较为昂贵而放弃购买，这时候给第一次购买的买家包裹里放上一张包邮卡，既能让买家感觉到你的真诚，又能让他觉得在你的店铺买东西可以更省钱，何乐而不为呢?

万丈高楼平地起，老客户也是一点点累积起来的，一个店铺的老客户，犹如一座大厦的地基，地基越牢固越扎实，店铺就能够走得越远。现如今淘宝竞争如此激烈，老客户的流失已经成为每一个店铺不得不重视的问题。有些买家会抱怨，为什么以前跟自己关系好的粉丝们，都纷纷“移情别恋”了呢？多一些反思，多花一些功夫，留住你的老客户。

诚信才是敲门砖

近年来，随着网络技术的进步，电子商务已经成为人们生活工作学习中不可缺少的平台。人们在购物消费时也越来越多地选择网购。在网购中最困扰消费者的便是诚信问题。网络购物中，人们不能直接查看到商品实物，所以对待商品的质量和店家的诚信更加不确定，他们挑选卖家的过程实际上也就是在挑选最诚信的卖家。

诚信经营是开网店长久发展最根本的保证。诚信为先是开好一个网店的精髓，诚信是行商之根本。只有扛起自己诚信商家的旗帜，网店的销路才会越走越宽。给自己一片诚信的天空，让网店的路走得更好更远。网店店主经营中，千万不能忽视诚信的重要性。

对于追求时尚的朋友来说，网购是他们享受生活的一大乐趣。例如，网友霓小珞在网上一家旗舰店买了一条吊带蓬蓬裙，这件商品的介绍中标明了其材质为真丝，面料的主要成分含量为91%～95%。还详细地介绍了本件商品是进口的欧根真丝面料，绝对质量保障，“假一赔万”。然而霓小珞在收到商品时，却发现材质不像真丝，就拿裙子做了纤维检测确认面料中所含的纤维成分，最终确定这件商品的面料成分为聚酯纤维及聚酰胺薄膜纤维，真丝含量为零。在与商家交涉没有结果的情况下，霓小珞就该网店的诚信问题进行了维权。

电商平台诚信问题已经成为其发展的关键。网络中的超高人气并不是单靠一时运气积累而成，而是靠超高的性价比、良好的商品质量与服务而逐渐积累的。只有树立了店铺品牌的良好形象，才能获得更多顾客的信任。

近年来，有关网购中的诚信问题已经成为电商平台发展中的障碍。很多网店为了提高成交量经常对所销售的商品进行虚假介绍，这给消费者带来了许多困扰。要想在满足消费者需求的条件下健康发展就必须解决网店管理中的诚信问题。霓小珞的维权，形象地体现了各大电商在管理过程中的诚信问题。旗舰店“假一赔万”的销售策略是真实的意思表达，所以它必须在双方买卖合同生效的前提下向霓小珞支付了 1 万元的违约赔偿。

如何才能运营好网店？有人认为方法技巧是最重要的，只要掌握了技巧就可以把网店运营好，但这不是运营好网店的核心，从根本上来讲想要运营好网店，诚信才是最基本的，这也是开店之本！

顾客在网购时最担心的，就是网店店主的诚信问题。在没有尝试过网上购物的用户中，有 62.4% 的人是由于不信任网上店铺，怕受骗；47.7% 的人是由于担心网店的商品质量；42.3% 的人质疑网络购物的安全性。

信誉是网店的灵魂。马云说：“电子商务的问题不是技术问题，而是诚信问题。3 年以后，如果没有诚信档案，别人是不会和你做生意的。”

开网店做生意不是一锤子的买卖，而是需要长久经营的生意。你或许可以从一个买家身上得到很多利润，但是，你却会失去这位顾客身边所有的潜在顾客。

社会需要诚信，市场强调诚信，各行各业都要重视诚信。同样，创业之初的网店店主，要凭借什么笼络住顾客呢？诚信经营就是最好的方法之一。诚信比金子还贵重，诚信经营才是网店长久盈利的根本。

谷骋开了一家网店，网店刚开张，一个买家拍了个枕巾，选择的是平邮 6

元，因为发市内快递只需 5 元，所以谷骋主动给买家改了价格，然后发货了。但由于当时没有注意到买家需要的是玉色的，谷骋就随机发了浅蓝色的。第二天买家确认评价了，竟然给了谷骋中评，原因是谷骋发的是浅蓝色而不是玉色。谷骋打开聊天记录看了下，原来买家开头第一次问时后面有个括号标的是玉色，可是谷骋没有注意到。于是就联系买家和她说明了情况，买家很好沟通，同意把评价改一下，然后说晚上再拍一个玉色的，把浅蓝色的给家人用。到晚上买家拍了后竟然还是选择的平邮，谷骋这边还未来得及改价她就付款了。谷骋就在旺旺上说把 1 元钱和货一起发给她。然后谷骋就开始忙别的事情去了，也没有在本子上特别注明。等第二天发货时，谷骋把这件事忘得一干二净。直到快递都走了后谷骋才记起来。于是就在旺旺上向买家解释，让她上线后把支付宝账号发过来，即时到账打给她。没想到小小的举动却让买家很感动。她在评价中写到：这是我遇到的最诚信的卖家，虽然区区是 1 元钱，但卖家的真诚打动了我。后来，这个客户也成了谷骋店里的常客。不仅如此，她还把很多同事、朋友介绍到谷骋的店里买东西。

网购族是很理性的购物人群，他们在浏览店铺和商品信息时，懂得通过各种途径及方式来细心判断卖家的诚信度。所以，一个想把店铺做好的卖家，就必须有效解决诚信问题，消除顾客对网店的忧虑，树立自己诚信经营的店铺形象。

俗话说，万事开头难。对于新店来说，不管质量好不好，价格再怎么优惠，也没什么销量，比不过同行的老店，所以新店在运营之初绝不能遇到问题就气馁，要有耐心，小火炖粥，只有火候足够，自然香飘四野，要知道，老店也是靠长期经营，才树立起自己的店铺形象的。

有人认为，网络营销是利用网络的虚拟平台开展的营销，每天都有大量的访客，于是很多在线网络营销客服人员只学会了巧言善辩，却没有去关注顾客切身的需求，一切以达成交易为目的，以为在这个虚拟的平台，顾客即使被上当受骗也不知道营销客服人员是谁。这种想法是大错特错的。

正因为网络是个虚拟的平台，消费者在对此怀有疑虑时还购买了你店里的商品，足见其对你的信任。此时，如果消费者受了欺骗，我们将永远流失这位顾客。

另外，现在“免费试用”成为网络购物的依据趋势，商品是否好、店家态度如何等，都将深刻影响潜在消费者，“观望”是每个人都有的心态，于是，诚信对于网络营销而言，便日趋重要。

所以，越是虚拟的、看不见的网络营销越不能弄虚作假，“以小见大、以虚见实”，网络营销更应该坚持诚信为本，这样才能在网络营销的大潮中收获我们真诚的顾客、朋友，才能有属于自己的一片天空。

琪朵在网上开了家名牌化妆品店，生意做得不错，琪朵的体会很深刻，有次给顾客报价后发现报错了，按报的价格卖出去会亏本，但如果改变价格顾客肯定会流失，最后琪朵还是按原来的价格卖给了顾客，从此这个顾客常来买东西，一年之内就在琪朵的店里买了5000多元的高档化妆品。琪朵说，网络店铺最重要的是诚实，宁愿生意做不成，也不能欺骗顾客，绝对不能销售假冒伪劣产品。网络上有的人以仿制品冒充进口名牌化妆品，利用顾客普遍贪便宜的心理来销售假货，确实一开始销售得比较好，可是很多顾客使用之后发现不对劲，再也不会买他们的东西了。反而琪朵的店铺由于坚持只卖真品，服务又好，因此顾客越来越多，生意越来越好。

电子商务时代，诚信经营是最重要的。其实做生意没有什么特别的技巧可言，抓住一个最重要的基本点就可以了，那就是要诚信经营，凭良心做生意，经营网店也是这样。

流黛是一家母婴产品网店的店主。有一次，一位网名叫小箴沙的女士请求加她为好友，后来经常在一起聊天。两人谈得很投缘，也很开心。后来小箴沙才慢慢地询问流黛的商品。从与她的谈话中，流黛知道小箴沙是一个非常爱自己孩子的年轻母亲，为自己选择产品和为孩子选择营养品都非常谨慎。流黛非常能够了解小箴沙的心情，为此，流黛再一次咨询了产品厂部的专家，得到明确的答复以后才给小箴沙推荐了一个妇女的外用保健品和一个孩子的高钙营养冲剂。小箴沙反复地问流黛产品内在质量，她解释说不是怀疑流黛的信誉，是担心对孩子有什么不好，因为不能拿孩子来试验产品。后来在流黛耐心的解释后，小箴沙痛快地拍下了商品。流黛对自己的产品有信心，相信她和宝宝用了产品以后都会觉得很好的。

但是，流黛却因为对自己的产品有充分的信心，以为只要有产品坚挺的质量以及优质的咨询和良好的服务态度，就可以让顾客真正满意，而忽略了在网络销售中具有重要作用的“快递”这个环节。以前合作的快递虽然价格高些，但几乎没有出过差错，迅速、守信。这次是偶然地遇到另一家快递找上门来，说服务很快，价格也非常优惠。当时流黛因为忙着清点别的货，还有正在处理的其他事情，就把小箴沙买的两样商品交给了那个快递员，并且再三叮咛他把包装打好。

快递走了以后，流黛就开始跟踪快件的信息，希望尽快到达小箴沙的手里。

可是，小箴沙收到以后说装商品的箱子好脏，磨损十分严重，里面的商品上都是尘土！她说，真的不希望给自己商品吃的东西外包装这样的脏！

流黛当时就晕了，流黛出售的商品都是最新的产品，而且当时给快递的时候是崭新的，没有一丝尘土。

但是，面对买家，流黛只能道歉，因为站在买家的角度考虑，做换位思考，如果是自己，也一定会不满意。

流黛不期待买家小箴沙立即支付货款，更不奢望好评。但是小箴沙却说，估计是快递的原因，只要不影响使用就好。

流黛当时的心情特别复杂，不是侥幸，而是夹杂了无奈、歉疚等多种感觉。唯一能够表达的就是歉意和对善良买家的感激。

但是流黛还要继续做应该做的服务，提醒买家在使用中的注意事项。买家对流黛报以感激，并给了流黛好评。这个好评，小箴沙给得并不是十分出自真心。她满意的是流黛的诚意和对产品的服务。

连续几天，流黛都在自责自己的疏忽。如果亲自包装，商品绝对不会被弄脏。经过几天的反思，流黛总结出，在销售服务中需要把握的是，诚信是店铺生存的根本。要讲信誉，商品的质量要过关、要坚挺。卖家要言必行、诺必信。

在这次的交往中，流黛能够真诚地从买家的角度考虑问题、为顾客着想，并且在十分有把握的情况下针对她的具体情况再次咨询专家后，给她答复。真诚地承认自己的疏忽，真诚地道歉，真诚地在售后提醒她使用的注意事项，这些都让她感受到流黛对她负责。所以，从每一个细节做起，让对方感受到你的真诚，用真诚传达你店铺的气质文化，这种流淌着独特人文气息的关怀和真诚，是别人无法取代的。

不要忽视任何一个细节，一声问候、一个真诚的歉意、 个完美的包装，都会将你的服务水准传达给对方。所以，一定要完善服务的每一个细节，细节决定着买家是不是会认可你，也决定着你生意的成败。网店不仅仅要赚好评，更要赚人心。

找到你的金矿：目标客户

“世界上并不缺少美，而是缺少发现美的眼睛。”对于开网店做销售的人又何尝不是如此呢？“世界上并不缺少客户，而是缺少发现客户的眼睛。”

做网店最重要的一点就是不能“守株待兔”，像在门店一样等客上门，而是要主动出击，找到自己的目标客户，并且把自己的店铺介绍给他。寻找潜在客户是营销布局和销售的第一步，在确定市场区域后，就得找到潜在客户在哪里，并同其取得联系。一个优秀的营销人员，不一定非要有舌绽莲花的本事，，也不一定要有多么厉害的营销策略技巧，但他一定有一双锐利的眼睛，能准确知道目标客户在哪里。

美国西点军校的一位教官曾经问一批新入学的学员一个问题：“指挥官最重要的能力是什么？”一名学员举手答道：“沟通能力！”教官摆摆手说：“不对！”另一名学员急忙抢答：“一定是个人魅力！”教官高声叫道：“瞎说！”全班鸦雀无声，教官严肃地说：“看清楚哪里才是真正的战场！”

而一个网店店主最重要的能力就是看清楚哪里才有真正的目标客户。能够正确地找到目标客户，就等于开启了实现业绩的大门。其实，每一个人都可能是我们的客户，只要我们用心去做。

隽远是一名培训师，应邀为一家知名的电子企业做培训，为了了解当时市场的情况，隽远到了某电子市场，刚在一个柜台前驻足，就有一位导购小姐走过来，热情地介绍自己的产品，隽远从这位导购小姐的胸牌看出她叫江小芷，江小芷的销售技巧很到位，用专业的眼光来看几乎挑不出什么毛病。等她介绍完后，隽远半开玩笑地说："你知道吗？我并不是来买电脑的。"导购江小芷并没有生气，只是甜甜地一笑，真诚地说道："没关系呀！这次不买还有下次嘛！"于是，隽远告诉她，自己是一名营销培训师，是来做市场调查的。江小芷倒也快人快语："怪不得我感到很难应对您的问题呢！其实您一进来，我就感到您不像是来购物的，到底是专家，问的问题都很专业。"隽远不由得为这位导购小姐的识人本领而叫绝："既然如此，那你又为什么那么投入地向我介绍呢？"

江小芷微微一笑，说："对于每一个走进我们柜台的人来说，不管是谁，都是我们的顾客，这是我们做销售人员的原则，我少做一次促销，不仅仅是少了一笔可能成功的交易，更重要的是失去了一次宣传口碑的好机会。就像先生您，不管您现在买不买我们的产品，一旦您需要购买，或者您的朋友想购买时，您肯定会向他推荐我们的品牌，您说对吗，先生？"

江小芷说的很对，每一位进入她柜台的人都是她的顾客。她都有义务为顾客介绍自己的产品，也许其中还会有一个大客户。如果我们都像那位导购江小芷一样，把每一位来到自己面前的人都当作顾客，那么每个人肯定都会有可观的客户群。

销售人员应当养成随时发现潜在顾客的习惯，培养自己"发现客户的眼睛"。因为在市场经济社会里，无论企业还是个人，都有可能是某种商品的购买者或某项服务的享受者。对于每一个销售人员来说，他所销售的商品、服务可以散布于千家万户、各行各业。

客户无时不有，无处不在，只要自己努力不懈地与各界朋友沟通合作，你的客户一定会越来越多。

《舌尖上的中国》中有一集在吉林查干湖捕鱼的场景，当人们努力把冰层覆盖下湖中的大鱼捞起时，画面壮观无比。而整个过程中，领头人的角色至关重要，他在整个团队中负责一个非常重要的任务，就是寻找下网点，他说哪里有鱼，所有人就往哪里下网，如果判断错了，所有的努力都将白费。

领头人判断在哪里下网和我们网站运营中找目标客户有异曲同工之妙，“鱼塘”就是我们目标客户的“聚集地”。我们把网撒在那儿，或者把我们制作好的“诱饵”给投进去，才能捕到很多的鱼，也就是在合适的地方，针对合适的人，做合适的事情！

站在“鱼”的角度去换位思考，就是要知道目标用户的行为习惯有哪些。

线上的行为习惯包括：喜欢去什么类型的网站（如社区、论坛），有哪些浏览行为（如咨询问答、QQ 群讨论、看朋友圈、刷微博），如何获取未知问题答案（如搜索、提问等）。

线下的行为习惯包括：平常喜欢到哪里购物，经常乘坐什么交通工具，喜欢去什么活动中心，经常出入的场所，附近饭馆、便利店等。

周末，阿元跟着父亲去钓鱼，他们选好位置，准备好后，放下鱼钩，等待鱼儿上钩。不一会儿，父亲就钓上一条鱼。又过了一会儿，父亲又钓到一条鱼。阿元盯着自己一动不动的渔线，心里正焦躁不安时，只听“啪”的一声，父亲长线一甩，又一条大鱼重重地摔在池塘岸边的草地上。阿元看着大鱼，终于忍不住了，问道：“爸爸，您为什么能那么快钓到鱼，我却一条也钓不到呢？”父亲望着阿元说：“那我问你，钓鱼最重要的事情是什么？”阿元说：“当然是精湛的技术啊！”父亲摇摇头说：“不对。”

阿元说：“那是美味的鱼饵？”父亲说：“更不对。”

阿元迷惑不解，父亲意味深长地说："准确地判断鱼儿在哪里。想要钓到鱼，就要到鱼多的地方。"

阿元问："如何判断哪里鱼多呢？"父亲说："要想知道哪里鱼比较多，你就得像鱼儿一样思考它喜欢去哪里，喜欢在哪里停留。"

想要知道鱼儿在哪里，首先得像鱼儿一样去思考。想要知道客户在哪里，首先得像客户一样去思考。

做好电商的第一步，就是产品定位和客户定位！定位的工作相当于给用户打标签，而这些标签的组合可以大致告诉我们目标用户是什么"样子"的。

1. 从需求出发，圈定目标客户

需求是客户购买的原始动机。我们常常把需求跟卖点混在一起，以为那些认可我们卖点的人，就是我们的目标客户。

有人口渴了，想买一瓶矿泉水，这是需求。厂家推出纯净水，主打营养矿物质的价值，这是卖点。你的产品有卖点，非常重要。但是你的产品有没有客户需求才是重中之重！如果没有人口渴，矿物质水再好都没有用。试想，我认可矿物质水有营养，但我不渴，我会去买吗？如果我很渴，但摆在我面前的只有纯净水，我会不会买？答案都是显而易见的。我们常常觉得自己的产品很有卖点！这些卖点会让我们无往不胜！常常用卖点去打动别人，去吸引别人！常常觉得认可我们卖点的，就是我们的目标客户。但请先忘记卖点，从锁定客户的需求出发。卖点不等于需求，他只能吸引购买，而不能决定购买！卖点的更多优势在于区分竞争对手，以及细分你的客户。需求才是购买的原始动机！

卖点是为迎合需求点，没有需求，卖点就不是卖点。

脑白金的广告语是"今年过节不收礼，收礼只收脑白金"。这句话是面向客户"送礼，收礼"的需求来打广告的，而直到广告片尾才打出卖点：脑白金，年轻态，健康品。

其实，人们的需求无非是有两种：一是通过购买你的产品与服务，来摆脱或减轻某种痛苦；二是通过购买你的产品与服务，来获得或提升自我的满足。因此在圈定目标客户前，我们该问问自己能帮助谁摆脱痛苦，或者获得满足与提升；谁非常渴望获得我们的产品？

比如 K19，有个很好的卖点是能快速一键偷菜偷宠物，但是，如果顾客没有需求，再好的卖点都是枉然。

客服小可问："现在偷菜偷宠物很流行，你平时玩不玩牧场？""当然玩了，那是我最喜欢的游戏，怎么了？"小可说；"那太好了，现在有一款手机是专为喜欢 QQ 牧场的顾客设计的，最近销售火爆，很多年轻人买手机，别的都不要，就要这个能偷宠物的手机。你看，这款手机能一键进入牧场，网速普通手机快两倍。一般手机要 QQ 黄钻才能一键偷宠物，这款手机不需要，你要不要试试！"

如果你上来就给顾客讲能偷菜偷宠物，但他从不玩牧场，就是对牛弹琴。没用就不是卖点但是，有时顾客并不知道自己的真正需求，所以在讲产品卖点之前，要帮助顾客梳理、确认需求。比如手机的双卡双待。"你经常和女朋友一块出去玩吧？""是啊，怎么了？""如果你们出去玩的时候，你女朋友的手机突然没电了，可以把她的卡插到你的手机里。"

2. 从客户属性出发，定性客户

客户属性即你的梦想客户具备的一些条件。我们必须在圈定的那一群目标群体中再聚焦，这样我们可以找到更适合我们的梦想客户。

假如卖祛皱化妆品。通过客户需求，我们知道要找的是一个有皱纹或者将要长皱纹的人，然后卖给他。这个有皱纹的人，必须是什么样的人？如果他是一个男性，他会在乎皱纹吗？也有，但不多。所以，我们的初步定性为：女性。如果她是一个面朝黄土背朝天的农妇，她会在乎皱纹吗？一般不会，即便她在乎，也不会把钱消费在这里。于是我们进一步的定性为：中高层收入的女性。如果她是一个年过花甲的老人，她会在意皱纹吗？也不会。而如果太年轻，则还没有长皱纹。于是此时我们的定性为：30～50岁的中高层收入的女性长皱纹者。如果她不修边幅、邋里邋遢，她会去理会自己脸上的皱纹吗？也不会。于是我们的定性又进一步为：爱美的、注意形象的、30～50岁的中高层收入的女性。假如他是一个满脸褶子的老妇，她会在意皱纹吗？她可能已经死心、习惯了。于是我们的定性为：刚刚开始长皱纹，或皱纹不是很多的爱美的、注意形象的、30～50岁的中高层收入的女性。

3. 从市场细分出发，锁定梦想客户

选好池塘了，也选好区域了，现在该问的是：我准备钓哪一种鱼？市场细分，让你的出击更加准确，不同的鱼，可以用不同的杆或不同的饵。我们先尝试着再问自己一个问题：这些鱼为什么会上钩？

（1）客户为什么需要我们的产品，而不是其他同类产品？

（2）客户要求的服务有哪些？我们是否具备提供这些服务的能力？

（3）客户为产品能付出多少代价？这种支付与我们预想的有什么区别？

（4）客户的潜力如何？客户有多大的购买能力？

市场细分的目的是使我们聚焦在最容易产生效益的那一群客户身上。市场细分有助于我们规避竞争，相当于划出一片区域或选出一种鱼，它只由我们来钓。

市场细分需要回归到我们提供的产品或服务的功能上来，也就是说回归到卖点。

市场细分是在选定目标群体后，再亮出卖点，选取认可我们卖点，又有需求的人！因此，梦想客户是一群有着强烈需求，又认可我们卖点的目标客户群体。

梦想客户是你第一批一定要争取的客户；潜在客户有需求，但不一定认可你的产品，需要调整策略与产品；引导型客户认可卖点，但目前还不需要，这种客户需要时间与空间引导。

一般来说，产品销售情况如何是由产品和推广决定的。

做好推，就要用心去寻找目标客户，采用合适的推广方式去推广。经营理念中，有一个原则叫作“先市场后产品”，也就是说，先找到你的目标客户，了解他们的痛苦和需求，再提供合适的产品。那么，如何才能“先市场后产品”呢?

（1）找对你的目标客户。很多人在卖东西前，连自己的目标客户都没有想清楚，就直接通过硬广告进行销售。对于大众消费品是可以的，但对于80%以上的细分产品，这样做事倍功半、得不偿失。

（2）分析目标客户的痛苦和需求。人的欲望是没有止境的，痛苦和需求的动力巨大。我们要和客户多多地沟通和交流，了解他们的需求，体会他们的痛苦。

（3）进行产品测试。了解了客户的痛苦和需求后，提供一个解决方案，可以是某个产品或某项服务。摸清客户的痛苦和需求，知道什么产品能满足客户需求，解决客户痛苦。从市场上找到这样的产品，或自己打造出这样的产品。无论是代理还是自己打造，都需要一定的成本和费用。为尽量减少风险，可以先进行产品测试，也就是预售。写文案，做网站，在目标客户聚集的地方做宣传，看反馈。如果反馈热烈，需求旺盛，说明产品合乎需要，可以迅速进货或生产。如果反应平淡，说明产品和预想的有偏差，就要根据客户反馈进一步完善产品创意，打造产品独特卖点，然后再进行测试。

（4）提供产品。经过产品测试，确保没有风险，可以尽快提供产品。既可以代理别人现成的产品，也可以自己打造。从时间成本来看，代理比较好，而从长远发展的角度，自己打造是必经之路。

让你网店的产品卖到爆

在网店的天空中，爆品犹如黑暗中绽放的一朵烟花，能给顾客以惊喜，被更多的用户看到。爆品，就是引爆市场的口碑产品，甚至只是一款产品。网店要推广的产品很多，但集中有限资源，打造一个大的单品，并通过大单品带动小产品群的销售，以点带面，是惯常的做法，也是最有效的运营策略。爆品战略，就是指以用户的一级痛点切入，做出足够好的产品，集中所有精力和资源，迅速引爆用户口碑，从而实现单点突破和赢得市场。

爆款产品的特征是性价比高、超低毛利、海量用户、畅销周期长。在整个店铺运营周期中，火爆单品具有承前启后的作用，是店铺的稳定剂。一切商业竞争的本质都是流量竞争，传统时代流量靠渠道、靠广告、靠店面等；而网店要靠用户的口碑和人际链接而发生指数级裂变。所以，如果我们不能推出爆品，则无人知晓，很快淹没在无尽的黑暗中。通过火爆单品来搭配、关联推荐店铺常规产品、利润产品，可以实现整个店铺的健康运作，以及整个店铺产品的合理销售布局。

那么如何打造出一个火爆单品呢？即使兵无常势，水无常形，但打造“网红”已有套路可循，那么一款爆红产品也同样有规律可循。

1. 找到鹤立鸡群的明星产品

万绿丛中一点红，动人春色不须多。任何网店都需要亮点。打造一款鹤立鸡群的明星产品，首先要去“选秀”，找出那个最优秀的产品。线上的选品不同于线下，这个“选”需要有正确的工具引导，正确的选款模型能帮我们更好地了解产品的市场潜力，给我们最精确、最热销的类型信息。这些选款工具中，最基本的就是天猫以及淘宝的类目导航，此外，淘宝的排行榜也是不错的工具。在更深层面上，可以通过对店铺内各个商品的数据来进行选款判断，如使用量子恒道、看店宝等工具。

但再好的工具都代替不了你自身对产品、对市场的丰富经验和敏锐的眼光，它们往往决定着选品的成败。工具可以借助，但更要锻炼自己对产品潜力的基于数据分析的判断。

2. 视觉打造，让你眼前一亮

产品的款型定好之后，一个同样关键的环节，就是产品的页面视觉打造。买家在搜索页面过程中，最想要看到的是三个要素：主视觉，关键词，价格。主视觉要突出主题，尺寸规范，感官到位；关键词要充分利用好（类似搭配：品牌 + 货号 + 产品属性 + 款型 + 独特卖点 + 活动主旨）；价格要和产品及视觉定位相匹配。告别千篇一律，只为定制专属产品，给顾客想不到的惊喜！

3. 让访客感觉有归属感

当顾客第一次造访你的网站时，一定要给顾客一种“众里寻他千百度，蓦然回首，那人却在灯火阑珊处”的感觉：这就是我一直在找的产品！当来访者进入店铺时，最初的 3 ~ 10 秒是最重要的，要给客户留下强烈的第一印象！所以网站不要掺杂过多主题让顾客心中产生过多的疑问或混淆顾客的焦点。

4. 要优化产品详情图

详情页存在的作用就是为了解决消费者对我们商品的各种疑惑，这就是它的使命。包括规格、产地、包装、快递等，都需要在详情中展现出来，避免不必要的客户流失。站在顾客的角度，买一个产品，需要知道是否合适，如果产品详情里没有，就会问客服，但客服做不到随时在线，如果未能及时得到答复，无法了解产品，那么肯定会放弃这个产品。

5. 设计与产品相关联的赠品

最佳的呈现位置是你的网站首页的上方 1/3 处，同时加上清楚明确的下一步指示引起顾客的兴趣，最好让顾客不用往下拉便能看见你的赠品。

进店的顾客都希望找寻解决眼前问题的资讯。为了提供量身定做的符合准客户需求的资讯，赠品品质要有保证。如果他们透过你的高价值免费赠品而得到第一阶段的解决方法，信任了你的慷慨付出也认同你的服务风格后，他们还会想从你这里得到更多，进而购买便是显而易见之事。

最快最简单的方式就是提供较实用的文章或秘诀，吸引顾客点击并阅读。如果他们不喜欢，没有从你的赠品得到好处，也就无法从你未来的服务或产品中得到潜在价值。

6. 推广：氛围很重要

要打造一个火爆单品，氛围十分重要，氛围最终要靠活动或促销的说明去诱发，如在文字的说明上面，要大力喊出产品的独特卖点或促销、活动的限时性等。现在的推广活动特别多，但目的都是要刺激买家尽快点击购买。

（1）选活动推广时间。结合产品选择合适的推广时间，同时要注意活动预热，可以选择在活动的前一天进行预热，俗话说："打铁要趁热"。预热时间不宜过长，一是会造成客户流失，二是容易让大家感到厌烦。预热要有气氛，活动更要有气氛！活动时间长要简短，给人意犹未尽的感觉，因此要尽量把控好时间。

（2）选活动推广人群。定位特定的目标人群，对人群进行年龄、区域以及个性化等方面的分层。

（3）定活动推广方式。针对不同的用户人群选择特定的推广方式，可以单独转发或者抱团。

（4）定活动推广文案。不同的推广方式，需要不同的活动文案。单独发的时候，要注意礼貌及说话的语气；团发时需要直截了当给出产品的优惠，价格有一定的梯度时，效果很明显。

比如，产品是手提包，首先要考虑消费群体大多是女性，从女性的角度出发，把活动主题定为诸如"陪你一直美下去""陪你远游"；从男性角度出发，可以把活动主题定为"陪最爱的她一起走天涯""爱她就送她最温馨的包包吧"，最爱的她可以是女朋友，也可以是妈妈。不同的产品选择不同的文案，不同的文案会引发不同的共鸣，量身定制。

当所有准备工作都做好后，等到活动时间，打造爆款活动就拉开帷幕。既然是爆款活动，可以找朋友一起转发，影响范围尽量扩大，一次到位。

一个线上火爆产品的真正成形，一半依赖于服务，它直接决定了买家对交易的感觉，对卖家是否满意，只有顾客满意才能提升我们产品的评价度，从而形成流量的正循环。在此环节中，必须通过不断的客户反馈去校正销售服务过程中的一些不完美，尽量做到能够及时发货，对会员有适度的温情关怀，有新的折扣信息要及时反馈给他们，增强彼此的黏性等。

最后，必须注重团队的有机配合。如果将基于线上的产品疏通流程分为售前、售中、售后，那么团队中售前主要负责单品包装+活动策划及预告；售中承担在线销售+信息、产品的上新；售后一方是发货，更重要的另一方是售后服务。这三个流程间要有默契，形成一个有机的整体，最终汇聚成爆品的力量。

做好电商

第二步

2 你要知道自己在跟谁合作

不同平台有不同的发挥空间

“春种一粒粟，秋收万颗子”，网店的经营犹如种庄稼，其间的辛勤耕耘是必不可少的。在通往“收获”的道路上我们也会遇到很多难题，如何才能将问题解决掉是最需要去思考的。

选择一个对的电商平台尤其重要。因为，网上开店不仅依托电商平台的基本功能和服务，顾客也主要来自该平台的访问者，因此，电商平台的选择是网店能否取得高效益的关键。

不同电商平台的功能、服务、操作方式和管理水平相差较大，理想的电子商务平台具有良好的品牌形象、简单快捷的申请手续、稳定的后台技术、快速周到的顾客服务、完善的支付体系、必要的配送服务以及售后服务保证措施等特征。

同时，尽可能高的访问量，具备完善的网店维护和管理、订单管理等基本功能也必须具备，并且可以提供一些高级服务，如对网店的推广、网店访问流量分析等。

网上开店离不开相应的电商平台，“女怕嫁错郎，男怕选错行”，在开网店之前，精心选择电商平台是一个至关重要的环节，要根据自己的资金实力及开店计划，对各种电商平台进行综合性价比分析。

一、免费开店的网站

很多购物网站都提供免费开店的业务，比较有影响力的主要是淘宝网和拍拍网。

1. 淘宝网

淘宝网是2003年5月由阿里巴巴公司投资创办，致力于成为全球最大的个人交易网站。淘宝网目前提供免费注册、免费认证、免费开店服务。淘宝网有着超强的人气和充足的资金，很多新手会选择在淘宝网开店。

忽如一夜春风来。尽管淘宝网的推出比易趣网（eBay易趣）晚了近4年时间，但是作为后起之秀，淘宝网凭借其免费策略及良好的信息反馈与服务支撑而迅速占领了国内市场。

如今淘宝网已经占据了C2C市场的大半壁江山，是网络卖家与买家的首选网站，几乎成为网上开店与购物的代名词。

淘宝网开店的优势在于：可以在基数、能力尚浅的情况下，先进行尝试，只要按照淘宝网的开店步骤，按部就班，开一个属于自己的小店易如反掌。而且出现问题有淘宝网24小时服务的客服提供咨询，淘宝网社区也定期给出很多经验和教程，促进店主的进步与成长。淘宝网号称是亚洲前十位的论坛，在运营与管理上都有自己独到的吸引点。淘宝网的流量相当大，每天有几百万人的浏览量，良好的宣传平台为人们提供了诸多方便，网店店主只需要将自己的店铺打理好，态度热情，服务质量高，慢慢就会有客户自动上门。

2. 易趣网

易趣网是中国最早提供网上开店服务的购物网站之一，1999年8月18日在上海创立，提供 C2C（个人对个人）与 B2C（商家对个人）的网络平台搭建与服务。

易趣网的发展，为国人普及了大量 C2C、B2C 的知识，很多新概念也由易趣网带入国内，让国人领略到了网上拍卖购物和网上开店的乐趣。正是由于易趣网可以让所有个人都能够注册账号，并登录商品进行销售，宽松自由的环境培养起了中国首批真正靠网上开店来赚钱的网民。

易趣网本意是提供二手商品的网上交易平台，但发展到后来，在易趣网上出售的商品中，全新商品的数量要远远大于二手闲置的商品。

2004 年，易趣网被 eBay 收购改名叫作“eBay 易趣”，不过，很多人还是习惯称其为易趣网。

2001 年 7 月，易趣网宣布开始对卖家登录商品收取登录费，即只要卖家登录商品，就要向易趣支付费用，以出售商品定价的百分比来计算支付费用。2002 年 9 月，易趣网开始对卖家收取商品交易服务费。之后，易趣网的增值收费项目开始增多，在易趣网上注册网上商店要收费，物品登录要收费，为商品设置底价要收费，为商品做图片的橱窗展示要收费，为商品做粗体字推广也要收取字体加粗费用。

琳琅满目的收费措施让卖家不胜其烦，并最终导致了部分卖家离开易趣网，这也是易趣网做收费尝试的代价之一。

目前，易趣网的费用主要包括登陆费用和店铺费用两种：

登录费用指在易趣网登录物品所需的费用，即卖家在易趣网登录物品进行销售，易趣网需要从中收取的费用，即使物品没有被销售出去，易趣网也要收取这部分费用。

店铺费用指在易趣开网店，通常有超级店铺、高级店铺和普通店铺三种模式，根据店铺模式的不同会采取不同的收费标准。

2008年5月5日易趣网宣布：即日起对用户终身免收包括高级店铺和超级店铺在内的店铺费，也不再收取商品登录费、店铺使用费等传统项目费用。这意味着，易趣网这一国内首家收费的C2C网站，在经过若干年的收费探索后，开始转向全平台免费使用的模式。

3. 拍拍网

拍拍网是京东战略收购的原腾讯旗下的电子商务交易平台，于2005年9月12日上线发布，2006年3月13日宣布正式运营。拍拍网致力于打造一个卖家和买家互通的移动社交电商平台，通过提供包括服装服饰、母婴、食品和饮料、家居家装和消费电子产品等在内的丰富的产品，来全面满足消费者的需求。拍拍在未来的发展中将充分保障中小卖家的权益，其中最核心的两条原则就是："坚决杜绝假货"和"更公平的流量分配体系"。

目前，拍拍网已经成为国内继淘宝网、易趣网后的第三大购物网站。拍拍网的在线商品数量其实已经超过了易趣网。拍拍网的迅猛发展势头给易趣网和淘宝网这两位国内先行者带来了不小的危机感。

拍拍网目前主要有网游天地、女人街、数码城、运动馆、书籍音像、QQ特区、特价哄抢等频道，此外，拍拍网还拥有功能强大、安全、便捷的在线支付平台——财付通。

拍拍网服务优势明显。一是大流量引入：京东集团在2014年对拍拍网进行大幅的站内流量和站外流量补贴；二是费用降低，卖家利润有保证；三是资源不再只倾斜大卖家，草根机会很大。在流量补贴政策中，拍拍网为商家做整站引流、为商家外投进行补贴，保证位置均衡分布给中小商家等；四是商品和服务决定流量：拍拍的流量分配规则中，商家获取流量将更取决于商品质量和商家服务，搜索规则中，销量和价格的权重降低，商品质量和商家服务的权重将最重要；五是移动端优势巨大，顺势而为：拍拍鼓励商家开设微店，并将为商家提供接入第三方微店运营工具，帮助商家将微店的运营成本降低。

淘宝网、易趣网、拍拍网是主流的电商平台，简单、使用方便、安全，受到了大量网商的追捧与好评。易趣网和拍拍网可以作为淘宝网的补充，毕竟多一种宣传渠道就更有利于网店的宣传，意味着更多的曝光机会，让更多的人进入网店，浏览商品，才更有可能达到理想的订单量。

4. 一拍网

一拍网由米凡网络科技有限公司在 2011 年 9 月 10 日投资创立。是功能全面的全新优质网上买卖社区，将为中国中小企业及个人用户提供顺畅的交易平台及多种交易模式。一拍网现在业务跨越 C2C（个人对个人）、B2C（商家对个人）两大部分。一拍网目前提供免费的网上开店服务。是全球最专业的的网络清仓集市，致力打造全球领先网络零售清仓平台。专注于网店主及厂家的库存商品清仓处理批发零售。有低价高品质等特点。

二、收费开店的网站

除了前面这些可以免费开店的网站，还有一些收费开店的网站。

1. 富贵网

富贵网寓意“走向富贵，走进富贵”。富贵网网上商城是一个集经济贸易、网上商店为一体的最集中的大型网上商城，于 2002 年成立。可为厂家、公司、商店和个人提供网上交易平台。富贵网拥有相当数量的访问率和较大的固定注册用户群。富贵网力求引导中小企业、商家参与全球市场的竞争，为中国的中小型企业及商家进军国际市场铺平道路，同时也为消费者提供一个价格低、商品全、时尚的网上购物商城，使广大消费者享受网上购物的乐趣。

目前，富贵网的网上店铺有以下四种：简易型网店（180元/年）、标准型网店（300元/年）、豪华型网店（500元/年）和商务型网店（800元/年）。

富贵网网站以立足中国市场，面向世界的发展战略，向用户提供最好的服务，打造中国大型商贸购物网站，满足消费者的各种需求，成为企业建站和网上购物的绝佳场所。

2. 当当网联营店

网购市场正逐步告别图书音像等单一的低单价商品，融入到边界更广的社会消费品零售盘子中来，当当网也开始以自营和联营两条腿走路的方式抢滩百货零售业，悄然从网上书店变身为综合的网上购物商城。

在引进联营商家方面，当当有严格的准入机制、考评机制和淘汰机制，“英雄要问出处”入驻商家的资质必须符合要求。通过经济杠杆方式对商家进行考评和奖惩，不适合经营或达不到门槛级要求的商家会被淘汰。

当当网从2007年年初开始对在其平台上注册网店的商户收取每个月500~5000元不等的固定租金。相对于淘宝网、易趣网上面浩如烟海的卖家，当当网上的联营店被顾客浏览到的频率将会大大增加，但是与之相应，开店成本也会增加。

三、独立网上商店

免费开店的网站和收费开店的网站都是挂靠在大型购物网站上，而独立网上商店则有一个独立的域名作为网址，是网店经营者根据自己的商品情况，自行或委托他人设计的一种网站。这种网上商店完全依靠经营者通过各种宣传来吸引顾客浏览自己的网页并购买自己的商品。

独立的网上商店拥有自己的独立域名，自己的店标、品牌，自己的界面外观，自己的支付方式、自己的购物车。体现自己的形象和实力，增强客户的信任感。独立网上商店比较有代表性的是京东商城、红孩子等。

1. ECShop

ECShop 是一款开源免费的网上独立建店系统，由专业的开发团队升级维护，为店家提供及时高效的技术支持，店家可以根据自己的商务特征对 ECShop 进行定制，以增加自己商城的特色功能。ECShop 除注重强大的功能以外，还有一个重要的特点就是操作上方便快捷。设身处地为用户着想的设计理念使用户的产品达到了极高的易用性，只需轻点鼠标加简单录入即可完成商城管理。

2. Comsenz

Comsenz 推出卖否网，通过技术手段降低用户搭建独立网店的门槛。卖否网为广大的商家提供一站式独立网店解决方案，使商家专注生意，而不用操心技术问题。除技术优势之外，卖否网提供的网店是完全自由独立的，这是区别于传统交易平台的关键。

商家通过卖否网申请的网店可以自己做宣传、推广、促销，可以根据需要打造个性化的商铺，官方不设置任何限制。卖否网还将推出独立域名绑定以及用户导出/导入服务，让商家拥有彻底的自由。

独立网店就像现实生活中的品牌专卖店一样，店家拥有自己独立的店标、品牌，独立的企业形象。同时，也能完全拥有用户的详细资料，为用户提供热情、周到的服务。

在淘宝网、易趣网等传统交易平台开网店非常便捷，但功能上及使用上受到诸多掣肘。独立网店作为传统交易平台的一种有益补充，为商家提供了一种全新的选择，让他们能够真正拥有自己品牌的独立专业网上商店。同时，开独立网店自主性高、可以彰显品牌魅力；避开同行竞争，避免客户流失；方便管理、节省时间成本；有利于网店的宣传推广；有利于发展代理分销商，拓展市场。

京东：只为品质生活的 B2C

电子商务的兴起使我们的生活更加精彩纷呈，同时也拓宽了我们赚钱的渠道，为我们的品质生活提供了更好的可能京东商城的模式是 B2C，即厂家直接面对消费者，只有以公司的名义才能在京东商城上面开店。B2C 处于供应商与消费者之间，在产品供大于求状态下，更快地服务客户，获得客户的足够订单才能够在产业链中占有主动地位。随着网络的快速发展，B2C 电子商务网站以其方便、快捷的特点受到了更多用户的青睐。对比传统的商场销售，B2C 电子商务网站可以将商品详细分类，为用户提供了更大的选择空间；通过前台商品的展示，可以使顾客更好地了解商城内的商品；使顾客足不出户，就可以网上购物。

京东商城是中国 B2C 市场最大的 3C（计算机、通信、消费电子产品）网购专业平台，2004 年 1 月涉足电子商务领域，是中国电子商务领域最受消费者欢迎和最具影响力的电子商务网站之一，无论在访问量、点击率、销售量以及业内知名度和影响力上，都在国内 3C 网购平台中首屈一指。

1. 出色的电商平台

京东商城作为强大的网购电商，无疑是卖家选择的最佳平台之一，京东的一大特点是：庞大；第一个优势是：强大的浏览量，能让商品获得更多机会，在京东，卖家如果有良好的经营方式，那么就会很快拥有众多的客户群。

2. 只为消费者提供正品

在很多消费者眼中，京东是一个信誉度非常高的网购电商，他们更愿意在京东挑选比较昂贵的商品。在京东自己赢得消费者信任的同时，也能够为广大卖家提供更多的购买量。

京东商城在提供正品行货的同时，更提供正规机打发票、全国联保、全国配送、价格保护等特色服务。此外，为最大限度地解决消费者售后服务的顾虑，京东网上商城更是率先推出了延保服务，用自身的诚信理念为中国电子商务企业树立了诚信经营的榜样。

3. 精选品牌，注重品质

京东提出品质电商经营理念。更在其宣传语显示其走的是精选、品质的路子："精选是乱买的墓志铭""不以精选为目的的买衫都是耍流氓"京东以"尚京东"的品牌口号推出闪购"红"频道，曾经举办春夏时装发布会，全力打造"时尚生活就上京东"的新理念。主打著名品牌特卖、限时抢购等活动，包括阿玛尼、Nautica 等品牌。虽然品牌和货量并不多，但 1～3 折的超低折扣确实让人怦然心动。

4. 价格斗士

成本优势是零售商成功的关键战略优势之一，它的取得必须要以价值链分析作为最基础的工具分析结构，而京东在战略选择上做出了成功的判定。刘强东表示京东商城不管规模多大，都永远保持价格优势。它的经营理念是为消费者提供更低的价格，为消费者省钱。

互联网使整个电商市场呈开放模式，涌入的人越来越多，导致的结果是残酷而激烈的竞争。如何争夺客户、争夺市场，价格大战成为一条捷径，价格永远是吸引用户最好的法宝。

京东的成功在很多人看来就是低价促销的产物。“电商就是价格战”，早期的京东敢贴敢卖，优惠力度大，被喻为“价格屠夫”。在京东高增长率的背后是极低的毛利率，在之前 8 年时间里，京东的利润几乎为零。

“电商烧钱高速发展，只要不翻就能成功”，京东通过早期的烧钱烧出了自己的开阔平原。京东早期烧钱的目的很明确，就是抢夺市场、抢夺用户，当自己的血液渗透开来，市场份额达到 30% 以上的时候，就成为行业的老大，有了定价权。正因为京东先市场后盈利的低价策略做得风生水起，从而吸引了大批用户的目光，而与低价相比，其高端的品质保障更是俘获了用户的心。

京东比传统零售企业的商品更具竞争力。在京东开店，没有门店房租可以省去销售额的 10%，没有批发环节可以省去销售额的 20%，没有中间商可以省去销售额的 20%，而节省下来的 50% 费用就体现在商品价格上。而京东商城未来绝对不是通过提升价格来盈利，而是随着规模不断地扩大，拿到厂商的返点不断增多。另外，京东库存周转率为 12 天，与供货商现货现结，国美、苏宁的库存周转率为 47 ~ 60 天，账期为 112 天；费用率比国美、苏宁低 7%，毛利率维持在 5% 左右。因此，京东商城中的产品价格要比线下同类产品便宜许多，而“京东价”已经成为国内 3C 销售领域的价格风向标。

5. 渠道为王

品牌的渠道商是大零售生态圈中重要的一环，谁掌握了渠道，谁就掌握了销售的活力，“渠道为王”不仅仅是一句口号，而是拥有实实在在的威力。电子商务的蓬勃发展，又为零售行业的渠道变革增加了无数的变数。而京东直接与生产厂商订货，省去了中间商渠道，另外，该网站一次性进货量比较大，容易获得生产厂商的优惠。

6. 做物流，掐准了电子商务的七寸

作为零售业，最主要的就是进行成本管理，京东通过建立自己的物流体系，提高了固定成本，降低了战略成本的比例，恰好抓住了电子商务的七寸，使之成为优于其他电商的绝对性优势。

零售业最大的特色就是不生产，只是“搬东西”，即采购，这个采购会更多地涉及物流链。基于这样的考虑京东建立了自己的物流链。

京东有超过三万员工的规模、全国领先的仓储资源、每年巨大的物流投入。

京东快递方面优势明显，众所周知，京东的发货速度堪称神速。在北京等大城市，甚至当天就能收到货，速度就是快递的生命，这一点对于卖家来说拥有极大的吸引力，能以最快的速度经营店面，具有最快的效率。

京东有着丰富的物流配送经验、专业的安全监控体系和货物摆放规则、高效的5小时逆向上门取件服务，对商家开放快递系统平台，方便商家订单监控和账目核对，2000名座席的客户呼叫中心随时为商家提供咨询服务。

2007年京东开始建设自有的物流体系。2009年年初，京东成立物流公司，全面布局全国的物流体系。京东分布在华北、华东、华南、西南、华中、东北的六大物流中心覆盖了全国各大城市，并在西安、杭州等城市设立了二级库房，仓储面积在2012年年底已经超过100万平方米。除此之外，京东斥巨资建设了“亚洲一号”现代化仓库设施。

京东上海“亚洲一号”现代化物流中心是当今中国最大、最先进的电商物

流中心之一。位于上海嘉定，共分两期，规划的建筑面积为20万平方米，其中投入运行的一期定位为中件商品仓库，总建筑面积约为10万平方米，分为4个区域——立体库区、多层阁楼拣货区、生产作业区和出货分拣区。

京东上海“亚洲一号”的“出货分拣区”采用了自动化的输送系统和代表目前全球最高水平的分拣系统，其分拣处理能力达20000件/小时，分拣准确率高达99.99%，解决了原先人工分拣效率差和分拣准确率低的问题。

自2012年以来，京东有2.4万名一线配送人员，80个仓库，在配送的中心还有客户自己的中心，一共建立了1800个，覆盖整个中国县级以上城市的40%。通过建立完善的物流体系，京东的订单咨询、售后保修、退换货服务等售后支持迎来了全方位升级，突破了成本壁垒。通过物流链的建立，京东将战略成本管理思想贯穿于价值链的每个环节，严格遵循效率优先的原则。

京东的物流配送服务主要分为四种模式：一是FBP模式（由京东全权负责采购和销售）；二是LBP模式（商品无须入库，用户下单后，由第三方卖家发货到京东分拣中心，京东开发票）；三是SOPL（商品无须入库，用户下单后，第三方卖家发货到京东分拣中心，但由商家开发票）；四是SOP（商家直接向消费者发货并出具发票）。

7. 京东入驻条件

天下没有免费的午餐，越是实力强大的平台，条件要求越严格。在京东商城上开店需要缴纳入驻费用，平台使用费及保证金根据店铺经营类目有所不同。服装、鞋、帽类的一般要缴纳6000元的平台使用费和1万元的保证金；家纺、家具类的需要缴纳6000元平台使用费和3000元的保证金；母婴类需要缴纳6000元平台使用费和1000元的保证金。具体费用在入驻信息审核的时候会予以告知。

入驻京东商城，需要满足的条件为：公司注册资金为50万元及50万元以上人民币；要确保授权链条的完整，即申请入驻企业拿到的授权能够逐级逆推回品牌商；入驻的企业必须给消费者提供正规发票，发票盖章的公司名称必须同与京东合作的公司名称保持一致；京东商城暂不接受未取得国家商标总局颁发的商标注册证或商标受理通知书的境外品牌的开店申请；务必保证入驻前后提供的相关资质的真实有效性（若提供的相关资质为第三方提供，如商标注册证、授权书等，请务必先行核实其真实有效），一旦发现虚假资质，公司将被列入非诚信商家名单，京东商城将不再与该公司进行合作，并将扣除保证金。在京东成功开通店铺以后，京东会配备服务专员，为商家排忧解难，提供咨询。

阿里巴巴：让天下没有难做的生意

阿里巴巴是中国最大的网络公司和世界第二大网络公司，由马云在1999年一手创立的企业对企业的网上贸易市场平台。2003年5月，马云投资1亿元人民币建立淘宝网这个个人网上贸易市场平台。2004年10月，阿里巴巴投资成立支付宝公司，面向中国电子商务市场推出基于中介的安全交易服务。阿里巴巴的业务板块包括：阿里系的电子商务服务、蚂蚁金融服务、菜鸟物流服务、大数据云计算服务、广告服务、跨境贸易服务等。

2012年7月23日，阿里巴巴集团对业务架构和组织进行调整，从子公司制调整为事业群制，成立淘宝、一淘、天猫、聚划算、阿里国际业务、阿里小企业业务和阿里云共七个事业群。

阿里巴巴的模式是B2B，即厂家对经销商，支持个人申请开店。阿里巴巴的其他形式和服务或者功能、网站的形式都是以B2B为中心去做的。

阿里巴巴的口号是让天下没有难做的生意。阿里巴巴网站的目标是建立全球最大、最活跃的网上贸易市场，阿里巴巴定位明确：为中小企业服务，为中小企业提供销售信息和销售资源，帮助它们更快速地找到销售渠道等。

阿里巴巴从纯粹的商业模式出发，与大量的风险资本和商业合作伙伴相关联，构成网上贸易市场，其运营模式的成功源于以下几个方面。

1. 专做信息流，汇聚大量的市场供求信息

中国电子商务将经历三个阶段：信息流阶段、资金流阶段和物流阶段，目前还停留在信息流阶段。阿里巴巴最大的特点，就是做今天能做到的事，循序渐进发展电子商务。

阿里巴巴在充分调研企业需求的基础上，将企业登录汇聚的信息整合分类，形成网站独具特色的栏目，使企业用户获得有效的信息和服务。

阿里巴巴主要信息服务栏目包括：

（1）商业机会：有27个行业700多个产品分类的商业机会可供查阅，通常提供大约50万条供求信息。

（2）产品展示：按产品分类陈列展示阿里巴巴会员的各类图文并茂的产品信息库。

（3）行业资讯：按各行业分类发布第一线动态信息，会员可以分类订阅最新信息，直接通过电子邮件接收。

（4）公司全库：公司网站大全，目前已经汇聚4万多家公司的网页，内容详备。用户可以通过搜索寻找贸易伙伴，了解公司详细资讯。会员可以免费申请自己的公司加入到阿里巴巴“公司全库”中，并链接到公司全库的相关类目中，方便会员有机会了解公司的全貌。

（5）以商会友：商人俱乐部为会员提供了交流的平台，会员在此交流行业见解，高谈阔论。其中，咖啡时间为会员每天提供新话题，也为会员分析如何做网上营销等。

（6）价格行情：按行业提供企业最新报价和市场价格动态信息，方便易行，备受欢迎。

（7）商业服务：航运、外币转换、信用调查、保险、税务、贸易代理等咨询和服务栏目为用户提供了充满现代商业气息的、丰富实用的信息，构成了网上交易市场的主体。

2. 便利性和亲和力

阿里巴巴采用本土化的网站建设方式，针对不同国家与地区，采用当地的语言，简易可读，便利性和亲和力将各国市场有机地融为一体。

阿里巴巴已经建立运作四个相互关联的网站：英文的国际网站（http：//www. alibaba. com）面向全球商人提供专业服务；简体中文的中国网站（http：//china. aliaba. com）主要为中国大陆市场服务；全球性的繁体中文网站（http：//chinese. alibaba. com）则为中国台湾、香港地区和东南亚及遍及全球的华商服务；韩文的韩国网站（http：//kr. alibaba. com）针对韩文用户服务。下一步即将推出针对当地市场的日文、欧洲语言和南美网站。这些网站相互链接，相互交融，为会员提供了一个整合为一体的国际贸易平台，汇集全球178个国家（地区）的商业信息和个性化的商人社区。

3. 会员门槛低

博爱的最高境界是无私，无私的最高境界是共享。在起步阶段，网站放低会员准入门槛，以免费会员制吸引企业登录平台注册为用户，从而汇聚商流、活跃市场，会员在浏览信息的同时也带来了源源不断的信息流并创造了无限商机。

阿里巴巴会员多数为中小企业，免费会员制是吸引中小企业的最主要因素。在市场竞争日趋复杂激烈的情况下，这样成本低廉的良好机遇对中小企业来说不啻于一个福音，中小企业利用网上市场来抓住企业商机。商业的本质在于互惠互利，不计其数的中小企业聚集过来，活跃于网络市场，为阿里巴巴带来了各类供需，壮大了网上交易平台。阿里巴巴每月页面浏览量超过4500万次，信息库存买卖类商业机会信息达50万条，每天新增买卖信息超过3000条，每月有超过30万个询盘，平均每条买卖信息会得到四个反馈。

4. 增值服务

阿里巴巴通过增值服务为会员提供了优越的市场服务，增值服务一方面加强了该网上交易市场的服务项目功能，另一方面又使网站能有多种方式实现直接盈利。

阿里巴巴的盈利项目主要是：中国供应商、委托设计公司网站、网上推广项目和诚信通。中国供应商是通过阿里巴巴的交易信息平台，给中国的商家提供来自各国国际买家的特别询盘。客户可以委托阿里巴巴作一次性的投资建设公司网站，使企业网站拥有独立域名，并且与阿里巴巴链接。网上推广项目由邮件广告、旗帜广告、文字链接和模块广告组成。邮件广告由网站每天向商人发送的最新商情特快邮件插播商家的广告；文字链接将广告置于文字链接中。新推出的诚信通项目帮助用户了解潜在客户的资信状况，找到真正的网上贸易伙伴；进行权威资信机构的认证，确认会员公司的合法性和联络人的业务身份；展示公司的证书和荣誉，用业务伙伴的好评作为公司实力的最好证明。

5. 适度但比较成功的市场运作

阿里巴巴凭借其可行的、具有说服力的商业模式在快速增长的电子商务市场中处于领先地位，成功地缔造了被誉为经典的网上交易市场。

福布斯评选提升了阿里巴巴的品牌价值和融资能力。阿里巴巴通过各类成功的宣传运作，多次被选为全球最佳B2B站点之一。2000年10月，阿里巴巴荣获 21 世纪首届中国百佳品牌网站评选“最佳贸易网”。

阿里巴巴作为全球最大的 B2B 网站，吸引了很多的竞争对手的模仿和关注。阿里巴巴的优点有：

（1）页面设计别具一格。阿里巴巴的页面独特突出，动静合宜，图文并茂，完美地做到静动态的合理搭配、页面文字与图片的完美配合，富有层次感的页面，符合人们的审美观。页面的简约风格，体现了阿里巴巴网站操作简单化的精神。同时，阿里巴巴的信息更新快、真实，没有垃圾类的信息和无用、过期的信息，网站的内容和网站的主题相一致，网站的版块布局体现了网站的主题等。

（2）功能完备，简单易操。操作简单功能的开发，符合中小企业的实际情况，弥补了人们电脑操作不足的不足。完备的功能，在阿里助手的页面，丰富了企业上网做宣传和推广的需要；企业资料介绍和管理页面做得详备完善，功能强大，条理性强。

既有公司介绍，也有个人在论坛里的介绍，这样就把会员和企业完美地结合在一起，互补互惠，让会员在论坛里了解网站，在公司资料里了解论坛和网站。

阿里巴巴的一个特色和招牌便是诚信通，建立诚信通可以打造网上诚信的交易环境。贸易通方便商人进行交流和谈生意。论坛里的个性化设置满足了人们的各种需求，并且更加吸引会员留驻，充分调动了会员的积极性，特色论坛里有个人文集和文章收藏等，引导会员积极发帖。

（3）设计风格简约大气。阿里巴巴虽然信息量繁杂，但合理的页面处理和信息安排使之清晰易懂。首页上尽量凸显“我要销售、我要采购、以商会友和我的阿里助手”几大版块。整齐有序，有条理和层次感，体现了阿里巴巴简单简约的精神。首页制作了一个滚动的信息窗口，用来显示信息量的多少，既体现了网站的简约精神，又显示了信息量的多少。

为了让人们从浩如烟海的信息里，迅速找到自己所需要的有用信息，阿里巴巴在首页的显眼位置设置了大型信息搜索栏目，使人通过网站首页一目了然地找到自己所需要的信息。

（4）主题明确，重点突出。阿里巴巴包罗万象，囊括了庞大的信息量，但多而不乱，主题明确，重点突出。首页的内容和信息全部围绕“我要销售、我要采购、以商会友和我的阿里助手”四大版块来安排。在首页里重点突出公司的信息和资料，有公司信息版块、论坛版块、咨询版块、公告版块、服务版块等，各个版块的大小搭配和布局合理、美观、有序。

（5）优秀的论坛。从论坛的模式和管理团队以及论坛与会员之间所培养的感情来看，阿里的论坛是一流的，他的会员数、帖子数、人流量、质量等都很可观。论坛可供商人学习和交流，也是文学爱好者的天堂，同时还有一些重要信息的咨询区。

阿里巴巴的论坛满足了很多会员来论坛的目的，如学习知识、交友、谈生意、寄托感情等。阿里巴巴的论坛管理有序、组织严密，既有专业的管理人员，也有一些会员积极地参与管理，使论坛和会员之间、网站和会员之间、会员和会员之间，做到良性的循环发展，充分调动会员的参与积极性等，满足了会员的不同需要。

（6）人性化的服务。网站虽然是虚拟的，但是对待网站的心态和服务却是真实的，必须用心投入并提供真实的服务。其人性化服务是阿里巴巴成功的一大因素。

人性化服务是阿里巴巴的一大特色，从人性化的页面到人性化的功能操作，以及人性化的论坛，及人性化的线下和售后服务，同时热情的指导企业进行上网服务。由于很多企业最初不了解更不熟悉如何进行网上电子商务和操作，阿里巴巴的人性化指导服务无疑是雪中送炭，如电话指导和网上网下的贸易培训等。通过各种方式，使企业在网上获得较大的效益，也防止了一些企业因为不懂网上操作，没有取得预期成果而严重流失的情况。

微信：强关系社交平台

微信是以用户关系为核心建立起来的强关系社交平台。人与人之间的交流是微信平台的价值所在，在客户关系维护上，微信具有不可比拟的优势，更适合客服交流与品牌商家的服务。公众账号、微信支付、朋友圈等，微信以通信和社交为基础，拥有得天独厚的优势，不仅可以实现交易闭环、朋友圈的分享功能，还能将商品在整个好友关系链里进行运转，实现二次传播和信息的二次触达，完成对用户的深度链接。而微信公众账号对外开放语音接口、客服接口、网页的授权接口、地理位置接口和分组接口等九大接口能力，可以让企业通过微信与用户进行更加精准的沟通，实现对其的服务和管理。微信不仅成就了一批颇有影响力的自媒体人，还帮助了一些个人和企业创造了巨大价值。微信则改变了传统企业的商业惯性。微信生意风生水起，越来越多的传统企业想借助这张“移动互联网的船票”上岸。微信公众平台相比其他网络平台在传播方面具有明显的优势。

一、微信的独特价值

1. 熟人网络，小众传播，传播有效性更高

微信作为一款手机社交软件在短时间被大众所接受，主要是其用户来源基于已有的腾讯用户，同时，微信还可以实现跨平台的好友添加，用户可以通过访问手机通讯录来添加已开通微信业务的朋友和家人。

微信不同于其他类似社交平台的特点就在于其建立的好友圈中均是熟悉的人，建立起来的人际网络是一种熟人网络，其内部传播是一种基于熟人网络的小众传播，信任度和到达率是传统媒介无法达到的，因此平台能够获取更加真实的客户群。微信的用户是真实的、私密的、有价值的，有媒体比喻“微信1万个好友相当于新浪微博的100万粉丝”。

2. 可随时随地提供信息和服务

能够提供更多的信息和更长的服务时间。相对于PC机而言，手机是用户随时都会携带在身上的工具，借助移动端优势，以及微信天然的社交、位置等优势，商家会获得极大的营销方便。同时，相对于App而言，由于不需要下载安装，使用起来非常便捷。

3. 营销和服务的定位更精准

通过微信公众平台可对用户进行分组，并且通过“超级二维码”特性（在二维码中可加入广告投放渠道等信息），可准确获知客户群体的属性，让营销和服务更精准。

4. 富媒体内容，便于分享

新媒体相比传统媒体的一个显著特点就是移动互联网技术的应用，通过手机等终端可以随时随地浏览资讯、传递消息，使得碎片化的时间得到充分利用，微信在这方面可谓做到了极致。微信特有的对讲功能，使社交不再限于文本传输，而是同时具有图片、文字、声音、视频的富媒体传播形式，更加便于分享用户的所见所闻。同时，用户还可以通过微信的“朋友圈”功能，通过转载、转发及“@”功能将内容分享给好友。

5. 微信公众平台，一对多传播，信息高达到率

微信公众平台，简称公众号，主要面向名人、政府、媒体、企业等机构推出的合作推广业务。于2012年8月23日正式上线，通过这一平台，个人和企业都可以打造一个微信公众号，并实现和特定群体的文字、图片、语音的全方位沟通与互动。微信公众平台是企业进行业务推广的一种有力途径。微信公众平台的传播方式是一对多的传播，直接将消息推送到手机，达到率和被观看率几乎达100%。由于粉丝和用户对微信公众号的高度认可，不易引起用户的抵触，加上高到达率和观看度能达到理想效果，许多个人或企业微信公众号因其优质的推送内容而拥有大量的粉丝群体，借助于微信公众号进行植入式的广告推广。

6. 基于特殊地理位置的服务（LBS）

LBS（Location Based Services），即基于特殊地理位置的服务。确定移动设备或用户所在的地理位置，并提供与位置相关的各类信息服务，简称“定位服务”。相较于传统网络媒体，微信的地理位置服务是一大特色，“查找附近的

人”“摇一摇”“漂流瓶”等功能均以 LBS 为基础。微信可轻易通过手机 GPS 服务获取用户的地理位置信息，用户在分享最新动态时勾选地理位置，好友便能看到其所在地，而地理位置是商家进行精准营销的重要信息。

7. 便利的互动性，信息推送迅速，实时更新

微信作为一款社交软件，其便利的互动性是区别于其他网络媒介的优势所在。尤其是微信公众平台中，用户可以与企业公众号进行好友式的沟通互动。企业通过微信公众号即时向公众推送信息，迅速更新，同时结合一些如刮刮卡、大转盘等功能，极大地增强营销的互动性和趣味性。

8. 营销成本更低，可持续性更强

企业把客户聚集到公众平台后可向客户不定期推送信息，让客户对企业的品牌认知度越来越深。把所有客户聚集到公众平台，建立持续的联系，可以发挥更好的广告效果，节省投放广告的预算。

正是基于微信公众平台与客户之间“强关系”的特性，商家一定要给客户提供有价值的服务和信息。如果不懂得营销方法，只是把微信当成广告宣传工具，广告满天飞，很容易被客户取消关注。若想取得好的效果，微信公众平台也需要专业的团队来运营和管理。

二、微网站特点

1. 完全适合手机、平板，能够自动识别客户屏幕大小

精简的网站内容，页面资源非常小，加载速度非常快，可以一键拨打电话，一键分享到微博、微信、QQ 等，在线留言，地图导航。可以和微信公共

平台完美结合，支持手机在线支付。

2. 全自动设计、操作方便、功能全面

目的是让每个中小型商家和个人都拥有自己的终身网站。提供打包服务，不用注册域名，不用购买空间，不用进行网站备案，没有复杂的操作步骤，可以随时制作与修改。

微网站充分为小商家和个人考虑，开创了“所见即所得”的精简版面设计，一看便会，无须任何技术人员就能编辑自己的网站，让“每个人都有网站”成为可能！越来越多的企业，都建立起了自己的微官网。未来，微官网的商业价值将不可估量。

三、微信商城的特点

1. 微信商城能利用碎片化时间

微信商城不像PC商城，企业只需要推送相关活动优惠信息，微信便会以对话框的形式弹出，用户打开微信就能够看到微信商城的促销活动。可以快捷地直接打开入口，方便用户购买，用户在何时何地都能随时下单。

2. 微信商城能够与其他系统对接

微信商城的数据库能够与App、PC电商平台等系统对接，实现同步化数据，还能与企业内部系统对接（ERP、CRM、单一库存）。微信商城全面实现线下门店管理、订单管理、货品管理、界面个性化，使企业可以打造独一无二的微信商城。

3. 微信商城数据分析完善

微信商城能够实现对产品的数据分析，包括对商品的点击率、转化率、访问时间、销量等的全面监控，还能够采用多种促销方式，如大转盘、发红包、发现金券、玩游戏抢现金等。

4. 微信商城营销入口

微信商城比其他营销方式更具有优势性，其强大的分销系统能够让客户帮商家将商品链接分享到微信朋友圈等渠道，商家按推广效果付给客户佣金，也可通过会员制形式，让客户享受到更多的优惠，增加客户黏性，促使其带来更多的新客户。

四、微信公众平台的特点

微信公众平台是腾讯公司在微信基础平台上新增的功能模块，通过这一平台，每个人都可以打造一个属于自己的微信公众号，并在微信平台上实现和特定群体的文字、图片、语音的全方位沟通、互动。微信公众平台支持 PC，并可以绑定私人账号群发信息，通过渠道将品牌推广给上亿微信用户，减少宣传成本，提高品牌知名度，打造更具影响力的品牌形象。

1. 点对点精准营销

微信用户群体庞大，借助移动终端、天然的社交和位置定位等优势，推送信息，让每个个体都有机会接收到，帮助商家实现点对点的精准化营销。

2. 形式灵活多样

漂流瓶：用户可以发布语音或者文字然后投入大海中，如果有其他用户“捞”到则可以展开对话，招商银行的“爱心漂流瓶”用户互动活动就是个典型案例。活动期间，微信用户用“漂流瓶”或者“摇一摇”功能找朋友，会看到“招商银行点亮蓝灯”，只要参与或关注，招商银行便会通过“小积分，微慈善”平台为自闭症儿童捐赠积分。和招商银行进行简单的互动就可以贡献自己的一份爱心，举手之劳便做了善事的活动，吸引了众多用户的关注。位置签名：商家可以利用“用户签名档”这个免费的广告位为自己做宣传，附近的微信用户就能看到商家的信息，如饿的神、K5 便利店等就采用了微信签名档的营销方式。“饿的神”快餐店在午间向附近的人打招呼，以宣传自己的快餐生意。这种形式简直是超越了时空的电子传单。很多上班族正饥肠辘辘，不知道吃什么好，突然收到来自附近快餐店的热情招呼，惊喜之情溢于言表。K5 便利店新店开张时，利用微信“附近的人”和“打招呼”两个功能，成功把开业酬宾信息推送给附近的潜在客户。K5 便利店利用微信签名栏营销对新店进行推广，活动相当成功。

二维码：用户可以通过扫描二维码识别身份来添加朋友、关注企业账号；企业则可以设定自己品牌的二维码，用折扣和优惠来吸引用户关注，开拓 O2O 的营销模式。

开放平台：通过微信开放平台，应用开发者可以接入第三方应用，将应用的 LOGO 放入微信附件栏，用户可以方便地在会话中调用第三方应用进行内容选择与分享。比如美丽说的用户可以将自己在美丽说中的内容分享到微信中，使该商品得到不断的传播，进而实现口碑营销。

3. 强关系的机遇

微信的点对点产品形态注定了其能够通过互动的形式将普通关系发展成强关系，从而产生更大的价值，通过互动的形式与用户建立联系。沟通，解答疑惑，讲故事，“卖萌”，形式不拘一格，让企业与消费者成为朋友，使企业在消费者心目中不再是一个陌生人，而是可以信赖的朋友。

亚马逊：走精品路线

亚马逊网站是一家财富500强公司，创立于1995年7月，总部位于美国华盛顿。目前已经成为顾客范围覆盖160多个国家和地区，商品品种最多的全球网上零售商。亚马逊致力于成为全球最以顾客为中心的公司，使人们能在网上找到与发掘任何他们想购买的商品，并力图提供最低价格。

创始人杰夫·贝佐斯认为，电子商务的核心内容就是服务和质量。如果只是进行价格竞争，是无法打造一家长久的企业的。

亚马逊的工作目标是以顾客体验为主，以顾客为中心，吸引顾客购买商品，同时树立良好的企业形象。亚马逊具有超高的市场占有率，全球活跃用户数量超过2亿，全球卖家数量超过200万家。亚马逊的发展有两个特点：一是扩张速度快速迅猛，二是资金消耗多而快。

亚马逊公司的产品策略一是全，全面收藏各种出版物，建立高质量、数目庞大的书目数据库；二是大，产品品类丰富，包括图书、音乐、影视、手机数码、家电、家居、玩具、健康、美容化妆、钟表首饰、服饰，箱包、鞋靴、运动、食品、母婴、户外休闲、IT软件等产品，目前仍在不断扩大规模和商品的多样化，使顾客在网上可以买到任何想要的东西；三是广，世界各地均建立了营销网络，亚马逊已不再满足于美国市场，开始向世界各地扩展。

亚马逊平台上货规则清晰规范，界面简明大气，操作容易。

做亚马逊平台的卖家，在考虑如何把生意做好之前，要先搞清楚平台的特点，遵循平台的原则。亚马逊平台电商的特点有以下几个方面。

1. 重推荐，轻广告

亚马逊不太重视各种收费广告，买家进入网站后看到的是基于后台数据的关联推荐和排行推荐，推荐的依据是用户的购买记录以及好评度和推荐度。卖家可以增加选品种类，优化后台数据，采取措施引导买家留好评等，以切合亚马逊“重推荐”的特点。

2. 重产品详情，轻客服咨询

亚马逊平台没有设置在线客服，鼓励买家自助购物。因此商品详情页显得尤为重要，卖家极尽翔实之能事，将商品详情页做到极致，包含各种买家关心的问题，促使买家尽快做出购物决策，避免买家因产品信息不全而放弃购买。

3. 重视客户反馈

亚马逊比较重视客户的反馈，包括对商品的评价和对服务质量的评价等级。

4. 按成交额提成，无其他费用

商家入驻亚马逊平台既无须交纳保证金，也没有平台服务费及技术服务费，亚马逊只收取成交单的提成，互利共赢。不过，其对入驻商家的要求也比其他平台要高一些。

5. 重产品，轻店铺

一般的电商网站上，买家搜索产品时会首先看到店铺名，而亚马逊亚马逊更重视的是产品本身，买家搜索关键词时，列表里展示的都是产品。

亚马逊平台店铺的概念并不强，甚至是被平台有意识地忽略了。经常有卖家围绕店铺询问：店铺是否需要设计装修；怎样把客户吸引到店铺里，进而促成二次购买和搭配购买来拉动店铺的整体销量；店铺里是否可以多个类目的产品交叉混卖；是否能通过一款产品超低价甚至亏本促销的方式来带动店铺里其他产品的销量。

在很多跨境电商平台上，确实可以通过各种营销手法把客户吸引到自己的店铺里来，进而促成客户更多数量的购买，如 eBay、速卖通。

作为顾客在亚马逊购物过程如下：如果顾客想购买一个产品，在亚马逊首页搜索，在搜索结果中选择合适的产品，添加到购物车，如果不需要其他产品，直接付款，购买过程完成；如果顾客想同时购买其他产品，就要回到首页搜索，而不是看看销售这家产品的卖家是否也正好有其他产品。如此一来，顾客的整个购买经历就只是在亚马逊够买了两个产品，至于这两个产品的卖家是谁，顾客往往不关注。

这样的购买思维直接导致了卖家能够获得的流量大都是来自搜索结果的展现，很少会有顾客进入店铺去查看。之外，亚马逊也对卖家店铺做了后置处理，如果顾客想查看卖家的店铺，需要在一个角落里经过多个页面的切换才能找到，对于一般顾客来说，并无此必要。

在把店铺放在次要位置的同时，亚马逊非常重视优质 Listing 的展示，如果一条 Listing 的图片精美、价格合适、订单转化率高，亚马逊会根据短时间内的订单数量不停地更新 Listing 的排名。排名越靠前，订单越多；订单越多，排名越靠前。这样的循环，导致了很多卖家都非常重视爆款的打造。

所以，在亚马逊运营中，一定要深刻意识到 Listing 的重要性，把打造爆款 Listing 放在运营的首位。

6. 重客户，轻卖家

客户是一个平台发展的根本，只有更多忠实的客户，才能够维持一个平台的持续发展。

在亚马逊，平台通过两套评价体系，即 Feedback 和 Review，让顾客发表购物体验，做出自己真实的表达。卖家非常重视客户评价，因为更高的评价星级，意味着更多的曝光率、流量和订单，而很差的评价星级，则意味着在没有订单的同时，账号安全也岌岌可危。

亚马逊对客户的重视不仅仅体现在评价体系上，在整个交易过程中，亚马逊都尽可能地简化交易流程，提升客户体验，只要客户对产品和服务有任何不满意，都可以无条件退款。亚马逊对买家的高容忍也意味着对卖家的高要求，正是这样才让顾客更加信任依赖亚马逊，从而为卖家带来更多的订单。

在交易纠纷中，亚马逊重视客户、轻视卖家，但在重视和轻视之间，存在着相对公平的尺度，如果确实是客户的错，卖家有合理的理由，同样可以得到亚马逊公正公平的对待。

卖家其实也是亚马逊平台的客户，为平台提供了丰富的产品选择，增加了客户黏性，亚马逊也非常重视卖家的诉求和利益表达。如果卖家遭遇了不公平的待遇，造成了损失，可以积极联系亚马逊客服进行申诉，追索自己应得的利益。

“重推荐，轻广告；重展示，轻客服；重产品，轻店铺；重客户，轻卖家。”在亚马逊平台经营得越久，越容易理解亚马逊的这些理念，而这些理念正是卖家经营长久的保证。

当当网：以量取胜

信息技术的飞速发展给中国带来了电子商务的春天。随着互联网的普及，网上购物给用户提供了方便的购物途径，只要进行简单的网络操作，即可送货上门，并且有完善的售后服务。当当网提供送货上门，货到付款，使网上购物的安全性得到保障。这些更促使顾客热衷于网上购物，使得网络销售快速增长。

当当网自1999年11月开通，是全球最大的中文网上图书音像商城，面向全世界中文读者提供近30多万种中文图书和音像商品，每天为成千上万的消费者提供方便、快捷的服务，给网上购物者带来极大的方便和实惠。当当网以世界上最全的中文图书使所有中文读者获得启迪，得到教育，享受娱乐为使命。全球已有600万读者在当当网上选购过自己喜爱的商品。

当当网主要卖音像产品和图书，讲究的是品种，要做的是给顾客更多的选择！比如一本菜谱书，给读者5个选择、50个选择，还是500个选择，含金量是不一样的。

当当网的核心竞争力不是物流和品类，不是和出版社的关系，而在于当当网拥有一定的品牌优势。对于读书者，网络买书已经成为了一种习惯，从当当网买书则是理所应当的选择。

在图书品类，当当网占据了线上市场份额的50%以上，同时其图书订单转化率高达25%，远远高于行业平均值的7%，这意味着每4个人浏览当当网，就会产生1个订单。能做到图书零售第一名，当当网的杀手锏有许多，如全品种上架、退货率最低、给出版社回款最快。依靠这些优势，出版社给当当网的进货折扣也最高，当当网因此比同类行业更具有价格优势。

低价战略是网上销售的第一驱动力，当当网的低价格来源于当当网和出版社之间的良好战略合作。比如，与机械工业出版社之间的合作：机械工业出版社在当当网实现全品种销售，其主流产品和非主流产品可以第一时间上架陈列。

当当网具有强大便利的搜索工具，可以针对特定的书籍进行全文检索，可以提供相关的客户资料，使顾客选择图书更加便捷。

网上购物可以实现重点产品的重点陈列，对销售起到了巨大的推动作用。同时当当网巨大的顾客流量也对网上展示、推广产品起到很大的宣传作用，因此形成的成本优势也体现在商品较低的价格水平上。

当当网的智能比价系统，能通过互联网实时查询所有网上销售图书和音像商品的信息。一旦发现有其他网站的商品低于当当网价格，当当网将自动调低同类商品的价格，保持与对手相比至少10%的价格优势。当当网的价格优势在于网上商城相比于传统的地面零售店，省去了昂贵的租金与人力资源成本。

当当网还有一些传统模式下的网上促销活动，如全场主打活动、当当店庆新品秀、当当店庆特价大卖场商品1元起、天降奇缘、酷评大奖赢手机等。

“他山之石，可以攻玉”。当当网借鉴了亚马逊的运作模式，学习亚马逊书籍品种齐全、争取老顾客等策略。亚马逊最主要的优势是庞大且可供使用者搜寻的书目资料库，因为美国有完善的书籍批发商授权系统，但是中国没有类似的全国书目库，因此，当当网花了两年多的时间自行建立了书目库。

对业务细节的控制是当当网另一个成功的经验。虽然当当网诞生在资本疯狂的年代，大多数网站CEO都散尽千金，睥睨传统。然而当当网成立之初，就严格内省，学习传统，进行了严格的预算控制。

当当网战略和定位明确，从卖书开始，逐渐增加其他商品，当当网一直做的是B2C，核心竞争力非常集中。

当当网在线支付平台上，开通了PayPal实时倒款业务，为国内购物网站第一家！此举也让当当网在海外业务拓展及购物国际化的方向中，又遥遥领先了一步。PayPal在线支付及实时倒款功能是当当网专门为非大陆地区用户提供的安全、方便、快捷的信用卡支付手段，业务范围包括中国港、澳、台地区和北美、欧洲及其他海外地区，用户用任何“万事达卡”和“VISA卡”，均可通过PayPal与当当网账户进行实时对接，可以做到“即刻付款即刻到账”，极大地方便了海外用户的购物，突破了目前国际信用卡国内支付的技术瓶颈！PayPal与当当网的技术对接安全可靠，值得信赖。

现在当当网已经有了1.4万个加盟伙伴，当当网把这支力量称作“蚂蚁雄兵”，这是当当网销售额的一个重要的来源。

在“非典”时期，网上销售异常火爆，当当网更是采取了多种措施以进一步推动销售。首先，保证货物的卫生，如对库存货物进行消毒、要求发货员戴口罩。其次，“当当”不赚发送费，向顾客收取的发送费全部支付给了航空公司、快递公司、邮局等，这样就保证了货物的顺利流通。最后，建立有效的监督渠道。当当网的发送部门人员经常和快递公司的发送员一起开会，为他们提供培训，同时还成立了顾客委员会，即当当网的007，这些007定时和当当网的客户部门沟通，反映最近的邮件是否按时发出、货物是否完好无损、收到货物的时候发送人员是否准备了零钱、货物是否干净等。

当当网之所以能够在各项销售指标上都领先于国内的各个同类网站及同类

企业，有其深刻原因，包括经营、广告、领导人员，以及售后服务等方面。

当当网支持货到付款。支持网上支付，邮局汇款，银行电汇，储蓄卡汇款支票支付，账户余额支付，YeePay 电话支付；网络经营模式为 B2C；交易本身安全性高；拥有自动智能比价系统，保证所售商品价格最低。当当网的送货方式有 3 种，货到付款城市有 178 个，付款方式有 8 种，客服联系方式有 7 种，开展 C2C，经营模式为线上经营，会员年限为 1 年，无会员义务。

在亚马逊收购卓越之前，当当网的配送速度比卓越慢一天；亚马逊收购卓越后，当当网反倒比卓越快一天。当当网主要是依靠专业快递公司进行配送，对专业快递公司来说，当当是大客户，当然会给予重视。当当网提供的数据显示：当当网目前在全国 66 个城市与 100 多家民营快递公司结盟，这些快递公司都有专门的送货员骑着单车送货上门。当当网提高速度的另一招是扩建仓储中心。

通过合作，出版社与影像制品发行商尝到了在当当网卖书卖碟的“甜头”，当当网得到了比其他零售企业更高的折扣。拥有国家图书零售市场的许可权也是当当网的另一优势。

当当网承诺全部商品均为正品；全国超过 2700 个城市可实现“货到付款”；签收商品之日起 7 日内可以申请退货，15 日内可以申请换货；自动智能比价系统保证其所售商品价格绝对物超所值。

当当网在图书市场深耕细作，专注做图书电商，取得了雄踞首位的成绩，形成了卓尔不群的能力与特质。而这些可以被提炼成模型，逐步复制到服装、孕婴童、家居家纺等各细分市场，其价值将不可限量。

苏宁易购：门店体验便捷下单

苏宁易购是苏宁电器旗下新一代B2C网上购物平台，现已覆盖传统家电、3C电器、日用百货等品类。2011年，苏宁易购将强化虚拟网络与实体店面的同步发展，不断提升网络市场份额。苏宁易购依托强大的物流、售后服务及信息化支持，一直保持着快速发展的步伐；到2020年，苏宁易购计划实现3000亿元的销售规模，成为中国领先的B2C平台之一。目前，位居中国B2C市场份额前三强。

苏宁易购总部位于南京，于2015年8月17日正式入驻天猫，其优势主要有以下几方面。

1. 良好的用户体验

苏宁易购是苏宁集团旗下B2C网上购物平台，有实体店面支撑，旗舰店舒适的购物环境和开放式的顾客体验，提高了顾客的认可度，形成良好的口碑。实现了“线下体验、线上购买”“线上浏览，线下购买”，将线上线下有机融合，打造用户全新的购物体验。这种模式将成为行业新标杆，有利于提升苏宁的市场份额。

苏宁易购人性化的页面设计、合理化的产品分类，种类丰富的产品、品牌适度、价格优惠，满足了消费者的需求。

苏宁易购非常重视顾客体验。经过多年的经验积累，苏宁利用实体店对顾客行为进行研究，设定了合理的 B2C 购物流程。同时不断探索新的销售模式和销售流程，给顾客提供便捷的购物感受，并根据多年家电零售经验和网上消费者特点，采购适合网上销售的新、奇、特商品。

2. 品牌优势

苏宁品牌信誉度高，是消费者最值得信赖的品牌之一。据世界品牌实验室发布的2014 年《中国 500 最具价值品牌》榜单显示，苏宁以 1052. 35 亿元的品牌价值蝉联中国最具价值的商业零售品牌，位列中国 500 最具价值品牌榜第 13 名，同时被评为亚太地区最具价值的中国互联网零售品牌。

苏宁除与平面媒体合作外，在与网络媒体合作方面也有相当多的资源，积累了丰富的促销经验和专业的人才储备，可利用现有的2000 余万会员开展精准营销。

3. 供应优势

苏宁易购借助苏宁实体店强大的采购平台，在集团范围内整合电器和非电器产品的优势。其采购团队对市场有着敏锐的洞察力，有良好的供应商合作关系。

苏宁拥有超强的供应链管理水平和强大的系统支持，可实现自动补货，满足苏宁 B2C 消费者货源需求。苏宁有 80 余个 CDC、RDC，60 多个转运点，850 多家门店强大的仓储能力，400 多家售后网点支持全国的售后服务，借助零售丰富的配送经验和配送能力，覆盖全国各地。

4. 差异化优势

苏宁易购凭借差异化创新模式，抢先实现联通电信双制式全网通运营等优势，深受用户的青睐。随着1700新号段的开放，苏宁互联有效用户数已突破20万。同时，为满足更多用户需求，苏宁在业界首次送出“购物送卡免费打”的一年免费通信。苏宁易购所有活跃的付费用户均为苏宁会员用户，使苏宁易购继成为国内覆盖范围最广的虚拟运营商之后，又成为中国有效用户规模最大的虚拟运营商。

同时，借势苏宁“818”店庆打造的“985购物送”计划，用交叉优惠吸引集团存量消费者，这些用户都是苏宁多年养成的高质量会员；携手零钱宝打造双倍收益的理财增值计划，用互联网的“免费精神”跨界吸引集团理财产品用户，而这些用户无疑是集团产品的忠实“粉丝”。

5. 自营物流

物流成本的不断攀升，尤其是市场不断向三四线城市下沉，为电商物流体系带来新的挑战，自营物流越来越显示出其竞争力。因此，降低物流成本成为各大电商纷纷追求的制高点。苏宁始终坚持自营物流，推出更快更好的物流服务，如“急速达”“半日达”“一日三送”等。苏宁门店将成为门店仓和快递点，实现“最后一公里”的配送。同时，“物流云”项目即将建成，其中包括12个自动化分拣中心、60个区域物流中心、300个城市分拨中心以及5000个社区配送站，将覆盖全国90%左右的区（县）和2/3以上的乡镇。苏宁物流将向平台商户和供应商开放共享，从而将物流从成本中心变为利润中心。

6. 服务优势

所有在苏宁易购购买的商品都可以在当地苏宁售后服务网点进行鉴定、维修和退货，400 多家售后网点支持全国的售后服务。入驻苏宁的商户必须满足其所设定的门槛和要求，例如，七天无理由退换、正品保证、B2C 标准化的限时送达。

做好电商

第三步

3

拼的就是技术

货源是赚钱的源头

网上开店，最为关键的就是货源，特别是在网店经营类目竞争激烈的今天，要想保持店铺的健康发展，首先得保证货源优势的突出性。货源的选择直接左右创业者的利润和收入状况，货源的好坏决定着一个网店的命运，拥有了好的货源能更快捷地成就一个电商。那么，卖家该怎样精选网店货源？针对不同的开店人群需要和货源的投资情况，会有不一样的进货渠道。

1. 代销

代销是很多卖家开店时都会选择的一种方式，最适合没有自己的货源，资金又少的卖家。先去供销首页找适合自己的产品，再申请做其代销商。要找那些信誉高的、产品质量好的供应商，保证库存充足，这样才能更好地与淘宝上的其他卖家竞争。物流方面也要注意，一定要包装好，发货速度相比其他物流要快。

这种货源很适合刚开网店的卖家和兼职卖家，供应商会提供图片，可以直接发布，有客人下单，通知供应商发货就可以，简单易行，风险低且不用投入太多资金。缺点是看不到实物，无法亲自验货，对产品没有足够的了解，跟客户沟通起来不方便，想保持全好评有一定的难度。

2. 批发市场

每个城市都会有各行业的批发市场，可以先做好市场调查，去比较出名、质量好的大型商品批发市场了解一下。货比三家，一定要不辞辛苦多跑几家，这样既可以熟悉行情，又能够拿到物美价廉的批发价格。

要了解市场需求，掌握市场行情，对当季的流行趋势要敏感，不要引进一些过时不流行的货品和反季节的货品。寻找到货源后，可先批发少部分的货品进行试销售，如果销量好再考虑增大进货量。一定要和供货商搞好关系，商品卖出后再去进货，这样既不会占用资金又不会造成商品的积压。

如果对自己要卖的商品已经有了足够的了解和计划，也可以自己联系生产厂家直接批发，省去中间环节，扩大了利润空间。

总之，不管是通过何种渠道寻找货源，低廉的价格是关键因素。找到了物美价廉的货源，网店就有了成功的基础。

3. 工厂拿货

如果认识开工厂的朋友，可以直接向他们拿货。去厂家拿货，中间不用经过很多商家，价钱自然便宜。也可以去开淘网搜索一下，或者知道你产品的厂家在哪里，直接上门拜访。进货时应该现场挑货，不要相信供应商的花言巧语，最好能货比三家，尽量把价格压到最低。可以先拿一部分货回来试下效果，如果销量好可以长期合作，不要囤积很多货品，如果做服装，销售不完就换季了，顾客就不会再买了。如果有熟识的外贸厂商就更好了，在外贸订单剩余产品中有很多精品，这部分商品大多号码不全，一般只有一两件，款式通常是明年或当下最流行的款式，而价格只有商场的 4 ~7 折，很有市场。

4. 网上批发

如今互联网经济发展形势一片大好，很多厂家都会把自己的产品放到网上去批发，如果不知道，可以上网去搜索，然后先购买几件产品看看质量，质量好了再多进货批发。看到好的货源时，首先去咨询，不要急着直接购买，要看清楚对方的产品质量如何，店铺信誉度怎样等。交易时如果选择货到付款就要检查好货物再付款，如果是网上支付，要收到货再点击确认付款。第一次合作要头脑清醒一点，网上鱼龙混杂，什么样的人都有，有很多骗子，如果感觉对方不真诚，就要及时撤出，不要再与之合作。

现在很多人都倾向于在阿里巴巴这种采购批发平台进行采购，因为这种平台资源多、选择空间大。在采购时多关注一下买家评论，第三方的评价往往是最可信的。不要只看第一页，多翻开几页评论，若出现差评比较多就要慎重考虑。

5. 充当市场猎手，买入品牌积压库存

密切关注市场变化，充分利用商品打折，找到价格低廉的货源。一些网上销售比较火爆的名牌衣物，卖家们常常在换季时或特卖场里淘到款式、品质上乘的品牌服饰，再转手在网上卖掉，利用地域或时空差价来获得足够的利润。

有些品牌商的库存积压很多，一些商家干脆把库存全部卖给专职网络销售卖家。如果你有足够的砍价本领，能以低廉的价格把库存买下来，定能获得丰厚的利润。

6. 自己建立品牌货源

若有一定的销售经验和营销基础，不妨尝试建立自己的品牌，这样，有了好的标识，还可以加入淘宝商城，得到更多的曝光宣传机会。

由此可见，选择一个最适合自身情况的进货方式，无疑是对店铺的后续运营负责。

开网店产品如何定价

买家在消费时除了需要考虑产品质量，还非常注重产品的价格。如果产品性价比高，那么这笔交易就很容易完成，所以产品价格也是影响交易成功与否的重要因素。

产品定价是一门很深的学问。卖家如何在确保自身利益不受损害的情况下，让买家心甘情愿地购买呢？这时候，卖家就需要抓住消费者的心理去制定价格。

一、货品定价原则

对于网络店铺来说，商品的定价直接决定了转化率，做生意就是为了赚钱，定价就是要能够赚钱，这才是本分。货品定价时要保证自己的基本利润点，不轻易降价；定价不要太高，不轻易改价；包含运费后的价格应该低于市面价格；网下买不到的时尚类商品价格可以适当高一些，低了反而影响顾客对商品的信任程度；店内经营的商品可以拉开档次，有高价位的，也有低价位的；有时为促销需要将一两款商品按成本价出售，以吸引眼球，增加人气；如果不确定某件商品的网上定价情况，可以比较相关购物网站，在上面输入自己要经营的商品名称，在查询结果中你就可以知道同类商品在网上的报价，然后确定自己的报价。

如果能承受的价格远远低于市场售价，可以直接用一口价，不确定市场定价或者想要吸引更多买家时，可以采用竞价的方式。

定价一定要清楚明白，包括运费承担方问题，避免可能引起的麻烦影响到自己的声誉，使有意向购买的客户放弃购买。

二、定价策略

店家可以通过顾客跟踪系统经常关注顾客的需求，使网店向顾客需要的方向发展。还可以随时掌握竞争者的价格变动，调整自己的商品定价策略，时刻保持产品的价格优势。

卖家在定价时，往往只注意产品的最低价格限制，却经常忽略利用有效的手段去减少顾客对价格的敏感程度。网上购物完全可以通过购物车或者其他形式，巧妙运用捆绑手段，使顾客对所购买产品的价格感到更满意。

产品的价格需要根据产品的需求来确定，当市场对某种产品有特殊的需求时，不用更多地考虑其他竞争者，只要制定自己最满意的价格就可以。如果需求已经基本固定，就要有一个非常特殊、详细的报价，用价格优势来吸引顾客。

三、定价规划

为店铺引流，可以将商品定价在超值5% ~10%，并保证产品的质量。引流的目的是为店内的高档产品打好基础，提升形象，此时高档产品的定价就可以在超值10% ~20%。

四、定价技巧

1. 成本导向定价法

以进货成本为依据，加上期望得到的利润，确定产品的价格。比如，产品进货成本是 30 元，期望利润 10 元，定价就是 40 元。当然，如果网站平台有一些收费项目，那么在计算成本时应把登录费、成交费等也考虑进去。

2. 竞争导向定价

参考同类产品的卖家定价。比如，卖水杯时，通过搜索发现相同类型的水杯别人卖 60 ~ 80 元，那么定价 70 元就相对具有竞争力了。当然，这里还要考虑到信用度、好评率，也就是个人品牌以及售后服务、运费等因素的影响。

3. 价值定价

针对特定目标消费人群，如品牌专柜，卖的是这个品牌的价值，要让买家了解品牌文化和产品设计理念等，让买家对店铺更加信任。

4. 需求导向定价法

即按照买家的承受能力来确定价格，这是卖家最希望采用的定价方法。前提是产品要有特色，比较独特，或同质性不强，或领先进入销售等。比如，有心灵手巧的店家 DIY 了一件饰品成本才 5 元，但大家都很喜欢，觉得花 80 元也不冤，那这件饰品就可以卖 80 元。

5. 临界价格——顾客的视觉错误

所谓临界价格，就是在视觉上和感性认识上让人有第一错觉的价格。比如，以 100 元为界线，那么临界价格可以设置为 99. 99 元或者是 99. 9 元，这种临界价格最重要的作用是给买家一个视觉错误，这个商品并没有上百元，也只不过是几十元而已。尽管这个促销策略已经被超市、商场运用得泛滥成灾了，但足以说明此法屡试不爽魅力无限。

比如，一家日用杂品店进了一批货，以每件 10 元的价格销售，可购买者并不踊跃。无奈商店只好决定降价，但考虑到进货成本，只降了 1 毛钱，价格变成 9. 9 元。想不到就是这 1 毛钱之差竟使局面陡变，买者络绎不绝，货物很快销售一空。售货员欣喜之余，不禁感慨这 1 毛钱的作用之大。

这个定价的巧妙，在于能够使人感觉很舒服，没有压力，其实这就是数字心理学里面说到的数字压力。

6. 分割线定价

没有什么东西能比顾客对价格更敏感的了，因为价格即代表他口袋里的金钱，要让顾客感觉到你只从他兜里掏了很少一点，而非一大把。

价格分割是一种心理策略。卖方定价时采用这种技巧，能造成买方心理上的低价感。如把产品整数的价格调低 1 元或者 2 元，将 100 元调整到 99 元、98 元，让买家对价格有比较，有了比较之后就更能刺激购买欲望。

用较小的单位报价。例如，茶叶每公斤 10 元报成每 50 克 0. 5 元、黄豆每吨 6000 元报成每公斤 6 元等。巴黎地铁的广告是：“只需付 30 法郎，就有 200 万旅客能看到您的广告。”

用较小单位商品的价格进行比较。例如，“每天少抽一支烟，每日就可订一份报纸”“使用这种电冰箱平均每天0.3元电费，只够吃一根冰棍”。记住报价时用小单位。

7. 弧形数字法

“8”与“发”虽毫不相干，但也是消费者的一种心理需求。

在生意兴隆的商场、超级市场中，商品定价时所用的数字，按其使用的频率排序，先后依次是5、8、0、3、6、9、2、4、7、1，这种现象的出现源于顾客消费心理的作用。带有弧形线条的数字，如5、8、0、3、6等没有刺激感，易为顾客所接受；而不带有弧形线条的数字，如1、4、7等相较而言就不大受欢迎。所以，在商场、超级市场商品销售价格中，8、5等数字最常出现，而1、4、7则出现次数少得多。

在价格的数字应用上，应结合我国国情。很多人喜欢8这个数字，并认为它会给自己带来发财的好运；4因为与“死”同音，被人所忌讳；7的发音一般会使人们感觉不舒心；6则因为中国老百姓有六六大顺的说法，所以比较受欢迎。

8. 差异化定价

基于产品的差异化，如地区差异化、产品工艺差异化、店铺服务差异化、产品季节差异化等，每个人、每个时间段都会做出相应的调整。

9. 高开低走定价

此策略多数出现在推新品的时候，先定一个高价，让买家望而却步，然后慢慢调整，逐步制定适合市场氛围的价格，以“打折”的为名高开低走。如果一开始就直接走低价路线，难免会令买家产生怀疑。

10. 整数法

美国的一位汽车制造商曾公开宣称，要为世界上最富有的人制造一种大型高级豪华轿车。这种车有6个轮子，长度相当于两辆凯迪拉克高级轿车，车内有酒吧间和洗澡间，价格定为100万美元。为什么一定要定个100万美元的整数价呢？这是因为高档豪华的超级商品的购买者，一般都有显示其身份、地位、富有、大度的心理欲求，100万美元的豪华轿车，正迎合了购买者的这种心理。

对于高档商品、耐用商品等宜采用整数定价策略，给顾客一种“一分钱一分货”的感觉，以树立商品的形象。

11. 同价销售

有一家小店，起初生意萧条。一天，店主灵机一动，想出一个办法：只要顾客出10元钱，便可在店内任选一件商品，即店内商品都是同一价格。这可谓抓住了人们的好奇心理。尽管一些商品的价格略高于市场价，但仍招来了大批顾客，销售额比附近几家百货公司都高。此外，比较流行的同价销售方式还有分柜同价销售。比如，有的小商店开设1分商品专柜、1元商品专柜，而一些大商店则开设10元、50元、100元商品专柜。

讨价还价是一件挺烦人的事，一口价则干脆简单。目前，同价销售的店铺已蔚然成风，如2元店，9元店，10元店等。

12. 分级法

先有价格，后有商品，看顾客的钱袋定价。

在制定产品销售价格时，要考虑顾客的购买能力。比如，生产钱包，可以根据高、中、低收入人群定价。低档产品适合低收入者的需要，定在30元、50元，用料是普通PU，这部分人较多，需求量比较大，可以大量生产。中档产品就定在150元、350元，材料为牛羊皮。高档产品适合高收入者的需要，这样的用户群体也比较可观。定在600元、1000元，用料贵重，如蟒皮、鳄皮等，这部分用户较少，生产量也相对要少些。有些独家经营的贵重商品，定价不封顶，因为对有些人来说，只要是他喜欢的，价格再高他也会购买。商品价格是否合理，关键要看顾客能否接受，是否觉得物有所值，只要顾客能接受，认为值得，有时候价格高些反而凸显其身份尊贵。

13. 特高价法

独一无二的产品才能卖出独一无二的价格。

特高价法即在新商品开始投放市场时，把价格定得远高于成本，使企业在短期内能获得大量盈利，以后再根据市场形势的变化来调整价格。

芊馨服装店最近新进了少量中高档女外套，进价850元一件。老板芊馨见这种外套用料考究、做工精良，色彩悦目，款式新颖，在当地市场上还没有出现过，于是当机立断，大胆地定出1860元一件的高价，居然被疯抢一空，别的店跟风也进了同款外套，却再也卖不出如此高价，而芊馨已经赚得盆满钵满了。

由此可见，如果推出的新产品很受欢迎，而且目前市场上独此一家，就可卖出较高的价格。不过这种形势一般不会持续太久，畅销的东西，别人也会群起而仿之。因此，要保持较高售价，就必须不断推陈出新，别出心裁，快于其他家推出独特的产品。

14. 安全法

定价也要遵循市场原则，对于一般商品来说，价格定得过高，不利于打开市场；价格定得太低，则容易出现亏损。因此，最稳妥可靠的就是将商品的价格定得比较适中，消费者有能力购买，推销商也便于推销。要知道，价值20元的东西，以50元卖出，表面上是赚了，却可能最终赔掉顾客。

安全定价通常是由成本加正常利润购成的。例如，一件衬衫的成本是55元，根据服装行业的一般水平，每件衬衫的预期利润可以定为33元，那么，这件衬衫的安全价格即为88元。

15. 低价法

先将产品的价格定得尽可能低一些，使新产品迅速被消费者所接受，在市场取得优先地位，迅速抢占市场。由于利润过低，能有效地排斥竞争对手，使自己长期占领市场。这是一种长久的战略，适合一些资金雄厚的大企业。

对于一个生产企业来说，可以将产品的价格定得低一些，先打开销路，占领市场，然后再扩大生产，降低生产成本。对于商业企业来说，尽可能压低商品的销售价格，虽然单个商品的销售利润比较少，但薄利多销，销售额增大了，总的商业利润就会增多。

第二次世界大战后，日本的财阀被迫解体或改名，有着悠久历史和良好信誉的三菱银行，也不例外。三菱银行改名为千代田银行后，生意异常冷清。为吸引顾客存款，银行想出了“一块钱存款”的策略，结果来存钱的人络绎不绝，银行也因此度过了艰难的战后初期。此后，一元钱存款风行世界。一元钱固然微不足道，但聚沙成塔，把许多个一元钱汇集起来，就能形成不小的数目。它可以对一个企业产生不可估量的影响。

在应用低价法时应注意：高档商品慎用；对追求高消费的消费者慎用。

开网店是个细致活儿

做生意是很多人的梦想，既自由又赚钱，而网上开店，圆了很多人的商业梦想，一些人跃跃欲试，而一些人早已经大胆地加入了网络开店的大军。但开店虽易，赚钱难，真正懂得如何去经营自己店铺的人屈指可数。怎样让店铺被认可，进而成为顾客购物的首选，是所有卖家最为关心的问题。开网店不是一个小工程，要事无巨细，面面俱到，不漏过任何细节。如何把网店这个细致活儿做好是需要下一番功夫的。

1. 想好店名

好名字是店铺的脸面，是抓住顾客眼球的第一要领，名字贵在新颖有奇趣，让人过目不忘，让顾客下次看到类似商品的时候就能想起你的店铺。如果是独立商城系统用户，一定要给自己选择一个简单易记的域名，让买家记住你的网址要比让他们把你拉到收藏夹更一劳永逸。

2. 设计个性化的 Logo

好店名是店铺的活招牌，一个好的 Logo 却代表着店铺的形象。可见，一个店铺光有好店名还是远远不够的，顾客会更青睐简单化的东西，Logo 就是代表。如果你开的是平台网店，没有专门的 Logo 放置点，可以把它做到顶部广告图里，并且做成水印打到商品图片上；若是独立商城用户，就会有专门的 Logo 放置位置。

哪怕不是专业的设计师，只要会简单的 PS 或者 CorelDRAW 的操作就可以。一个个性化的 Logo 将决定你的店铺的形象，让访客更好地记住。

来自意大利知名的奢侈品牌范思哲创造了一个时尚帝国，代表着一个品牌家族。范思哲 Logo 设计运用象征的手法，采用神话中蛇妖美杜莎的造型作为精神象征所在，汲取古希腊、埃及、印度等的瑰丽文化打造而成。美杜莎是希腊神话中的女魔头，代表着权威和致命的吸引力，没有人能逃脱美杜莎的爱！它象征着范思哲不仅有着超脱歌剧式的华丽，极强的先锋潮流艺术特征受到世人的追捧。

3. 做好网店 SEO

很多人都知道 SEO，但是很少有人知道怎么做 SEO。搜索引擎的优化最大的好处在于能让卖家的站点更好地被搜索引擎收录。事实上，SEO 的优化只适用于商城系统，因为大家都知道，平台网店由于隶属于平台，是无法被百度等搜索引擎收录的，在搜索引擎也无法搜索到某一平台店铺信息。

而独立商城的 SEO 要比大部分人想象的简单，其系统的 SEO 优化一般已经比较完善，只需要填写一些店铺关键字，便可以轻松被搜索引擎收录。获得较好的引擎排名后，就能为你带来十分可观的访客资源。

4. 放置合适的商品信息和恰当的图片

商品信息和图片的放置是讲究技巧的，强调合适和恰当，而不是详细和漂亮。完整的商品信息是买家了解商品的窗口，商品附带详细的描述对于销售确实会有一定帮助，但是并不是越详细越好，言多必失，商品描述也是一样的道理，简洁而有说服力的说明对于挑剔的买家可能更奏效。图片也一样，经过反复加工的漂亮图片未必就能吸引买家购买，图片的放置需要有实用性，每一张图片都要有明确的作用，告诉买家，购买这个商品能够获得哪些好处。之所以说要恰当，是因为夸大的图片和文字会给顾客留下不好的印象，除非你不希望顾客再来光顾，也不希望他介绍朋友来。这方面，独立商城略占优势，因为这些内容往往在其系统的功能上已经有了一个框架，方便多了。

5. 给卖家较多的支付方式选择

关于支付方式，平台卖家不用考虑太多，因为平台都已经做了限制了，最多能自己选择是否支持信用卡。对于独立店来说因为涉及支付方式整合的问题，所以需要特别注意。如果所使用的商城系统没有整合所有主流的支付网关，你可以选择自行与这些支付机构签约。为顾客提供足够的支付方式选择，对于店铺经营很关键。比如，买家只有财付通而自己的店铺不支持，结果就会造成丢单。因此，做好这些准备也是相当必要的，所谓有备无患就是这个道理。

6. 给客户提供轻松的购物体验

无论是独立店还是平台店都需要注意，客户很在意购物体验。小励在网上开了一家网店，她一直在同学群里抱怨店里生意不好，来店的客户少，即便是来了也留不住，她进的商品质量明明是很有保障的，不知道为什么几乎和她同时开店的同类店家都做得非常好，自己店里生意却不景气，又不知道问题出在哪里，她的同学就去看了一下小励的店铺，感觉还可以，就决定照顾下小励的生意。可是同学付了款，小励却迟迟都不发货，也不说话（换了别人估计以为受骗了）。隔了很久小励才跑来，一个劲儿道歉。原来小励不知道怎么操作，一个人忙得满头大汗。同学终于明白小励的店为什么无人问津了。试想一下，如果你买个东西问对方怎么用，对方都答不上来，你还会买吗？如果你买一个东西，对方折腾了半天，就是完成不了交易，你会不会选择退款呢？答案是显而易见的。

顾客不会刻意去要求怎样，但是如果你的店铺做不到让他省心，他绝不会满意。最好的结果也就是他买走东西不再来了，你还得祈祷他不给予超，不会给你制造负面影响。

店铺的第一单生意可以试着做给自己的朋友，甚至可以做给自己。因为不去体验，谁也不知道作为顾客，购物时是怎样的感受，也不会知道要怎样去做好销售，相信任何一个顾客都不希望碰到小励那样的卖家。

7. 合理的推广

一提到推广很多卖家就想起铺天盖地的贴吧发帖、论坛广告。对于非大型的网店，确实不适合投入大规模的资金做宣传，因而很多卖家选择借助发帖来实现信息的传播。然而，这种方法并非屡试不爽，它到底能能带来多少效果呢？百度淘宝吧里面的水帖能够让任何有价值的新帖在一秒之内从第一页消失，其他人气较高的贴吧也大同小异。其实，无论是贴吧还是论坛，对于广告帖都是很排斥的。

比较好的方法是软文和博客推广。一篇好的软文不仅能传递信息，还善于将推广痕迹隐藏起来，让读者在潜移默化中接受信息。软文要恰到好处，发到合适的地点，合适的论坛板块，这样可以增加文章的阅读量。

博客推广是相当考验耐心的工程，需要花大量的时间和精力去维护。好在现在有了微博这样更加便捷的推广方式，巧妙地运用这种新兴的传播方式，可以让你的推广收到意想不到的效果。

8. 不失时机地进行促销活动

消费者的非理性消费在网购方面尤为突出，促销让利绝对是吸引他们关注的最佳途径。

促销绝不仅仅是打折，而是不失时机地把握好促销活动开展的时间段。比如“三八妇女节”商家利用节日搞促销，将一些女性产品，比如化妆品，内衣裤等卖到断货；有一些商家曾经在世界杯期间，利用促销、搭售推广一些男性产品，并狠狠地赚了一笔。

促销的内容可以创新，也可以用别人用过的可行方式，但是千万不要一成不变一直采用一种方式进行促销，这样会失去新鲜感，让顾客对你的店铺没有期待，而失去兴趣。

9. 细致的销售统计

盘点很重要。卖家不能只顾着卖产品，而对自己的销售情况懵懵懂懂，漠不关心。销售状况直接反映了店铺目前的发展阶段，也是开展销售的最有力指导。要定期对销售进行统计，得出销售收入、利润、销售时间等信息，做出表格以供参考。可以从销售统计中直观地了解自己的店铺存在的问题，需要做何调整。统计的时间越长，信息越可靠。

独立商城的用户可以直接通过后台的统计功能来完成此项工作，比较省心；平台用户需要自己花时间做好销售统计。

10. 获取顾客联系方式并且尽可能多联系

对于独立商城的卖家来说，想知道顾客的信息简直就是随手拈来，因为用户购物前必须要注册，需要时直接调用就好了。但是平台店的用户因为平台介入的缘故，可能需要主动向用户索取联系方式，最好是手机号码。这对卖家以后开展针对老客户的促销，以及增加二次购买有很大的帮助。

获得联系方式后可以有规律地与其短信联系，但不要太频繁，以一周一次为宜，以免被人反感。这样除了能够提醒对方你店铺的存在，还能无形中拉近距离。当对方习惯于你的问候时，如果你发一条促销信息，即使他并不需要，也可能会来看看，这样就为店铺赢得了宝贵的回访和潜在消费。

方法虽多，但每种方法都不是独立存在的，每种方法需要配合使用，要知道，任何方法都要系统地加以利用，想凭借某一点优势让网店出位，显然是不切实际的。只要用心把这些细节都做好，绝对能让店铺红火起来。

网店首页：策划一场视觉盛宴

网店推广和营销有时候就是一场视觉营销，网店首页是买家了解卖家的一个窗口，这个窗口精彩是否将直接决定卖家对网店的关注和逗留时间，而能不能吸引买家的眼球往往决定着网店的商品成交量。那么，网店首页设计装修应注意哪些问题呢？

在不同阶段，想要首页实现的目的不同，装修也可以不同，但是，请一定清楚自己想要首页实现什么目的。

一是让顾客记住店铺，包括店铺名、风格、商品品类、商品价位等基本信息；二是让顾客按照我们提供的路线目标在首页上有目的性地点击，提高二跳率。

顾客从一个商品进入一家店铺，首先是看这个商品，在不跳失的情况下，才会点击店主放置的同类商品推荐广告图，如果不喜欢店主推荐的同类商品，则会通过店铺分类查找同类商品，或者点击店主放置的其他感兴趣的商品的广告图，或者点击首页。

看了首页的顾客分两类：一是只看了一个商品页面，一是看了多个商品页面或者分类或者其他活动页面的顾客。顾客只看了一个商品页面，说明关联销售或者分类做得不到位，这种顾客可以被称为无目标顾客；顾客看了多个页面，说明广告做得吸引人，让人愿意点击一些广告链接页进入首页，将无目标顾客转化为了有目标顾客。

装修店铺要做到胸有丘壑，腹有乾坤，在心里先有个形象上的定位和执行上的规划，然后按照自己的意愿和想法去进行。不打无准备之仗，一定要认真进行前期规划。

定下大框架。犹如装修住房，在装修前要预先定一个大的框架，哪里做卧室，哪里做厨房，哪里做隔断，哪里设玄关，都要胸中有数。网店也是如此，店主装修前要有一个清晰的思路。店铺的特色是什么，主营什么，目标客户是哪些，要有一个明确的定位。

根据店铺规模选择装修方式。现在有很多提供网店装修服务的网站，如果是大型专业类网店，可以选择专门的装修站点进行装修，以提高网店的品位和知名度。如果只是个人打理的网店，为节省资金，可以选择 DIY 模式自己动手装修。

和谐是美，风格与形式一定要统一。店铺装修整体要协调，风格要统一，在选择分类栏、店铺公告、音乐、计数器等模块时要从整体考虑。风格凌乱是装修大忌，有些网店始终没有一个主题风格，随心所欲，一会儿选择卡通人物，一会儿又用浪漫温馨，一会儿又用庄重严肃，一会儿又选择搞笑幽默的风格，给人一种凌乱而不专业的感觉。

主题突出，切忌花里胡哨。店铺装修得漂亮，确实能更多地吸引买家的眼球，而且能在一定程度上大大提高网店成交量，但千万不要舍本逐末，店铺的装饰别抢了商品的风头，毕竟我们的目的销售产品而非秀店铺，繁杂凌乱的装饰反而会影响商品的展示效果。

此时，必须要知道首页完成的任务是，告诉顾客店铺的名字，主营什么商品、什么风格、商品的价格区间、促销活动是什么等，突出品牌或产品档次、店铺促销，提高信任感。

第一步，首页可以按下面几个点装修：

(1) 店铺名清晰，不要太过艺术与虚幻，飘忽的美，让人如坠五里云雾，一时摸不着头脑。

(2) 直截了当，开门见山，主营内容直接告诉客户，不要拐弯抹角，让顾客看半天不知道主要经营什么。

(3) 根据商品定位店铺风格，风格要固定，这是店铺的标志。

(4) 言简意赅，首页不要太长，全店商品不可能都在首页展示，二八原则很重要，过长的首页 80% 是没用的。

(5) “F”形是顾客的浏览习惯，主要引导在这个区域上。

初步装修完成以后，可以进行 5 秒测试。找朋友看看完成的装修效果，5 秒时间过后，提出问题，看看任务完成情况。

第二步，针对无目标顾客。

设置价格低、性价比高的热销单品广告；指向性精确促销力度强的品类广告，或者活动广告，如上衣断码 5 折清仓；让顾客有参与感的活动等，不一而足。

单品广告有几个需要注意的方面：广告词要尽量少；功能或者卖点要清晰明了；让顾客能很容易体会到你所要表达的意思。如之前的 Mr. ing 会透气的鞋广告，导入视觉营销概念，虚拟了积极向上、豪放不羁的“火箭”形象，并以粗犷的灰白色格调作为其品牌延展的主基调，以较浓厚的色调体现其个性，使 Mr. ing 男鞋品牌越来越丰满，得到各界人士的广泛认可，奠定了其成为深受顾客喜爱的品牌的基础。

第三步，针对有目标顾客。

对于那些明确目标也知道货品名字的顾客，或者目标确定但不知道货品名字的顾客，用搜索和导航栏以及分类是最方便有效的。

首页一定要设置一个搜索框，最上方的淘宝搜索默认的是全网搜索，容易流失顾客。最好再加上几个店铺热销和淘宝热门词。

在导航栏方面，要按照用户的潜在分类，如商品品类、商品功能、顾客消费力、顾客行为倾向等分类。

需要注意的是，首页—父分类—子分类，最多跳转 3 次必须达到详情页，再多会引起顾客反感，活动促销页也一样。

在新用户对商品感兴趣前，用户不会关注没有结合具体商品或品类的全场促销政策，也不关心物流、运费、积分政策，如全场性的送分、买一送一、折扣等不必放在显著位置，过分重点强调。全场促销不如分散差异化的局部促销。

商品首图摆放的技巧：

（1）左右移动优先于上下移动。与文字左右书写的习惯相同，也符合常人的浏览习惯，同样适用于同规格图片平行排列的情况。

（2）在同一背景区域移动。在页面某一部分明显区别于其他部分时，人们会不断地把视线集中在这里，来回浏览。

（3）移向醒目的地方。比如，淘宝首页或其他广告位置大都是黑色系的，只有你的广告是橘黄色的，就会产生“万绿丛中一点红”，让人眼前一亮的视觉效果。

（4）向底部移动的可能性小，醒目的边框有着重大的作用。

（5）有条理地引导顾客一个模块一个模块地观看，要比直接陈列效果好。通常顾客会按照 F 形排版浏览商品，建议采用这种排版方式。如果是要测试哪些商品顾客更喜欢，可以用 4 个一排的方式排版。

（6）锚点。首页要展示几个较贵的商品，以影响访客心理的预期让他体会其他商品销量又多、性价比又高、价格又便宜。价格差距不要太大，会让顾客觉得店铺不专业，产品定位问题严重，只需要展示合适价格段内最高价的商品即可。

（7）社区内容、买家分享等起到暗示人气旺的作用，用一个小窗口快速轮播即可。

（8）不要用图片轮播，一般后面的图片没人看得到，除非是忠实粉丝。

店铺装修秘技：3 秒定律及 7 秒定律

在高密度广告洪流的冲击下，消费者的注意力越来越分散，能记住的品牌越来越少。怎样才能让消费者和品牌之间建立磁铁一般的联系呢？有研究证明，来自五官的刺激，是让人记住某些品牌的有效途径。

浪漫的法国人有一句经商谚语："即使是水果蔬菜，也要像一幅静物写生画那样艺术地排列，因为商品的美感能撩起顾客的购买欲望。"

20 世纪 70 年代，视觉营销最先出现在欧美国家的食品行业，随之以燎原之势风靡全球，在服装行业，乃至当下的购物中心等领域被逐渐应用，其中不乏把该营销手段运用到炉火纯青的集大成者。譬如美国第一大零售品牌 GAP，无论是它的实体店还是网店，每一件产品的摆放位置、门面的设计和网页的设计，都能勾起人们的购买欲，品牌形象也因此深入人心。

为此，有人说，视觉营销的精髓就是从细小的地方体贴顾客，使他们在感受陈列环境、店铺设计、物件摆设等视觉元素的同时，愿意逗留并购买产品。据统计，如果能较好地运用视觉营销，销售额可以在原有基础上提高 10% 以上。当前，百利而无一害的视觉营销，正在被多个国家的商业弄潮儿所运用。

视觉营销的四大制胜法则为：

1. 3 秒法则

当顾客打开店铺浏览 3 秒，仍没有好的 PP 指引，让顾客对具体商品产生兴趣时，那么可以肯定该店铺是很难吸引顾客的。掌握 PP 的重点在于，顾客不擅长一次性掌握过多的商品信息，要有突出的单个商品，并在色彩上跳脱出视线中的背景，让人第一眼看到 PP 展示的商品。

3 秒钟原则就是指要让来访者在 3 秒钟内被你的网站所吸引，喜欢上你网站的内容和产品，并能在 3 秒钟内了解网站的主要内容。3 秒钟原则相当于时下购物网站最流行的“秒杀”，其目的是让消费者没有犹豫的时间而果断迅速地消费。

3 秒钟原则并不是在时间上恪守“3 秒”，而是一个夸张的比喻。它的深层含义是指卖家需要在极短的时间内向来访者传达网站的主要内容，以及网站最有价值的信息，或者是通过极短的时间传递给来访者心里需要的、正在寻找的信息。简而言之，是要在最短的时间内给用户留下最深刻的印象，这便是目前网络营销最流行的 3 秒法则。

2. 规律性

IP 是某一类商品的展示区，切忌给人造成“堆砌”的印象，那样就透露出一种减价处理、大甩卖的气息。例如，销售基础款背心，VMD 的摆放通常很在意颜色上的渐变感，不能冷色、暖色交错摆放，尤其是同款有多种颜色的情况下，这一点尤其重要。同时，每种物品适合的展示量都不一样，过多会眼花缭乱无从下手，过少会缺乏丰富度。

3. 中心线

人们的视觉原理是：从圆心向四周辐射，即以中心线为最初关注点，往两侧依次观看。可见中心线在帮助厘清主题方面发挥着关键作用。不仅是视觉上要有颜色的中心线，店铺内设计的动线也需要有中心线。如果店铺纵深很长，不妨用中心线引导顾客的浏览方向，在尽头使用亮而暖色的商品，以增强对顾客的吸引。

VMD的作用基于人体生理基本原理。在掌握VMD之前，首先要对人体生理基本原理有大概的了解：人通过五官获取信息，其中有70%～80%通过视觉获取，可见视觉营销起关键作用。

芍小棣开了一家餐馆，位置优越，服务热情周到，价格便宜，可是生意却很萧条。芍小棣去请教一位心理学家，心理学家建议芍小棣将室内墙壁的红色改为绿色，把白色餐桌改为红色。果然，前来就餐的人络绎不绝，生意很快兴隆起来。芍小棣向心理学家请教改变色彩的秘密，心理学家说："红色使人激动、烦躁，顾客进店后感到心里不安，哪里还想吃饭；而绿色却使人感到安定、宁静。"芍小棣忙问："那把餐桌也涂成绿色不更好吗？"心理学家说："那样，顾客进来就不愿离开了，占着桌子，会影响别人吃饭；而红色的桌子会促使顾客快吃快走。"

亮丽的色彩往往会引起人们的兴趣，但并非越明亮越好，刺目的色彩反而会引起人们的不适和反感。人眼能识别750万种色彩（而苹果电脑也不过只有125万种配色），如果店铺内商品的选择有限，那么可通过颜色搭配，勾起顾客的消费欲望。同时，有趣、丰富感和整洁是VMD的三大基本要求，而视线高度（顾客看到商品的视线高度）和手的高度（顾客所能触及的高度）这两项指标也十分关键，前者使顾客更容易走进店铺，后者决定了顾客的"易触及"程度。只有两者高度适中，顾客才有可能“易懂易购”。

VMD的理论架构包括VP、PP、IP。

VP（Visual Presentation）：视觉展示区，主要任务是让顾客目光停留，通常摆放在显眼的商场动线入口处或店铺主要橱窗位置，由2个以上模特组合而成，十分个性化，反映品牌当季主题和风格。

PP（Point Presentation）：视觉重点展示，主要任务是吸引顾客对每个单个商品的关注，通常摆放在店内展柜之间或挂墙、高置以单独展示。

IP（Item Presentation）：一类商品的展示区域，主要任务是将相同的商品按颜色、大小顺序摆放，顾客可从IP区轻松选择到自己想要的款式和尺寸。

4. 7秒定律

美国营销界总结出7秒定律，即7秒法则：在顾客浏览店铺7秒之内，店铺如果不能引起其兴趣，顾客便会离开。消费者会在7秒内决定是否有购买商品的意愿。商品留给消费者的第一印象可能引起消费者对商品的兴趣，希望在功能、质量等其他方面对商品有进一步的了解。如果企业对商品的视觉设计敷衍了事，失去的不仅是一分关注，更将是一次商机。而在这短短7秒内，色彩的决定因素为67%，这就是20世纪80年代出现的“色彩营销”。色彩是一把打开消费者心灵的无形钥匙。以“色”悦人营销法则的有效运用，能产生一种无形却又非常有效的沟通作用，能很自然地引起消费者的购买行为。市场上不乏用色彩变化取悦消费者的成功事例。比如很多高档礼品包装用金银色并扎以色带，能给人以雍容华贵的感觉，受礼人也有情谊深重的感受，可以产生促销效果。1987年，日本厂商根据市场调查，改变了铅笔红蓝黑三种固定色彩，推出了30多种中间色，制成轰动一时的“彩色铅笔”。

7 秒定律主要还是针对商品详情页而设的。所有的电子商务网站，最后的购买行为都发生在商品页面或产品购买页面，不管是主页面、频道页面、专栏还是广告页，都没有产品购买功能。因此，电子商务的 7 秒定律更多是针对产品页面来说的。

顾客是否愿意了解店铺是在最开始的 3 秒里决定的，但决定是不是花钱来买该店铺的产品却大多数是在 7 秒钟里产生的“化学反应”。那在这 7 秒里我们到底要做什么呢?

经常网购的顾客，只会在平台的首页关注一个东西，价格或者和价格有关的东西，如礼品、包邮、积分。

其中，影响顾客的主要因素：一是顾客的自我需求，二是价格，三是产品的特点及产品的附加值，四是顾客的心理活动。

那么在这 7 秒里，需要我们如何去介绍产品呢? 一个是放大，另一个是缩小，这是产品展示的重点。一定要抓住顾客的内心想法，并与之达成一定的共鸣，然后把产品的形象和重要功能表达出来。

针对活动和爆款的产品，可以增加与其关联很大或相类似的产品。关联产品一定不要放得太多，3 ~8 个是个不错的选择。在商品页面里还要充分考虑那些理性消费者和女性朋友，在商品页面的中间位置再做一些设计来刺激消费者的购买欲望，并加强产品的展示、产品特性的展示等。

设计好店铺的主色调

随着商品经济的飞速发展，人们审美要求的提高，店铺的陈列也越来越讲究艺术化的创造，注重氛围的营造。在店铺中，合理而和谐的色彩组合常常能带来神奇的视觉效果，令人耳目一新。色彩已经成为店铺实行快速搭配的一条捷径，对于很多卖家而言，如何给店铺风格定调定色是一大难题，店铺的风格确定下来后，要做的就是选择主色调，主色调的选择也不是随意性的，是需要分析人群心理特征，针对该部分人群易于接受的色彩来确定的。夏天的浅冷色系明朗而富有青春朝气，为年轻人所钟爱；深蓝色系沉着、稳定，是中年人普遍喜爱的色彩；略带暧昧的群青色，充满着动人的深邃魅力；藏青则给人以大度、庄重印象。当然，淡蓝、淡绿、蓝白色也是女士所钟爱的颜色。

销售夏季用品、职业女装、淑女服饰用品、中老年用品等的网店均可以使用这些色系。

化妆品网店一般倾向淡雅、浅色调或者带有色彩倾向的灰色，给人一种柔和陶醉的感觉。

根据销售对象设定颜色会让网店的营销重点一目了然。

（1）男性之潇洒色彩表现

一般来说，形容男性应该用刚强、果断、勇猛、坚韧、帅气、英俊潇洒、坚毅、义气、正直、正义感强、强壮、豪放等词语，符合男性身份的色彩也要体现这些特征信息。男性用品类网店应充分体现男性的丰富内涵，为男士独特而深沉的内心世界做出最好的形象注解。一般而言，在视觉上采用灰色系列、深色系列、对比强烈的色彩等是可行的，很少采用清淡的色彩和对比不明显的色彩。

GEOMETRY 概念店店铺大面积的运用浅咖色，整个室内布局有棱有角，有了原始大型生物的骨架作为店铺点睛之笔的装饰，尽管色调低调沉稳但极富抽象意义的装饰元素让店铺生动而活泼起来。男装区的陈列架展示中规中矩，季节性的款式被分门别类地安置在块状区域，更衣室的位置，巧妙地以镜面镶嵌，不仅增加了视觉的空间感，避免了烦琐与华而不实的装饰，与品牌强调的低调而深邃不谋而合，充满内涵的品牌个性在细节处完美传达。

（2）女性之热烈色彩表现

亭亭玉立、美丽、温柔、秀外慧中、高雅大方、英姿飒爽等，这些都是来形容女性的。女性色彩一般比较柔和、亲切、温顺、雅致、明亮。

紫色无论深浅，都是具有女性魅力的色相。紫色的华丽、高贵和神秘无人能及，众多设计师对紫色都有着格外的偏好，纷纷选择以代表着强烈欲望的紫色来装点女性网店。

浅蓝色、浅红色，也是设计师们经常采用的女性流行色。给人一种心胸开阔，祥和博爱的感觉，让你情不自禁地想去触摸、感知和幻想。淡蓝或者淡绿、高雅的淡灰系列、淡黄色、淡红色都可以用来表现女性的美丽。

MAX&Co. 主要为年轻时髦的女性提供一个自由表达个性不受任何束缚的

时装和配饰系列。店铺风格承袭品牌本身的格调，清新自由式轻松艺术感扑面而来，色调以柔和为主，整个店铺的主基调以白色为主，没有一丝复杂的颜色搭配。灯光柔和自然，整个店铺清新自然的感觉扑面而来。

（3）儿童之烂漫色彩表现

儿童用品网店装修的颜色有很大的讲究，现在有许多商店非常注重店面内部的颜色，有些商家通过心理测试认为，如红色等比较明快的颜色，会令人处于一种相对兴奋的状态，激起人们的购买欲望。

儿童用品网店主色调要符合儿童的心理特点，鲜艳活泼，富有朝气。代表明亮的、温暖的、鲜艳的、快乐的、娇美的、柔软的、生动活泼的、纯真的等色彩都是合适的。比如温暖的橙色，饱和度比较低的红色，黄色，粉红，纯度高的蓝色、绿色等，还有另外一些不强烈的中性色彩，如紫色绿色。在图案上要尽量的卡通化。这样可爱的形象自己会衬托出儿童用品的特点，引起家长的兴趣。

范思哲 2011 年在意大利开设首间童装系列专卖店“Young Versace”，该系列包括了 0 ~ 12 岁的男女童装和配饰。店铺设计富有特色，既保持了大牌一贯的尊贵典雅风格，又不失儿童可爱。店内主色调为粉紫色，搭配色彩为白色以及淡黄色。橱窗中巨型糖果手杖童趣十足，按照色彩间隔区分男女童装区域。

（4）青年之蓬勃色彩表现

青年朝气蓬勃，对生活充满梦想，多表现为阳光、奔放、充满青春活力，从充满活力的纯色到强壮有力的暗色，都是年轻人的色彩。城市年轻人也偏爱冷色，社会规范的约束和信息资源的丰富促使年轻人快速成长起来，也慢慢开始倾向于理性成熟的色彩。当然，年轻人的色彩还是要艳丽一些，这样更富有朝气。

（5）中年之稳重色彩表现

中年人已经有了丰富的生活经验，情绪趋向沉稳，以中年人的产品为主要内容的网站，色彩更倾向于营造宁静恬淡的生活氛围。各种系列的中性色彩适合成熟的中年人。色调大方、稳重、恬淡、温和，是成熟中年人魅力的色彩表现。

（6）老年之温暖色彩表现

暖灰色调是老年人心理上的一种钟爱色彩，因为老年人晚年喜欢平静、健康、素雅。也可以表现健康、喜庆、热闹，在平静素雅的色彩中加入少许暗红、中黄、墨绿色，更能博得老年人的喜爱。

要用活色彩这个视觉冲击第一要素。比如，红色代表吉祥、喜庆、反叛、革命等，黄色代表阳光、高贵、幸运等，绿色代表和平、清新等，橙色代表激情，紫色代表高品质、浪漫等。

在电子商务竞争不断激烈的情况下，如何让我们的店铺装修脱颖而出，赢得更多的销量，是卖家们需要长期考虑的问题，千万不要掉以轻心才是。

技术宝典之直通车推广技巧

淘宝直通车是一种点击广告竞价系统。一些知名搜索引擎都有自己的点击广告竞价系统，如百度、谷歌、搜狗等。深入了解这些系统并加以妥善利用，对网店推广起到不可估量的作用。

流量是店铺的生命，犹如水流对于江海，没有流量必然走向枯竭。直通车就是淘宝店付费推广中比较适用的方式，其好处是精准、见效快，但费用较高，所以很多小卖家均望而生畏。

店铺要想有流量就必须想办法引流，能更加精准地引流的非直通车莫属。但直通车只是一个引流工具，它不具备独立转化功能，我们需要考虑它的流量、出价、点击率以及质量得分。

淘宝直通车是淘宝网推出的为淘宝卖家服务的一种推广工具，让淘宝卖家方便有效地在淘宝和雅虎搜索上推广自己的商品，卖家按点击付费，起价 0.1 元，也就是说，当广告被用户点击了之后，每个点击至少要付 0.1 元，如果有竞争点击，价格还要提高，否则你的广告就得不到展示。

它的工作原理是：如果你想推广某一个产品，就为该产品设置相应的关键词及广告标题、产品简介；当买家在淘宝网搜索商品时，如果正好搜索了您设定的关键词，您的广告就会在页面上显示；如果买家点了你的广告，淘宝直通车系统就会根据您设定关键词的点击价格来扣费，每次点击最低0.1元。如果广告只是展示，没有被点击，则不扣费。

一、直通车常见问题

（1）每次点击0.1元，那是不是花100元可以获得1000次点击？

如果卖家商品竞争比较少，同时设定了最高点击价格是0.1元，那么这样计算便没有问题。如果卖家商品竞争激烈，那么有两种情况。第一种情况是：你设定了最高每次点击是0.1元，那么可能的结果是你的广告得不到展示，因为别人的点击价格比你高。这样虽然没有花钱，但是也没有得到任何推广。第二种情况是：你设定了比较高的最高点击价格（或者根本没有设定，根据情况浮动），那么你每次点击的价格就会高于0.1元，可能是0.11元、0.12元、0.20元、0.50元甚至1.00元，这样的话，花100元就得不到1000次点击了。

（2）我加入淘宝直通车了，也有不少点击过来的人，但为什么没有人购买我的商品？

可能有多方面的原因，最主要的有两个：一是你设定了不合理的或者错误的关键词，如你的商品是打印机，但是你把关键词设成了打桩机，那么原来搜索打桩机的买家虽然看到你的广告也点击了，但他现在没有买打印机的需求，顶多只是随便看一下，这就导致了你广告费的浪费。二是商品描述太简单，不吸引人，如果你加入淘宝直通车推广你的商品了，一定要把商品描述写好，要尽量做到图文并茂，写得有吸引力。要记得：每一个来看你商品的人都可能是你花了钱“请”过来的。

（3）我应该把所有商品都加入淘宝直通车推广吗？

不应该。你只需要选择你自己店里的主打商品进行直通车推广，通常2~3种就可以。如果你全店推广，就会导致“自己与自己竞争”的不良后果，白白浪费广告费。因为通常来讲，自己店里的产品都是有些雷同的，所以关键词也就可能是相似甚至相同的。并且很多潜在买家只要点进你的店，往往会顺便浏览你店里的其他商品不需要再进行多余的推广。

（4）淘宝直通车可不可以选择某个地域定点投放？

淘宝直通车是有这个功能的。如果你的产品和服务只对某个地方开放，如你的某个商品可能因为快递费的问题，只卖你所在的省，淘宝直通车可以自行设定投放广告地域和投放广告时间。

直通车推广中，标题是一大重要因素。直通车标题和我们平常所讲的商品标题的写法是很不一样的。标题设置得好，才能更多地发挥直通车引流的作用，也才能降低成本。

那么，如何写好直通车标题呢？标题只能设置 20 个字，要突出推广内容，当然不能仅仅推广一个；标题要重点突出，不能随意堆砌关键词。比如，韩版女装春夏甜美公主蕾丝纯色短袖连衣裙，这个标题就犯了两个错误：一是标题推广内容只有一个；二是重点不突出，随意堆砌关键词。

二、怎样用好直通车

首先要把店铺的基础打好，这样在直通车推广时，才能省时又省力，达到事半功倍的效果。如果在做之前没有把店铺的基本信息和主推商品的属性完善好，在做直通车推广时，就会很麻烦。

对于所有的卖家来说，使用直通车的最终目的都是为了增加自己的销售额，要知道，访客、转化率和客单价是影响你的销售额最主要的三大要素。所以推广的最大目的就是带来更多的访客，促进成交量的增加。然后通过优化详情页、做好关联搭配、发放优惠券等方法来提高客单价。

1. 看好市场

在用直通车推广前，除了要优化店铺基础之外，还要选款。那么怎样才能选出更好的款式呢？首先，我们要了解整个市场行情，要有超前意识，对流行元素敏感，对行业内下一步的流行趋势变化做出预估和应对行动。其次，如果店铺顺应流行趋势的商品很多，我们可以参考生意参谋后台的商品效果模块功能，筛选出近期访客数多、成交金额高、收藏加购数多的商品。这样的商品是具有潜力的，如果再加上直通车的推广，商品一旦培养起来，会给店铺带来很明显的销量上升。

2. 精准流量

用直通车做推广，最大的优势就是可以给店铺增加流量。但是增加的流量不一定就是店铺的精准流量，如果增加的这部分流量是垃圾流量，那么不仅对店铺的发展没有帮助，还会增加推广成本。对于垃圾流量我们需要做的是提前筛选剔除，而对于精准流量，我们可以适当地考虑对其加大成本。前期使用直通车的时候需要专注于一点。先积累一批精练、准确、优美的关键词，词的数量不用多，把钱花在刀刃上，该花的地方要花，这样很快就能看到明显的效果。

俗话说："巧妇难为无米之炊。"聪明的卖家如何在预算少的情况下去做直通车呢？这可是需要一番技巧的。

（1）标题。

标题是店铺的眼睛，一个好的标题会让人眼前一亮，一个良好的标题具有卖点明确、简练直接、一望即知商品优势的特点。那么我们应该如何设置一个好的标题呢？

直通车可以在一个推广计划内设置两个推广内容，这是被允许的。在这两个推广内容推广一段时间后，系统会根据两个标题的点击率高低选择高质量标题，帮助卖家进一步优化了标题；不同的标题，可以带来不同的展现量、点击量、点击率，要多做尝试；标题要包含最核心的关键词，产品、型号、营销性词；系统推荐的关键词来自你的标题，标题越相关，推荐的关键词质量越好。

在写直通车标题的时候要注意：

①标题应该介绍产品，并不是说明店铺。

如果买家能看到你的商品，那么就说明他想要买类似的产品，如果在此时出现介绍店铺的信息，买家肯定就没多大兴趣看，即便是顺手点击进去，也很可能只是随便看看，那么带来的就是垃圾流量，对你的店铺并没有什么用处。在直通车标题上过多地去介绍店铺，只会引起买家的反感，而且店铺的商品并不全部适合点击这个产品的消费者，转化率将会很低。

②最重要的卖点，一定要在标题里突出，而且要表达清楚简单明了。

如果说你的商品有好几个卖点，无法在标题里全部展现，就抓住重点，将最重要的那个卖点写在标题里，一些次要的，可以放在描述里。

③简单明了。

可以适当地使用标点符号或者空格，让标题读起来更像一个通顺的句子，而不是复杂的没有任何停顿的短语。

直通车的标题和商品的标题是有很大区别的，直通车的标题更加强调产品推广的作用。

（2）选词。

创意图片和创意标题添加好之后，就可以开始进行选词了。在选词时，尽量选用一些带手机标的精准长尾词，找一些点击转化率高的词，能看到这类关键词的质量得分分数都是还可以的，培养起来也比较省力。

如果说你的直通车后台自动推荐的词不多，而且也不是你想要的，此时，别忘了旁边的搜索关键词模块，我们可以把自己的商品标题复制进去，后台会根据我们输入的标题重新匹配出一批关键词，这样你选择的余地会非常大。选词的方法有很多种，如系统下拉框、“你是否想找”、生意参谋后台的选词助手等。

在进行关键词定价时，可以先定好关键词移动端的出价，根据修改出价时系统给定的排名，进行适当的卡位。对于竞争力不大的商品，可以先不用卡到很靠前的位置，不然的话竞争不过其他的商品，反而浪费了推广成本。

三、促进转化

想要促进流量的转化，可以通过很多方法来做到，下面是几种常用的优化转化的途径。

1. 商品创意

商品创意最好能做得简单明了、简洁清晰，最重要的是要突出你的卖点，如优惠活动等，若想知道买家需要了解商品的哪些功能，可以多看看客户的评论。可以多准备几个创意，分别进行测试，平时也可以多积累一些好的创意，这样你在上活动的时候，或者节假日大促的时候，就可以有选择的余地，免得到时候不知所措。

2. 匹配方式

对于访客多，但是转化率低的关键词，可以进行精准匹配，只让搜索这个关键词的人能看到直通车的展示。

3. 受众人群

推广了一段时间后，如果发现整体的花费高于预算太多，可以考虑适当地降低关键词的出价，再搭配受众人群的设置，目的是获得更多更精准的流量。

四、后期优化

把计划设置好以后，前期要时刻对你的整个计划做好观察与维护。可以在数据表现好的地方适当地加大力度，在数据表现差的地方适当地减少观察，这样坚持一段时间以后，可以看到整体质量得分的上升，而且比较稳定，也能让直通车的整体质量得分上升，提高你的账户权重，同时还能大大减少推广成本。

卖家在做推广直通车前，首先做到的就是了解整个市场，清楚自己店铺的优点和不足；其次选出合适的商品；最后再去做推广。在推广的过程中，要做到精打细算，花更少的钱获得更多的精准有效的流量。推广一段时间后，还要注意多观察，相信是能看到明显效果的。如果推广前期没有看到效果就惊慌失措，没有了自己优化的方向，甚至停止了推广，只会使你的直通车整体权重下跌。

随着网络的高速发展，网商时代来临，传统的“酒香不怕巷子深”的经营理念已不可行。网商时代，我们不仅要有优良的品质、良好的口碑、热情的服务，还要有精确有效的推广；网商时代，我们要主动出击。推广在网商时代显得尤为重要，如何学好推广、做好推广就是我们要学习、要探讨、要研究的问题。知己知彼，方能百战不殆，才能在网商大军中占有一席之地，在未来的日子里傲视群雄。

如何做好店铺 SEO 优化

如今在网上开店创业的人数不胜数，犹如过江之鲫，源源不断地涌来，其竞争程度可想而知。店铺要引流，做好淘宝 SEO 非常有必要。从店铺的长远发展来看，自然流量更具有战略意义。不同的平台，就会有不同的优化规则。目前，最受广大用户欢迎，同时也是最热门的平台当属淘宝。但淘宝里面的商家逐渐增多，竞争越来越大，对擅长淘宝店铺优化的人需求也是越来越大。那么，店铺优化该从哪些方面着手呢？

1. 做好店铺 SEO 优化

SEO 意指搜索引擎优化，可以分为店内优化和店外优化，而店内优化是最基础、最根本的，只有先将店内优化做好，店外优化带来的流量才不至于白白浪费。毕竟店外优化耗费的不单单是金钱，还有精力。

2. 店内优化的具体内容

（1）关键词的筛选。

我们用数据魔方、下拉搜索和同行等方式得到关键词，然后将搜索量和产品数量进行对比，再对比各个关键词的点击率和转化率，最终决定哪个关键词更加适合放在标题里面。

如果是爆款产品，可以放一些竞争性大的关键词进去，为店铺获得更多流量。如果是新上架的产品，就要选择竞争性小的关键词，尽快地把销售做上去，提高产品的权重。

（2）商品标题要写好。

通过商品标题，可以让顾客知道这是什么产品，卖点是什么。商品标题有两个作用：一是方便别人搜索到，二是让人产生点击的欲望。这个跟百度竞价有异曲同工之妙，只是决定产品或者广告的排序因素不同。商品的标题最多不能超多30个字，所以我们把产品关键词融进去的同时，要进行去重处理，删掉重复的关键词，让标题中尽量容纳更多的有效信息，这样更加有利于商品出现在用户搜索结果里面。

标题的关键词权重是由左向右递减的，完全匹配的权重大于不完全匹配的，在写商品标题时，一定要把主要的关键词写在前面。如果想吸引别人点击，可以在标题上加上优惠、折扣、包邮等。同时，也可以通过精选产品图片吸引用户的眼球，因为图片比文字更能直观地传递信息。

（3）商品描述要写好。

商品描述的重要信息一定要放在最前面，所谓的重要信息就是用户最关心的信息。商品描述一定要少字多图，要从多个角度去展示产品，让访客觉得这个产品就犹如摆在眼前。访客对这个产品越了解，就越容易达成交易。

淘宝店铺优化还需要注意店铺的好评率，很多时候，好评率最终决定客户的购买行为，如果遇到差评，要通过旺旺或者电话等方式跟客户沟通，向客户做出一定的补偿，让客户将差评改为好评。如果店铺的动态评分（描述相符、服务态度和发货速度）低于一定分值，店铺就会遭到降权，用户搜索我们的产品关键词时，店铺里面的产品将不会出现在搜索结果里面。

（4）店招怎么做。

由于店招所处的位置比较显眼，所以其设计非常关键，给消费者留下深刻印象是店招的最主要目的。

（5）商品上下架要做好。

商品上下架时间的优化也非常关键，一般来说，对于准备下架的产品，其展示会得到提升，所以，如何利用好商品下架前的时间非常重要。另外，关于商品的描述和文案制作，也是需要我们考量的，比如，商品详情页做得好，那么这时的商品详情页就不单单是商品展示，同时也是一个商品解说员了。

一般来说，商品离下架时间越短，它的排名就越靠前。作为优化人员，一定要充分利用这个条件来提高商品的排名。可以把商品分批上架，同一类型的商品选择在不同的时间上架，这样分散式的上架，能够保证我们的产品在任何一个时间段都拥有下架时间短这个优势，充分利用距离下架时间短的商品为店铺带来流量。

需要注意的是，上下架要结合人们的作息时间。一般来说，网店流量高峰是中午十二点、下午四五点、晚上八九点和周六日，我们应把下架的时间尽量设在这些时间段。不同产品的搜索高峰期也存在差异，我们要在后台观察流量的高峰时期，进一步优化我们的上下架时间。

3. 店铺优化的核心

网络店铺优化的重点在于细节，网络店铺运营就是一个不断优化细节的过程，店铺运营者应通过每天对数据的分析，得出哪些地方可以进一步优化，以达到更好的效果。

网店商品图片处理技巧

对于卖家来说，图片处理是必不可少的环节。一张好的商品图片能吸引买家眼球，也是卖家用心经营的一个细节。当对拍出的照片不太满意或文件太大无法上传时，可以用 Photoshop（以下简称 PS）这个专业的图片处理软件处理，相对 Acdsee 可能会复杂些，但是功能比较全面。

先简单介绍一下 PS。

打开 PS 软件，最顶上有一排文字：文件、编辑、图像等，这是 PS 的菜单；最左边有一个竖长条的窗口，这是“工具栏”；右边有图层窗口、字符窗口等（如果 PS 中工具栏和窗口未显示，请在“窗口”菜单中找到并勾选即可显示）

第一步：看看如何使商品主体更突出。

照片拍摄出来后，发现商品在页面中比例过小，或是位置不对怎么办？首先，在 PS 中打开需要修改的图片，鼠标点击“工具栏”中的“裁切工具”（或直接按快捷键 C），按住鼠标左键不放，在刚才打开的图片画面中拖出一个矩形（拖动鼠标的同时按住“Shift”键是拖出正方形），松开鼠标和键盘，就出现一个流动虚线矩形框。当光标在矩形框中变成黑色箭头时，即可随意拖动矩形框所在位置；当光标移至矩形框四角位置变成双向直箭头时，即可拖动缩放矩形大小（拖动时按住“Shift”键是成比例缩放）；当光标移动至矩形框外变成弯曲双向箭头时，可旋转调节矩形水平角度。

位置、大小和角度都调整满意后，按回车键即可，这样既可以裁掉多余的部分，又可以调整好水平位置，使商品更加突出。可以将图片裁切成正方形，更利于商品在网页页面中的展示。

第二步：给照片减减肥。

要把图片大小处理得恰到好处，这个步骤很重要，因为图片太小会影响商品的清晰度和买家的购买欲，图片太大则会影响浏览速度且不利于上传。

刚才我们已经裁好图片，但是因为相机像素原因，实际图片有可能很大。选择“图像”菜单中的“图像大小”，会弹出一个“图像大小”编辑窗口，将“像素大小”中的“宽度”改为“500”像素，确定既可。

此时双击“工具栏”中的“缩放工具”，就可显示100%比例的图片了。

如果上传到网店的图片不能放大或者图片太小看不清楚，原因是图片本身就很小，即使在PS里强行放大也不行，那就只能重拍。相机设置的像素大小一般为1024×768。

第三步：使商品更清晰亮丽。

调节图片色泽。选择“图像”菜单—“调整”—“亮度/对比度”，在弹出的“亮度/对比度”菜单中调节数值。曝光不足时应根据图片实际情况调高亮度和对比度数值，勾选“预览”即可检查调节后的效果，满意后按确定键。

选择“滤镜”菜单—“锐化”—“锐化”即可提高图片清晰度。但切忌锐化过度，点击一次或两次即可。

比较严重的曝光不足、曝光过度和对焦不准，即使用PS也难以解决问题，那就只能重拍，因为损失掉的数据是找不回来的。

最后选择“文件”菜单中的“保存为网页格式”（快捷键为Alt+Ctrl+

Shift + S)，将弹出的窗口中的“设置”修改为“JPEG 高”“60”，确定既可。

如果您安装的 PS 没有“保存为网页格式”，也可以选择“文件”菜单中的另存为，在“格式”处选择“JPEG”，按“保存”后品质选择“7”（可以根据实际情况调节品质数据，数字大小与保存后的文件大小成正比，文件大小在 100KB 以内就可上传了），图片就保存完毕了。

PS 毕竟不是万能的，它只能在原版照片的基础上进行一定范围内的修改和处理。所以大家还是尽量多拍摄，选出一些比较好的再通过 PS 进行处理，才可达到更加完美的效果。

拍摄很重要，能在前期拍摄解决的问题尽量不要放在后期解决。但在外拍照片不够令人满意时，后期修图同样很重要。

对于构图不是很满意的话，可以通过后期的裁剪二次构图，即裁剪工具调整景别以及水平等，然后把原图的尺寸调整为淘宝所用的宽度 750 像素。

当模特的身材不是特别完美时，可以利用后期修图将腿部拉长，使模特显得更为高挑。

先用选区工具选取模特衣服以下的区域，然后利用自由变换工具向下适度拉伸。

接下来就是去瑕疵。这里的瑕疵主要是指模特脸上、衣服上，以及背景的瑕疵，如模特脸上的痘痘、地面上的烟头等影响图片美观的瑕疵。去瑕疵主要可以利用修补工具以及图章工具等，相对而言修补工具使用的较为频繁。

在拍摄的时候，由于各种因素，图片的曝光度往往不是我们想要的效果，就很有必要在后期对图片进行亮度的调节。

在 PS 中可以利用亮度和饱和度来调整图片亮度，利用曲线来调整图片的曝光。

脸部提亮。

对于人像摄影而言，焦点除了我们想要表现的服装以外，就是模特的脸部，所以模特脸部的光线要单独调整。

首先用快速选取工具选取模特的脸部，其次羽化，最后用曲线调整到合适的亮度。

下面是调整色调，可以通过对比度与可选颜色（如果对 PS 熟练还可以通过色彩平衡与色相等其他工具进行调节）的适当调节来得到你想要的效果。

通过锐化滤镜提升图片的锐度，增强清晰度，增加图片的整体质感。

想要处理好图片，也可以使用光影魔术手软件。此软件非常容易上手，操作步骤如下：

（1）首先将要处理的图片在光影魔术手这个软件中打开，其次选择工具框中的裁剪工具来对图片进行剪裁，将图片中多余的部分去掉，同时还可以选择理想的边框水印和文字，添加到图片中去。

（2）操作完上面步骤之后，按 Ctrl + Alt + S，这时就会弹出一个调整图像尺寸的窗口。选择快速设置，然后根据要求选择按图片的尺寸冲印，接着设置好你所需要的图片大小。

（3）完成以上步骤之后，再点击工具框中的另存为，选择好存储路径，然后保存，这时候就会弹出一个窗口，在右下角会出现一个小按钮，点击就可以看见处理过后的图片大小，如果不符合要求，再在左上角的调衡器中自由选择即可。

“读图时代”：你的图片会说话

SEO优化近年来似乎走到了一个尴尬的灰色地带。搜索引擎不断进步，算法不断变化升级，许多人表示无路可走。但有压力才有动力，只有不断创新，改进方法，你的网站才有可能脱颖而出。信息化的时代，让网站的图片来替你“说话”吧！

图片优化不是在文章中插入一张图片，然后设置关键词搜索就可以的，我们不仅要在网页中添加图片满足用户的需求，还应通过对图片的一些必要优化设置满足搜索引擎的需求，努力提高网站的排名。如何利用图片吸引买家眼球、利用图片打造爆款、利用图片宣传企业文化，直接关系着网店的生意是否火爆。

“有图有真相”“读图时代”等网络词语在用户之间的流行，从另一个角度反映出用户对图片的硬性需求。相对于呆板的文字，用户们更倾向于用图片来传达某些信息，这样更能给用户视觉上的刺激。

1. 店面装修上要下功夫

做网店，卖的就是视觉。你的东西只能看而不能摸，再好的品质，都仿佛是镜中花水中月，如果不能通过图片真切地体现出来，看上去像地摊货一样，谁还敢买呢？再有特色的东西，如果体现不出来就等于没有特色。那么，如何让你的图片会说话？

图片的创意很重要，你要通过你的图片去显示商品的品质和品位。要知道，图片在网络营销里扮演着至关重要的角色，一辑好的图片可以让推广事半功倍。

在拍照过程中，有很多店主都会遇到这样一些情况：他们尝试与不同的摄影工作室合作，但一直都没有达到预期的效果；他们找到图片设计师，但是设计出来的图片并没有创意，根本达不到自己想要的效果。怎样才能让自己的图片开口说话呢？

那就需要符合消费者审美需求的图片。此时，往往细节决定成败。首先，要知道什么样的图片能够吸引眼球，图片的清晰度如何，图片的表达方式是什么。比如，服装推广图片不仅要显示服装的时尚、特色，还要显示服装的细节、工艺、材质。要清楚什么样的图片才会有美感，才会有品质。

2. 注意图片的数量和大小

添加图片时要注意把握“度”，适可而止，大量冗余图片只会让人烦不胜烦，除非你是像 Pinterest 这样的图片网站，以瀑布流的形式作为展现图片的亮点。此外，在图片类站点，建议用图集的形式，有助于在搜索引擎中获得好的排名展示。

不要忽视图片的大小对网站打开速度的影响，很多人在对图片进行处理时，忘记对图片的大小进行剪裁以压缩图片。尤其是对原创图片需求迫切时，常常通过相机进行图片的收集上传，大多数人就会忘记对图片大小进行处理。试想，如果你是用户，点开某个网站后，图片加载使你在电脑前“发呆”，你一定不会喜欢上这个网站！

3. 了解顾客群体，锁住记忆

儿童为什么都喜欢吃麦当劳呢？因为麦当劳形象风格能深深地吸引住儿童，让儿童产生深刻的记忆。只要去过一次麦当劳的儿童都会记住它，从而一而再再而三地去消费。麦当劳之所以能够做得如此好，其原因在于麦当劳有强烈的企业文化。它的装修在色彩方面应用了强烈的色彩对比，并设定了儿童游乐区，推出儿童玩具。在饮食方面，它有好吃的薯条。在形象方面，它有逗人喜欢的麦当劳叔叔。这些强烈文化意象，都深深地印在了儿童的脑海里，使儿童认定麦当劳就是他们想要的。

网店销售也是如此，无论从店面的装修还是从商品的描述，都要建立自己的文化。通过照片的风格设定，从各方面体现产品的文化底蕴与品牌故事，让照片带有记忆性。图片要有创意，让人看了就会被打动、被吸引。

要让自己的图片会开口说话说起来容易，做起来却是要花费一番心思的。卖家要用心去做，用心去构思，了解市场需求和买家心理，以及客服对自己的产品的了解程度。

（1）首先店面装修上要下功夫，要突出主题，突出自己的店铺文化，让顾客在首页感受到你的品质，进到首页就可以发现更多的需求。裂帛的文化就是强调原生态，无污染，这点也是很多买家选择购买的原因。

（2）商品描述要尽量做到图片清晰，细节到位。图片上要配以细节说明，让顾客看到商品描述就想去看你的首页。细节说明非常重要，比如一只泡了茶叶的杯子，如果描述为：晶莹剔透，曲线优雅，精炼做功，彰显身份。一看就知道卖的是杯子。如果描述：明前佳品，枝繁叶茂，竖立水中，给你一片清香，还你一片超然。一看就知道是卖茶叶的。从不同的角度进行描述，会传递不同的信息，让整个大的定位产生偏差。

（3）客服要及时发现顾客需求，善于发产品链接，帮助顾客及时发现自己需要的商品。

4. 注意图片差异性

学会避免关键词堆砌嫌疑。在一个页面的许多图片中，对图片进行 Alt 关键词设置时，不要千篇一律或者统一编辑。比如，你在网站中发了好几篇原创文章，有的是对“双 11”电商的对比分析，有的是对网站建设的影响与感悟，有的是对淘宝的认识和理解，配图的关键词全部设置为“双 11”“淘宝”“电商”等。很容易被认为是关键词堆砌，从而影响网站排名。

其实，进行 Alt 属性设置是必不可少的。那些采集来的图片，若没有进行 Alt 属性设置，则会增加图片重复度。Alt 属性设置关键词时，最好能够用心、细致地将文章的主旨表现出来。在网页不能正常打开时，Alt 属性可以向用户展示图片乃至文章的概要。此外，带有链接效果的图片加上 Alt 属性后就相当于做了锚文本链接，一举两得。

5. 在图片上添加水印及命名

很多人在网上采集他人的图片，而后加上自己的水印，伪装成原创。为了避免这样的情况，建议为自己的图片加上水印。对图片进行命名，也不要用相机自动排序命名就直接上传，最好设置一下图片名称。可以在名称中标明作者、来源、图片的大致内容，还可以作为一个侧面的宣传方式。

图片实际上是一个奇妙的表现形式，只要运用得好，和用户产生共鸣，它就会拥有生命，开口为你“说话”。

做好电商

第四步

4 玩转电商的核心——营销

营销百宝囊：巧心思“黏”顾客

随着电子商务的快速发展。众多商家已将促销列为市场推广的常用手段之一。种类繁多的促销手段纷纷亮相，各种各样的促销广告更是层出不穷。尤其在节假日期间，各大掌柜更是掀起促销狂潮。价格是除了质量、性能和款式之外决定买家是否购买的另一关键因素，卖家在琢磨买家心理的基础上要创造出种种易于买家接受，且能激发消费欲望的价格促销方式。一个好的促销活动，不仅要有好的创意、好的促销组合，也要有好的执行。

成功促销之所以成功，就在于它能吸引大量的顾客，并让顾客购买产品；而顾客之所以能被吸引过来，还积极购买，原因在于热烈的活动氛围感染了顾客，满足了他们的好奇心，刺激他们的购买欲望；加上消费者向来就有强烈的“从众”心理，诸多因素结合在一起，最终促成促销活动的成功。营造热烈的活动氛围实在是成功营销必不可少的关键一步。那么，价格促销中有哪些常用的方法呢？

1. 一刻千金——让顾客蜂拥而至

“一刻千金”的促销方案就是让买家在规定的时间内自由抢购商品，并以超低价进行销售。比如，在你的店铺，每天早上九点到九点半拍下的商品，可以以20元的价格成交。这个促销看似大亏本，但是实际上这一举动给你带来了急剧的人气提升和很多的潜在客户，因为实际上30分钟的挑选时间是仓促的，30分钟之后，客户还是会在你的店里逗留闲逛，既然来了不买点什么似乎就白来一趟，还浪费了时间，而且那些抢下20元特价的客户也可能因为觉得占到了大便宜进而想继续寻找实惠而购买更多。所以，“一刻千金”的方式只是用来吸引顾客的眼球，等将顾客吸引过来之后，接下来就是让顾客自愿掏腰包了。

网购大环境下，顾客的眼光都是很挑剔的，想吸引顾客消费是需要下一番功夫的。一家超市自开业以来，销售量一直上不去，后来，老板听从了别人的建议，别出心裁地推出了一个新的营销模式：晚上7点至7点10分这一时间段内所有货品1折。这个创新当日没有带来很大的效益，然而第二天却有了大批消费者来到这家超市排队，在此期间人流量达到同时期的5倍，第三天更甚达到了接近10倍流量。该超市当月的销量翻了5番。

很多人看到“一刻千金”的营销方案时第一反应是怕上当，然而第一天超市兑现了诺言，获得的受众认可是用多少宣传手段都换不回的。而且还无形中为超市炒作了一把，带来的后期利益也是不能忽视的。

飘飘在网上开了一家毛绒玩具店。开店伊始，飘飘便采取降价折上折的方案，提出“在本店消费毛绒玩具满200元减30元，然后再打8.8折”的营销策略。这对顾客来说无疑是个双重诱惑！再加上五一前在一些网站做的宣传，飘飘店里的顾客果然多了起来。

飘飘选出部分被众多顾客喜爱，价格在40~60元的毛绒玩具（如八音娃娃、憨豆熊、手机座等），同时又选择了两个时间段，分别是每天上午10点和晚上7点，在这两个时段，选出的这部分商品全部以10元的价格销售（每人每次限购一件）。在每天的这两个时段，顾客纷纷抢购，其销售量可以占到全天的80%以上！而顾客在获得了实实在在的实惠之后，与店铺之间建立了完全的信任，再加上店铺配合推出的98元领养亲亲商品方案和降价折上折的价格攻势，几乎所有的顾客都又选购了其他不少毛绒玩具，很多顾客更是在微信朋友圈里宣传飘飘店里的活动。

此活动的时间段选择得很巧妙，具有一个提示性的标志，晚上7点，几乎所有中国的消费者都知道是新闻联播开始的时间。久而久之，很多人一看到新闻联播就会想起有这么一家网店，其中就会有一些人不由自主地成为这个网店的宣传者。之后，第二天或者第三天的庞大流量，以此为一个循环，消费力不容小觑。

此操作的优势所在：受众自主的传播，节省了大量的商场主动宣传费用；知名度提升可带来更多稳定的顾客。

2. 阶梯价格——让顾客着急

所谓阶梯价格，就是指商品的价格随着时间的推移出现阶梯式的变化。比如，新品上架第一天按4折销售，第二天5折，第三天6折，第四天7折，第五天8折，第六天9折，第七天原价销售。这样给顾客造成一种时间上的紧迫感，越早买越划算，减少买家的犹豫时间，促使他们冲动购物。当然，阶梯的方式多种多样，店家可以根据自己的实际情况来设定，原则就是既吸引客户又不会让店里亏本。

一个蛋糕店的老板对于每天卖不完的蛋糕在第二天做了打折，每份只要原价的一半，第二天基本上就将蛋糕卖完了。一个网店掌柜据此提出了一个自动降价促销方案："销售初期1~5天全价销售，5~10天降价25%，10~15天降价50%，15~20天降价75%。"

这个方案内的降价幅度对于不同的行业可以不同，对时间限制较大的商品可以加大商品的折扣力度，反之则可以拉长降价区间内的天数。

对于一些时节性的商品，商家应及时予以处理，收回成本。如果不及时处理，特别是会过期的商品，就会成为一件废品。现在很多商场打出“亏本大处理”的标语，其中一部分还是会有基本的利润，而另一部分则是真实的亏本处理。比如，该商品有时节性，如果商家不处理，这些商品就将失去其价值，变得分文不值。与其浪费生产成本，还不如获取尽可能多的利润。

如此操作优势在于：商品本身已经生产完毕，与其浪费，不如再利用。即使是再少的利润甚至是没有利润和亏本，也比等商品完全失去价值划算。降价本身对于消费者就是一种消费欲望的刺激，其带来的人流量和销售量是相当可观的。

3. 降价加打折——给顾客双重实惠

降价加打折实际上就是对一件商品既降价，又打折，双重实惠叠加。相比纯粹的打折或者纯粹的降价，对顾客的吸引力更大。对于顾客来说，一次性的打折方案和降价加打折比起来，顾客毫无疑问地会认为后者更便宜。这种心理使客户丧失原有的判断力，被促销所吸引。同时，对于店铺来说，既提高了促销的机动性，又减少了因促销而付出的代价。

比如以 100 元商品为例，如果直接打 6 折，一件商品就会损失 40 元的利润。但是如果我们先把 100 元的商品降价 10 元，再打 8 折，那么一件商品损失的利润只有 28 元。但是买家在感觉上却会认为后者促销力度更大。

在大市场的背景下，消费者需要的除了直观的价格优惠以外，还有更多的优惠政策来激发他们的消费欲望。

如此操作优势在于：促销手段的多样化，可以不同形式的优惠政策组合来刺激消费者的消费欲望，同时也满足了不同消费的消费优惠政策需求，既扩大

了消费者的群体，也对整体人流量有了更多的帮助。

消费政策的多样化，也可以为商场的宣传工作提供多个重点，形成遍地开花的效果。

双重优惠的结合，在一定程度上也可以节省成本，对于客单价的利益提升也有很大帮助。

4. 错觉折扣——给顾客不一样的感觉

人们普遍认为打折的东西质量会差一些，而如果我们换一种方式，注重强调商品的原价值，让买家觉得花了更少的钱，买到了更超值的商品，效果往往大相径庭。

比如“花 100 元，换购价值 130 元商品”和“全场 7.7 折，99 元任选”这两种描述，实际上都是在价格上的让利，但是给买家的感觉却不同。如果你把 130 元的商品 7.7 折后 100 元销售，那买家会感觉这个商品就值 100 元；但是如果你把方案改成“花 100 元换购价值 130 元商品”，买家就会觉得这个商品的价值是 130 元，而他只花 100 元就得到了，物超所值。

日本三越百货在一次活动期间，制定了一个促销方针：凡是在本商场购物的客户，无论购买什么商品，都可以用 100 元购买价值 130 元的商品，只要购买，店铺当场就给顾客优惠 30 元。

此广告一出，立刻吸引了顾客的注意，人们奔走相告，纷纷涌向三越百货，尽情地挑选自己所需要的商品。一时间，冷清的店铺开始变得繁华无比，一个濒临亏本的店铺销售额开始直线上升。采用此法的第一个月，销售额就猛增至 2 亿日元。此后，各店铺纷纷效仿，都取得了不俗的业绩！

自古道：“便宜没好货，好货不便宜。”很多顾客在购买商品时宁愿选择一些功能少一点的、便宜些的、能满足自己需求、没有经过打折的原价商品，这样他们会觉得自己没有上当受骗。而对于商家店铺打折促销的商品，很多客户很少光顾，甚至看都不会看一眼，很少有人相信老板会做不赚钱的生意，觉得这些都是表象，是引诱他们购买的借口。不管你打几折，理智的顾客要的只是实实在在的价格。

错觉打折的优势其实只不过是打折的方式比较隐晦，和直接打折相比，错觉打折显得更加有艺术性，更加吸引顾客的注意。针对客户“便宜没好货”的心理，利用货币价额错觉，实行“花 100 元买 130 元商品”的错觉折价术，不仅让顾客避开了对打折处理货的感觉误区，而且真正起到了促销的作用，使得百货商场的销售额开始成倍增长。

从表面上来看，这种错觉打折和打七折销售法似乎都是 30% 的差价优惠，但两者在顾客的心理反应上却有显著的区别。直接打折，店铺经营者首先就在无形中告诉顾客：我的商品是折扣商品。肯定不是市场紧俏货，说不定是滞销货，顾客心里肯定会不屑一顾，不会主动去购买。所以，直接打折从心理战上就输了一筹。

错觉折价不一样，首先它坚持了商品的市场地位，无论是不是滞销货，店铺都坚持认为自己的商品是紧俏货，从心理上就已经占据了制高点，使得顾客更愿意去购买。同时，店铺也给了顾客一点让利，使顾客心理上得到一种满足，在一定程度上增加了顾客的购买欲。

对于网店来说，错觉折价虽然也是一种打折，但是和明码打折来说，获利更多，更加实惠。其实细算一下，错觉折价实际获利要比打七折获利稍微高。另外，打折法给顾客的直觉反应是削价销售，商品质量可能有问题，而错觉打折却容易给人造成一个“货币价值提高”的错觉心理，因而促销效果明显。

5. 超值 1 元——舍小取大的促销策略

超值 1 元就是指在活动期间，顾客可以花 1 元买到平时几十元甚至上百元的商品。或许很多人感到疑惑：这种促销方案不是让店铺亏本吗？其实，表面上看，这种 1 元的商品确实赚不到钱，但是通过这些商品，店铺吸引了大量流量，而且一个客户如果购买了一件 1 元的商品，那他同时再购买店铺里其他商品的可能性就增加了，因为同样需要付一次邮费！而那些进到店铺里来却没有购买 1 元商品的买家，购买店铺里其他商品的可能性也增大了，这等于免费给店铺做了一次全方位的广告，这样想来，还觉得亏吗？

阿姿的网店一直不景气，后来在朋友的建议下，将店里的四十多款价值 10 多元的商品（成本约为 2 ~ 8 元）分成 7 组，也就是每组 6 个商品。一周七天，一天上一组，而这些商品的价格仅为 1 元。

然后阿姿做了推广广告：网店促销，40 余款日常用品，仅售 1 元，数量有限，售完即止（每人次每种商品一次交易限购 1 件）。很多人看到这个广告，都点击进来看这 40 样商品，而这些商品都是人们日常常用的消耗品，如牙膏、牙刷、肥皂、毛巾等。于是就引发了销量的狂潮。阿姿定的每日每种商品数量为 50 件，也就是每天 300 件商品。而很多人购得了这个超值商品后，就有了一定的购物感觉和需求，也会顺带买一些其他不打折的商品。通过这种方法，阿姿赚得盆满钵满。

阿姿万没想到顾客的消费力如此庞大，几乎在几秒钟之内，当日的 1 元商品就被抢购一空。而很多消费者都前来咨询客服，打听他们需要的商品是哪天售价为 1 元，于是后续也有了更多的消费者来消费。当然，顾客为了省邮费，购买的不仅仅是 1 元商品，还有其他商品。

阿姿促销的成功得益于两个最重要的环节：一是超低价，二是限量。消费者的消费能力其实是在积聚，不是特别必要的，就不想买。如果勾起了消费者的消费欲望，那么后面的消费都会被开发出来，之后的关联销售量也就水到渠成。

以较低的代价换来关联商品销售量，取得更多的利益，何乐而不为呢？唤醒消费者的消费欲望，产生消费欲望后的消费力是不容忽视的。不是一次性地将 40 种商品全部拿出来，而是引起消费者的长期关注；同时由于所出售的都是日常消耗品，每个人都会用到，因此每次用到时，消费者就会联想到这家网店，带来一定的顾客二次转介绍。

淘宝营销策略：抓住营销的“七寸”

很多时候，卖家在淘宝开店，头脑里想的都是如何通过安全的淘宝刷单战略来提升自己淘宝店铺的销量和信誉，以此来增加商品的权重，引入流量，促成转化率。却不曾有卖家认真想过如何通过打造好的淘宝营销策略，从而带动自己的店铺成功逆势，成为淘宝创业的佼佼者。俗话说“打蛇打七寸”，下面为大家总结出一套堪称史上最完美的淘宝营销策略！

1. 以爆带新，做高性价比的搭配套餐

如果店铺的流量主要在部分款式上，那么新上的款式，就可以与这些款式做搭配套餐。例如，加10元或9.9元可得2件衣服，这样可以提升主推款的转化率，同时也能带动新款的销量。小卖家如果觉得亏，也可以搭配成本价进行出售，新款的性价比就立马凸显出来了。如A和B都是T恤，成本都是19元，A售价48，那搭配B商品，就是A+19=两件的模式，A的性价比提高，B也不亏本。

2. 特定时间内，第一名拍下者免单

先来看刷一单的成本：12元佣金加5元运费加2元扣点，还有被淘宝抓到

降权的风险。

再来看这里推荐的第一名免单活动：每当发布上新时，第一名成交者可免单，不仅能够达到销量破0的效果，只要在上新前做好活动预热，既能增加新客户收藏店铺的概率，又能让老客户回炉，是一个很好的营销活动。活动预热做得好，活动就不会亏本。免单成本：高单价的产品一般上小SKU拍A发B为主，低客单的产品，加运费加佣金之类，其实跟刷单成本相差无几，还能带来更多潜在的转化。

一个免单信息在淘客圈散播开以后，几百甚至数千的淘客将涌入你的计划，一个淘客手上起码是几百上千的用户，一个免单活动的总覆盖将达到500×1000=500000（用户），这50万用户里，至少能有几千人进到你的店铺，其余的也至少了解到了你店铺的存在。

如果再配合让这些用户多晒图做分享之类的方式，所带来的效果就绝不仅仅是50万的覆盖。

3. 阶梯价享受优惠

指特定商品定价第一件3折优惠，第2~10件5折，第11~30件7折，后面恢复正常价格。这里面有一个小技巧，就是利用拍下减的模式，使页面上都显示为原价，这样既能让前面成交的买家切实得到实惠，后面的买家也不会知道前面的实际成交价格是多少，避免造成后面成交的买家心理不平衡感。

4. 新品期间，购买后支付宝大额度返现

新品推出期间，成交后给予顾客一定额度的支付宝返现，为店铺的后续营销打好基础。比如，新品售价50元，设定买家交易成功后进行20字好评+买家秀，返现10元。这样就能带来大量的正面评价，有了这些优质的评价和基础

销量，对后面的交易起到良好的推动作用。

5. 上第三方试用活动

官方试用已经不计算入搜索销量，不过如果是第三方的试用平台所带来的成交，即可计算入搜索销量。前期可能会造成一定量的亏损，但只是暂时的，关键是能满足卖家快速积累销量的要求。

6. 零风险购物承诺

推出“7+”承诺服务，并且承担来回邮费，去除买家购买顾虑，这也是淘宝倡导的做法。很多活动，淘宝都要求卖家承担衣服来回退换的邮费，效果良好，且能消除买家顾虑，大大提升了转化率。

7. 上新期间专享低折扣

新品上新三天内7折优惠，过后恢复原价，可以让消费者养成习惯，定期进入店铺留意上新活动。店铺定期上新，此营销手段的效果显著。

8. 会员专享

手机端推出了会员专享，对于新品，可以设置会员专享价，在老客户群体中做营销。其可作为定期的营销活动，卖家能对老客户进行很好的维护，买家可以得到专属的实惠，必定会增加老客户对店铺的忠诚度。

9. 针对新品，派发大额度优惠券

设置大额度的单品优惠券，对买家特别是老客户进行派发，作为一项专享

的福利。也可嵌入到二维码中，随包裹一起寄给顾客，增加二次购买的概率。

对新手卖家而言，由于缺乏经验，而产品又缺乏大的优势，此时如果不急于求成，放弃“第一单便盈利”的想法，拓宽思路。但要谨记一点：亏损不是为了漂亮的销售数据，最终还是要回到盈利的核心上。

10. 让你的用户变成你的传播者

网店后台可以设置一个拉人有奖的模块，设置好后定一个新客户优惠金额。让顾客帮你发出店铺的链接，若他的朋友通过该链接前来购物，就可以获得优惠。还可以设置一个老顾客可以获得奖励的模块，若有人通过他的链接买了商品，他就能获得返现。这就是一个带优惠券的 CPS 模式。如何让顾客心甘情愿帮你推广呢？一是顾客对你已有基础认可；二是好评返现；三是邀请单数兑换礼品，如邀请有礼。

京东营销策略：与成功零距离

京东商城是中国最大的综合网络零售商，拥有遍及全国超过6000万注册用户，在线销售家电、数码通信、电脑、家居百货、服装服饰、母婴、图书、食品、在线旅游等12大类、数万个品牌、百万种优质商品，日订单处理量超过50万份，网站日均PV超过1亿人次。建成了全国5大物流中心，配送范围覆盖各大城市，连续6年销售增长率超过200%，2010年，京东跃升为中国首家规模超过百亿的网络零售企业。如今的京东，已经是电子商务B2C领域当之无愧的强者。

京东商城的发展速度令业界称奇。京东商城在其快速扩张的过程中，其独特的营销策略功不可没。京东实行的是企业对个人的直销模式，抛弃了传统的中间环节，降低了产品成本。京东的低价策略、完善的物流配送体系和所有商品都是正品的质量保证，以及良好的企业信誉，再加上京东在其他方面的营销措施，使其在短时间内取得了快速的发展。

京东商城在发展过程中巧妙地利用整合营销策略，使自己的产业不断地扩大。整合营销传播把广告、促销、公关、DM、CI、包装、新闻媒体等一切传播活动都涵盖到营销活动的范围之内，在网站的发展中正发挥着越来越重要的作用。

1. 广告投放

京东的电子商务营销模式决定了其在广告投放方面的特性。目前，京东主要是以网络营销配合户外广告来扩大知名度、提升企业品牌形象、增加网站流量，达到吸引客户购买的目的。

京东的广告主要投放在网络上，如在塞班手机论坛等投放与产品相关的网络广告。由于针对的是对网络熟悉度较高的论坛读者，这样的广告受众是容易接受网购的人群，而且有针对性地投放与塞班论坛联系紧密的手机广告，达到了有价值目标的精准投放。

在目前的广告传播方式中，分众情况最理想的广告是网络广告。网络广告可以非常准确地把人区分开来，如此一来，就可以达到一定的分众传播效果，使广告更加有针对性。

在传统媒体上，京东只简单地投放了部分公交车体户外广告，在网络购物逐渐普及的今天，京东在获得又一轮融资后资金充足的情况下，可以考虑加强电视等媒体的广告投入，进一步提升品牌知名度。比如国美、苏宁广告投放的重点仍放在传统媒体如报纸、广播等，其他如社区广告、移动电视、公交、地铁，特别是网站等也不断涉及。同时，苏宁广告曾由时尚偶像潘玮柏和孙俪代言、国美新春让利的电视广告由新版红楼梦的主演担纲等都收到了良好的效果。此外，周末和节庆前国美、苏宁往往都会在报纸上投放大版面的产品促销广告。国美和苏宁卖场一般在商业旺地，其外墙广告也非常引人注目，有效地提升了品牌的知名度。

2. 促销活动多样

由于网络渠道的操作便利性，京东商城的促销活动比传统商城更为多样化和常态化。京东的首页上有丰富的特价商品、限时抢购商品等信息，同时对应不同的节庆如五一、母亲节等都会推出有针对性的促销活动。针对不同的特价产品，京东会有不同的促销方式，如赠送的代金券有京券和东券两种，分别有不同的使用范围和规定。京东和其他 B2C 网站一样，会综合性使用“打折销售”“1 元秒杀”“限时抢购”“购物送券”“捆绑销售”等多种电子商务促销手段。

京东的促销活动比较有代表性的是：

（1）打折促销。当消费者购买商品时，按商品标价直接给消费者一定数量的折扣。

（2）降价特卖。直接将商品的原价调至较低的现价（特价）以吸引消费者购买。

（3）买赠促销。顾客购买某一特定商品可免费获得相应的赠品。

（4）特殊活动策划促销。京东商城于 2010 年 6 月投入 3000 万元，重磅推出“京东 12 年疯狂 618”庆典活动。电脑、手机、数码、日用百货等各类商品将在京东价基础上再度下探价格底线，最高降幅高达 70%，更有上千款畅销商品超值抢购。这是近年来，国内 B2C 市场最大手笔的一次网购促销攻势。

（5）限时抢购促销。在特定的营业时段提供优惠商品，以刺激消费者购买。比如，剩余 0 小时 8 分 49 秒，支持 UC、后台 QQ、电子书，抢购价为 499.00 元（8.9 折）的联想 S550 GSM 手机（罗兰紫），双卡双待，送超值赠品。

（6）优惠券促销。零售商将印在报纸、杂志、宣传单或商品包装上的附有一定面值的优待券或单独的优待券，通过邮寄、挨户递送、销售点分发等形式发放，持券人可以凭此券在购买某种商品时免付一定金额的费用。

（7）拍卖促销。以绝对低的起拍价进行拍卖。低价可以吸引更多的人关注，从而达到推广商品、宣传店铺、提高店铺流量的目的。比如，爱国者（aigo）A2兔年版4G MP3播放器（红）起拍价只有1元。

（8）抽奖活动促销。抽奖促销就是利用公众消费过程中的侥幸获大利心理，设置中奖机会，利用抽奖的形式来吸引消费者购买商品。抽奖促销是我们在日常生活中最常见的促销方式，不论是大品牌，还是新进入市场的品牌，都可以采取这种促销方式。

促销目标：可以保持消费者的产品忠诚度，增加短期销售量，突出产品的新颖性，提升整体销量，应对竞争对手的竞争。

3. 京东社区促销

京东商城推出了京东社区这一客户交流平台。在该社区，京东的客户可以发表自己对京东的看法，客户之间还可以相互交流。在该平台上，客户可以十分明确地表达出对于京东以及京东商品的意见及看法。促销目标：客户之间的交流是最有说服力的，这可以使京东的固定客户变得更加牢固。社区中用户的口口相传，可以吸引更多的消费者，也会使京东的操作流程更具有透明性，使顾客对京东产生更大的信任感。

4. 京东的创意营销

2014年3月到4月，京东接连发起了以“正妆蝴蝶节”“超强奶爸节”为主题的营销活动。光是这两个名字就足以让人感到新鲜。

但京东绝不只是“图新鲜”这么简单。“有激发，有趣味，有好处”——这是代理公司180China在为京东进行“造节”营销时所归纳出的三点原则：“我们希望可以通过‘造节’让一次促销活动变得更加有意义，借此激发消费者更加强烈的参与感。”

“正妆蝴蝶节”定于3月8日的妇女节至3月15日的消费者权益日，恰好京东在这段时间内所主打的促销点是其Slogan“多、快、好、省”中的“好”，于是“正妆蝴蝶节”应运而生。一方面迎合妇女节，将女性消费者作为促销的主要目标对象；另一方面迎合消费者日，同时也为了强化“买正品，上京东”的品牌正面形象，将“正品”作为“造节”营销中的另一个重要诉求点。

在创意执行层面，结合了重要的娱乐因素，设计递进式的整合传播。首先，从2月中旬开始进行线下预热，在京沪两地投放楼宇大屏广告，以“全城男人要小心”为主题制造悬念并在网络上制造热点；其次，以“骗女生，后果很严重”为主题的TVC通过传统电视媒体、网络视频贴片、户外楼宇及社交网络等多种媒体渠道展开传播，在揭晓悬念之际也将整个“正妆蝴蝶节”的核心概念传达出来；最后，相同主题的户外平面广告也在公交地铁站进行了大规模投放，作为对话题扩散的支持；经过半个月左右时间的预热宣传，随着3月“正妆蝴蝶节”的正式启动，最终在社交媒体上发起话题推广，挖掘“正妆蝴蝶节”“真”的品牌核心，以温情收尾。

虽然“超强奶爸节”在营销上没有“正妆蝴蝶节”那样大的投入预算，仅仅在社交网络上进行了宣传，但依然凭借其出色的洞察赢得了消费者的关注。作为京东母婴类产品的促销推广，此次促销别出心裁地的把目标人群定位在了“奶爸”们身上。现在很多男人正在当起快乐奶爸，型男奶爸也在流行，包括《爸爸去哪儿》这些娱乐节目的兴起，让奶爸文化正成为一种新的潮流。和“正妆蝴蝶节”相同的一点是，两个节日的调侃对象都聚焦在了男性消费者身上，这正是京东贴近消费者的直接表现。

对于所有的电商品牌来说，“造节”营销都是一种新的路径。当消费者们已经习惯了年复一年的春节、情人节、五一、国庆、光棍节、圣诞节之后，不妨尝试着带给他们一些新的东西，在和消费者一起嬉笑玩耍的同时，或许也将赢得大家更多的支持和认同。

直接硬性的促销越来越令人麻木和反感。相比之下，京东的促销加强了大家对京东品牌的关注和认知，让消费者感受到京东的亲切，给人带来一些乐趣与风潮。

总体来讲，京东的营销传播符合目前的发展速度，虽然在广告方面如购买北京668路公交车体户外广告可以在北京站及国贸周边产生巨大的传播效应，但因其线路有接近50%的路程行驶在京通快速上，且通向的通州终点人口密集程度与城区相比减小了许多，传播力和影响力没有得到最大的发挥。促销方面的“各项专场”促销、“月黑风高”等促销活动确实赚足了现有客户及潜在客户眼球，也提高了商城的部分销量，但对于要稳步扩展客户、实现稳定增长的京东来说还是要用战略的眼光来组织系统的整合营销传播，如针对大学生用户可以细分市场做出结合“DIY节”“音乐节”、赞助“校园个手大赛”等市场活动，扩大京东的知名度，以挖掘潜在的市场。

资深淘客运营三部曲

淘客是指在互联网络上淘东西的网络购物者。他们在互联网上数以亿计的商品信息中寻找自己感兴趣的商品，进行网络上的购物。淘客利用QQ、论坛和博客推荐网店和商品，帮助淘宝卖家推广商品并按照成交效果获得佣金的人（可以是个人或者网站）。不仅能获得买主的好感，还能从卖家那里获得佣金，可谓一举两得。

只要了解淘客价值的，几乎每个店铺都希望更多的淘客过来推广，因为淘客推广的模式接受度极高。淘客运营和站外推广不同于直通车和钻展这种传统的付费推广模式，需要更多的技巧，淘客推广更多的是资源的拓展和应用。

淘客每天都在寻求更多的资源，以及流量入口。他们也采集数据，也做数据分析，也研究投入产出比，也知道ROI，他们每天忙着找靠谱商家，根据推广数据进行优化，优化出最大产出方案。挖掘更多的资源、渠道，然后对自己本身以及积累的用户进行维护。同商家合作时，他们更希望你能够符合和匹配他们的用户需求。那么如何才能成长为一个资深的淘客运营呢？

一、登堂入室

这一步仅仅是入门。淘客运营基本工作主要有以下几方面：

1. 及时修改公告信息，定期发布公告

虽然对老淘客可能帮助不大，因为很多已经在你计划里的淘客很少会去关注你的公告，但是对新淘客还是会有一定的引导作用，所以别忘了利用这个资源。

2. 做一个出彩的淘客招募帖

阿里妈妈论坛是淘客云集的地方，很多论坛板块都允许发布淘客招募帖的。文案要出彩，招募帖的标题要吸引淘客点击。店铺实力，优质服务，产品卖点，高转化率，高额佣金等这些都是吸引淘客的重点。联盟论坛、嗨推、A5、落伍者、站长之家中，都会有一些淘客去看招募帖；发了招募帖以后，容易被百度收录，使你品牌获得一定的曝光。

3. 搜寻淘客资料，加淘客好友

不要自己一个人去收集淘客资料，多加一些商家群，跟一些商家互换淘客资料和资源是最有效率的。

4. 周期性地报名各类第三方活动

低价报几个折扣站，如折800、卷皮、米折、购物帮、蛮便宜、特价猫、VIP会员购、天天逛逛等；高价报返利类平台，如51返利、淘粉吧、51比购、返还网、易购、返利邦、比比宝等。如果自己报名有点困难，可以找一些专门

上活动的朋友帮忙安排。

5. 建立淘客群

拉几个跟自己用户匹配度高，但是相互又没明显竞争关系的店铺，一起做淘客群，一起把自己手头上的淘客往一个群里聚集，一起来共同维护。

二、“鸠占鹊巢”

此处的鸠占鹊巢绝非贬义，而是说进入这一个阶段，基本已经进阶为熟手，当你已经熟悉淘客运营这个行业以后，便不再局限于招募和维护。

1. 定期更换主推款模式

根据全网广告尺寸，把店铺的主推款做成不同的尺寸，并且根据时令以及活动，定期更换。网站类大淘基本都会优先选择图片素材好、精心运营的店铺。

2. 对应的推广链接

除了给出素材，还要给出对应的推广链接。同时，进行周期性活动时，要开单独的活动页。因为外网用户跟淘宝用户对产品认知度有很大差别，他们是看广告来到店铺的，而不是在淘宝里搜索到的，店铺要有足够出彩的文字和内容介绍自己的品牌以及产品特色。如果文案和内容做不好，站外流量转化率将会很低。

3. 利用淘宝站外直通车和站外钻展来给如意投锁定用户

对素材图要求非常严格，要多注意调整素材图。然后用如意投配合这些锁定的用户进行二次投放，对于得到的浏览用户，要尽一切可能与他们成交，如果不能成交，至少得配合一些收藏活动让他们收藏你的店铺。只有最大化地在用户身上打上你的标签，广告的效力才能展现出来，个性化的搜索排序才能靠前。

4. 注意口碑影响力

网店口碑信誉好，才能让买家放心，买家购买之前会看该网店的口碑，网店口碑会影响转化率。可见，口碑影响力非常重要，大店比如韩束，小店比如夕茹傲薇，都获得了良好的口碑，大家都知道你承诺的奖励、制订的计划都会兑现，自然而然会口口相传。好的口碑主要表现为好的转化和用户好的回馈。比如可以通过试客试用商品，以试用报告反馈试用感受，在各大购物分享平台分享试用体验，专业的分享帮助商品更好的打造网店口碑，使商品的品质为更多的消费者所熟知，更好的为店铺增加回头客，树立了良好的店铺口碑。

三、落地生根

修炼到此种境界，可以说已经成为宗师，打下了牢固的基础，从当初的门外汉成为当之无愧的高手了。

1. 如意投要点

刚进入投放，尽量能开到多高就开到多高；站外直通车和站外钻展一定要利用起来，配合如意投最大化地找到精准人群，直通车里要提供尽可能更多的关键字，作为标签；多注意江湖策或者生意参谋里实时的流量来源，在直通车佣金比率和如意投的佣金比率上，尽量调试到临界点，即最优投产比比率，不一定最高的佣金就是最好的；如果条件允许，尽可能利用微淘或者微信活动刷

标签；多修改如意投素材，不要被如意投素材规则里的白底图要求限制住；多跟爱淘达人沟通，可以申请爱淘达人号推广自己。

2. 视频创意

如果将视频做好，将获得非常庞大可观的的流量，每天有 800 万左右展现量，是现在整个联盟流量最大的板块。这部分工作看起来似乎很难，但具体操作起来，并不复杂，如果没有专业的录像设备，随便用手机就可以，找个公司美女客服做模特，拍短短 1 分钟的产品使用或者产品材质介绍，就可以上线了。

3. 善于利用爱淘宝

除了爱淘宝达人，很多人对爱淘宝还比较陌生。爱淘宝其实还有许多不为人知的作用，如直通车是可以进入爱淘宝的，爱淘宝达人可以把你的产品推荐到爱淘宝首页。模特摆的造型和姿势直接决定了你的竞争对手是谁。

同时，要合理地运用搭配宝，最大化地跟你的用户进行匹配，或者与非竞争对手的店铺抱团合作，吸引更多的爱淘宝关联流量。

4. 淘宝特卖

聪明的卖家会巧妙利用好淘宝特卖这个平台。淘宝特卖是联盟出的一个新的集合商家活动的平台，就是联盟自己的 U 站，其招商入口在鹊桥后台的招商计划里。另外，联盟也跟一些平台合作，如易购、天天逛逛、购物帮等，卖家参与这些平台的活动，这些平台也会精选一部分推荐给淘宝特卖，由淘宝特卖为你展出。

后续的鹊桥审核有质量得分，优质的商家会越做越好，劣质的商家会越来越差，希望大家珍惜这个后台机会。

5. 巧妙利用好鹊桥这个平台

不仅要会使用鹊桥这个平台，还要发挥它的最大价值，用鹊桥最大化地扩散到淘客的视野里。同时，对于商家鹊桥还有一个非常大的价值，卖家可以买个淘客的鹊桥工具，深入了解一下同行的佣金数据，大约能知道同行某些产品开到多少佣金，大约回款多少，可以据此确定你后一阶段的淘客以及其他活动的营销策略。

当然，成为一个淘客运营宗师，需要的不仅仅是经验和技巧，同时还要有一个愿意亏钱跑销量的店铺和一些回购率高的产品，对于置换率不高的商品，比如家具、电器、婴儿推车的店家来说，淘客运营想做到很高的回购率也是不现实的。回购率越高，产品越好，越是刚需，淘客运营工作越好做。而一些大店、品牌店，因为已经有了很好的宣传，几乎不用花太多时间在这方面，自会有客户主动上门。一些人喜欢晒一些无关紧要的数据，比如其一个月的淘客营业额。其实淘客营业额的多少虽然也代表了你的操作水平以及技巧的高低，但是大店和小店是不能同日而语的，也就没法比较，小店可能耗尽心血却收效甚微，大店可能建个计划就能看到显著变化。最关键的数据还是淘客相对整体销售额的占比。

淘宝客服攻心大法

在淘宝的世界里，每一个卖家每天必须面对着千百个不同的买家，每个买家的需求不一样，性格也千差万别，那么如何才能让顾客在最短的时间内成交呢？这已成为很多C店卖家的“硬伤”，客服销售技巧不成熟，如长时间不在电脑前、没时间回复、沟通语言欠佳等，这都是导致店铺销量难有变化的原因。作为客服要无所不能，情商要高，能干活，会沟通，懂得销售技巧。商场如战场，要在商场中取胜，必得掌握一门独特秘籍。知己知彼，方能百战百胜，要用心服务，顺着买家心意，运用攻心大法。下面我们来看看淘宝客服销售交易成功的“精髓之处”。

1. 搭建稳定的客户关系

旺旺消息回复需要及时，在买家询问后一般不能超过30秒。因为响应时间过长容易造成买家流失，毕竟同行较多，买家可选择商家也多，而且现在的流量价值比较高，我们不能因为回应慢而流失客户。

2. 热情的营销体验

换位思考一下，每一位购买者，在消费过程中不但希望买到自己所需的产品，同时也希望获得舒心的服务。虽然我们不能像传统店铺的客服人员那样笑脸相迎买家，但是可以利用旺旺一些表情工具，形象生动地表达我们的感情，在话语上利用礼貌、亲切的语言，如“亲，有什么需要我帮忙吗?”来拉近与买家的距离，为进一步的销售打好基础。

3. 喜迎买家，先知彼此

要喜迎买家，把每一个对话的人看成我们要找的“上帝”！用心欢迎，真心问候。比如，“亲，您好，有什么可以帮到您?”“很高兴为您服务!”“请问亲选中店里的哪款宝贝呢？方便发给我看一下吗？我会为您详细介绍，让您对本店宝贝更了解”等。通过几句简单的欢迎语，了解买家的来意，了解她想购买商品的款式，有哪些要求，从而实现下一步的销售目的，也让买家感受到客服的热诚，给买家留下一个好印象。

4. 分析买家需求

与买家热情、礼貌交流时，要从买家那里得到有效的信息，如买家的喜好、所买的产品自用还是送人、买家的心理价位等，再结合店内产品特点为买家推荐适合的产品，由买家自主选择。

5. 顺藤摸瓜，掌握买家喜好

过来咨询的买家对于产品本身、价位、物流等会存在一定的疑虑，此时客服的专业度、耐心度、细心度特别重要，只有准确和耐心解决了买家的问题，让买家满意了，买家才会对你店铺的产品、对你产生信任感，进而放心地购买。

比如，顾客在问“在吗？这款有货吗？有没有××码的呢？多少钱？包邮吗?”等这些简短问题的时候，就要用心去品读、熟悉和了解买家的喜好。在这几句问题中不难发现，买家已经很喜欢这款商品了，只是怕没有货，所以要先确认一下，她只合适××码，其他的可能不太合适，并确认是否是店铺标明的那个价格，再问一下还能不能有其他的优惠。如果能读懂这几个问题，就已经成交了20%。买家需要通过客服的解答来了解商品，客服要根据对商品的认知，进行丰富详细的解说。

6. 主动出击，推荐产品

了解了顾客的需求后，就要主动出击，根据买家的喜好，主动推荐自己的产品。很多交易中，商品都是靠客服推销出去的，要利用自身的条件，利用对自家的商品了解，引导顾客消费。

想让买家最终选择自己的产品，就要在“价格、质量、款式”三方面体现出跟别家的不一样，体现出独特的价值。

7. 诚心服务，突破买家防线

万事俱备只欠东风，前面做了这么多的铺垫，往往离成交只有一步之遥了。因为是不能见面的交易，往往客服的积极推荐、好的服务态度，反而让人感到不放心，进而设下防线。通常可以在顾客提出的问题中找出这道防线是什么。例如:“说得这么好，这个牌子我都没有买过，都不知道质量怎么样?”说明买家半信半疑，对质量不放心。找到了症结所在，就可以对症下药，解除买家的疑惑。

8. 关联销售

进入这个阶段，说明买家已经确认购买某产品了，此时已适合为买家推荐相关产品，促使买家再多买一件甚至几件产品。在这个环节需要给买家传递的是，多买产品对于买家的好处有哪些，只有让买家明白多购买的利益，买家才会动心。

9. 送客服务

买家完成所有的交易后，不代表我们的服务结束了，需要和买家确认收货地址，并礼貌告别，让客户得到更好的购物体验并提升其对你店铺的好感度，以便以后成为你的老客户。

如何将网店做得风生水起

随着互联网发展以及人们对网购的了解加深，网店这个行业呈现出火热状态，店主们如火如荼地忙碌着，快递马不停蹄地奔波着，给人们的生活注入了新的生机。越来越多的人加入了网店大军，因此，每天都有新的网店在增加。网上购物已经成为主流时尚，足不出户就可以享受到各种服务，可以购买自己喜欢的产品。开淘宝网店容易赚钱，但不是每个人都能盈利，开网店也要讲究策略。那么，如何才能将网店做得风生水起呢?

1. 设好上架时间，分时段更新产品

建议使用助理上货，可以更好地设定商品的上价时间和产品的销售时间，如果使用橱窗推荐，你的商品上架时间最好有一定的间隔，销售时间最好设为7天，据专业人士统计，产品最佳上架时间为：早上8点至10点，中午1点左右，下午4点至6点，晚上8点至10点，在这几个时间段或周末浏览量较高。如果店主为了省事一次把产品上齐，那么就会给关注你店铺的买家太多的失望——每天来看都是这些货品，千篇一律，销量肯定不怎么好，店主人也懒，最后直接导致买家不再来浏览你的店铺了。所以，为了吸引和留住买家，要不断更新产品，分时间段吸引大家的眼球。

2. 商品关键字

要充分利用好这一点，很多买家买东西都喜欢用搜索功能，所以应尽量让你的商品标题上的描述丰富点，不要只写产品款号，最好能把产品相关品牌特性都写上，不过也不要胡乱堆砌关键词，容易被删。

3. 合理使用橱窗推荐

在 eBay 上，每个产品在橱窗推荐位上出现要 0.25 元，每个月在这方面都要花费几百元。淘宝上的橱窗位目前是不收费的，也正因为这点，现在橱窗上的商品很多。有人可能会觉得自己的推荐位太少了，其实只要你合理利用，每个人都有和自己产品数量一样多的推荐位。怎么得到推荐位呢？把商品上架时间间隔开来就是一个不错的方法，因为淘宝的橱窗推荐中展示的商品是按下架时间由少到多进行排列的，所以只要不停地推荐快下架的商品，你的每个商品就都能在橱窗的第一页中出现。

销售时间要设为 7 天而不是设为 14 天，这样你的商品在橱窗中的曝光率将会增加 1 倍。一定要学会充分利用这个资源。

4. 利用店铺本身

（1）名片宣传：名片是向买家最直接的宣传方式，当买家买到心仪的货品时，再收到一张漂亮温馨的名片，一定非常开心。所以在给买家打包时别忘了放几张名片，也许你的买家会将其赠送给同事、朋友，无形中加大了宣传效果。

（2）店铺公告：店铺公告是个很好做广告的地方，很多买家进入店铺都会看看有什么消息，所以要经常更新，如促销信息、新品推荐、优惠活动之类的。尽量用文字，这样还有可能被谷歌、百度搜索到。

（3）个人空间：要是论坛逛得多，那里一定是你的宝地，因为当别人看到你的好帖或是得到你的回帖，一般都会点你的论坛头像，而论坛头像是直接连到你个人空间的。空间就是个人的地方，广告随便怎么做，所以千万不要浪费，尽量装饰一下，做些好的图片，也可以放产品的介绍，自己的使用心得等。个人空间的访问量大了会直接影响店铺的浏览量。

（4）信用评价：聪明的买家会在看店铺信誉高不高的同时看看买家的评价。所以光是好评还不够，要回复买家的评价，及时对买家的好评表示感谢，顺便再做个小广告，买家会感到这是个专业负责的卖家。所以一定要利用好信用评价这个广告地。

5. 关注淘宝首页及各个频道的活动

随时关注淘宝首页及各个频道的活动是很多卖家不外传的秘籍，例如，点击一个图片进入某个类别，就可以看到“在当前分类中搜索‘××’共找到多少条结果”，其中的××就是关键字，如果你的产品与之相关，就可以放在对应的分类中，并加上相应的关键词，效果非常显著。千万不要乱加关键词，也不要把自己的产品乱归类，产品被删了将得不偿失。

6. 利用论坛

论坛就像个热闹的网络大集市，熙熙攘攘，人来人往，有事没事的人都喜欢聚集在这里，人气很旺，作为卖家，要充分利用好论坛这个工具，做好签名，多发帖，多回帖绝对对生意有好处。发贴不但要重量，更要重质，只有有质量的帖子才能给你带来最旺的人气，没有质量的帖子很快就会沉底，是没有效果的。

7. 利用旺旺宣传

可以利用旺旺设置做广告。通常如果你在线，旺旺默认设置是“我有空”，大家也可以到“登录—更改我的状态”中去修改，写上广告词，如此一来，只要开着旺旺，就可以为自己打广告。

8. 利用求购区或友情链接

求购区里面很多都是有特定购物需求的人，如果你的产品符合他的要求，不妨联系一下。同时，也不一定只有与钻级卖家链接才会带来浏览量，钻石也是从无心做起的，只要对方有信心、有潜力，都有可能迅速成为钻石，所以不要拒绝新卖家的友情链接，如果是同行，或许还会给你带来意想不到的收获。

在淘宝，同行绝对不是冤家。一般钻石信誉的卖家都不太喜欢跟一些新手卖家做友情链接，可以采取主动出击的方式，先把对方的店铺链接上，然后再去沟通。钻石信誉卖家看到你的真诚表示，一定不会无动于衷的，为了提高自己店铺的流量，一定要不遗余力，多动脑筋。

子埝开了一个网店，生意一直很萧条，后来，朋友建议她可以多做点链接来提高店内浏览量。子埝决定试试，她首先去找了钻石卖家，结果被一一拒绝，不是不回子埝的话，就是说位置已经满了，子埝知道，自己作为无心卖家，对对方的生意起到的作用是微乎其微的，所以再没做什么友情链接了。直到最近才与两个新卖家的小店友情链接，那几天浏览量飞速上涨，子埝不得不感叹链接带来的好处。

9. 利用超级买家秀

在社区里有一个超级 BUYER 秀，买家如果买了商品，对商品比较满意的话，那里就是为卖家做宣传的最好之处。千万不要以为有个好评就万事大吉了，一个超级 BUYER 秀能带来更多生意。

10. 赚银币抢广告位

赚银币的方法就是多发精华帖、置顶帖、活动帖，发这些帖子不仅能赚取流量，更能赚取银币，有了银币就可以抢推荐位了。这里首推论坛首页的推荐位，效果非常好。

花样促销打造电商黑马

随着互联网的高速发展，电子商务已经为越来越多的企业和个人带来了意想不到的商机。很多人都投入电子商务，选择开网店就是其中一种。可想要做好并非易事，进门容易入行难，开店不代表一成不变地守店，就如同在开店之初需要做足各项准备工作，开了店也不代表就万事大吉了。要想有好的生意，促销活动是必不可少的经营手段，琳琅满目的商品搭配诱人的促销更能吸引买家购买。花样促销会使您的店铺如虎添翼，也许下一个成功的电商就是你！

1. 要经常增加新货

要不断给买家惊喜，货品多了，买家的选择也就多了。但是不要为了增加数量而不顾及质量，更不能因为生意不好而放弃上新货，如果你的物品总是一成不变的那几种，慢慢地顾客便没有了新鲜感。

2. 商品价格拉开档次

店铺里最好能同时存在低价位和高价位的商品，及时调整货品属性及报价。比如卖玉器，因为真品很贵，经营初期店里的流量很少。此时就可以引进

一些便宜的玉器，在不改变店铺性质的情况下，设定1元拍或低价出售。吸引人气是现在网店的根本，只要你随时都有成交，只要你有好评，就会有更多的朋友信任你的店，来你的店买货。当有新品上货时，最好同时推出新签名档，让这个流动的广告及时告诉大家你有新货了。

3. 给买家折扣

可以给第二次上门的顾客打九折，第三次来时打八折，第四次打七折，以后的购物均可打七折等，根据具体情况来设定。或者是购物满多少元有礼物赠送，可以有折扣，可以免邮费等。如此一来，一次的钱可能会赚得少一些，但是能留住许多老买家，是非常不错的办法。

4. 定期搞促销活动

选一两个货品定期折扣或者赠送礼品，以吸引顾客来你店里。要配合活动换上新的签名档，介绍活动，还要去其他地方发布这个“好消息”。无论你举办什么活动，在淘宝有什么动态（上名人居了、上首页推荐了等），都要及时地把这个消息发布给你周围的朋友、你网上的朋友等。充分利用好每一个资源来宣传自己。

（1）节假日促销。

节假日是实体店铺大力促销的时候，对于网店，节假日正是买家有时间购物的时候，卖家一定要多做促销以吸引买家。

一年之中节假日众多，中国传统的（春节、元宵节、端午节、中秋节以及国庆节、劳动节、教师节、儿童节等），非中国传统的（母亲节、父亲节、情人节、圣诞节、复活节、鬼节等）节日都是做促销活动的好机会。元旦时卖家可以举行新年的促销活动，新年前的一段时间正是买家购买力旺盛的时候，每个人都在为过新年做准备。春节的时候要为来年春天做准备，春装新登场更需要大力促销。每年中的众多假期，如五一和十一等都是促销的好时机，卖家一定要抓紧各个节假日多做促销活动。

（2）店庆促销。

店庆也是每个店铺都可以用来做促销的一个好机会，每个店铺在店庆日时可以根据情况加大活动的力度。在其他店铺都没有促销的时候，自己的店铺因为店庆而促销，也许可以增加自己店铺的销售额。大家都知道店庆活动期间的流量相对以往会有个很大的增长，比如女装店铺，刚好 7 月、8 月已经是女装店铺的换季时期，可以利用店庆活动期间的大流量来展示我们的秋装新品，为接下来的换季打好基础。

一家店铺，因为是店庆 6 周年，店铺设置了 6 个活动，并且在参与活动的特价款的定价上也都是 66、166 等与 6 有关的数字。

（3）周末活动。

每个周末都是买家聚集的时候，应利用周末进行促销活动。淘宝网也推出了类似的活动，如周末疯狂购等。活动需要报名后经过审核才能参加，但是如果是店铺自己进行的促销，就可以每个周末都进行。比如周末真情大回馈；8 小时终极抄底价；心动，不如行动；团购征集令会员独享折上折等。

周末促销是每个店铺都可以选择的促销方式，不管是新的店铺还是皇冠店铺，任何促销都可以吸引买家的注意。但是促销活动一定要符合店铺特色，要从能吸引买家转化成能使买家购买，这才是好的促销。

5. 1 元起拍

此招非常灵，能在短时间内聚集人气，但是要做好商品最终真的以 1 元卖出的准备，不建议拿太贵重的商品来做。开展 1 元拍的同时，最好能配合做一

些广告，让大家都知道你这里的“优惠”政策。1 元拍的目的是通过一件商品吸引买家顺便来看你的其他商品。即使最后真的以 1 元成交了，也一定得卖，否则你失去的将会是自己的信誉。

6. 赠送小礼品，制造小惊喜

可以事前不让买家知道，当他收到你寄出的货品和礼物时一定会很开心，礼物不在于是否贵重，而是一份心意。无论您的买家以后还会不会继续购物，把他当作朋友，真心地面对，定会有好的回报。

7. 以平常心对待拍下不买的顾客

在网上销售商品，总会遇到拍下不买的买家，因为淘宝很大，这里有全国各地，甚至有许多国外的买家，很多原因导致买家拍下不买：比如改变主意了，忘记密码了，突然有事情短时间内上不了网了，或者找到了更便宜、更合适的商品等。作为卖家要保持一份平和的心态，这样才能面对以后更激烈的网上店铺的竞争。用平常心待之，不急不躁，也许回过头来，顾客还会购买我们的产品。

8. 对待差评一笑了之

开店铺免不了会碰到令人伤心的事情，而“差评”是最让卖家郁闷的。要知道，每个人都有自己的性格，有挑剔的买家，也有豪爽的买家。如果碰到了挑剔的买家，就要用平常心安慰自己，说不定可以在与他打交道的过程中吸取经验教训。

一般来说，差评并不一定是恶意的。差评的原因林林总总，不管是什么原因导致的差评，我们都要认真对待，及时同顾客沟通，如果是因为产品的质量或者客服的态度以及包装等导致的差评，我们就必须认真对待，提高产品和服务质量，细心、耐心、及时地向顾客道歉。如果是由于快递等不可控的原因导致的差评，我们也应反思。当然每个买家对交易的速度要求不一样，有的顾客可能就对这方面非常挑剔。但是他是买家，付了钱，就有权力对服务做出自己的价值判断。如果你做得面面俱到，顾客还是给你差评，那就不必拘泥在这个评价上了，因为网店的发展还有更长的路要走。

电商营销经典策略

虽然现在电商的发展是爆炸式的，但是毕竟只有这10多年，而传统商业活动积累了100多年的精华部分，一定非常具有可鉴性，我们可以从电商营销的经典案例中，找到能够帮助我们在电商营销方面做得更好的方法。

1. 故弄玄虚

在《哈利·波特》发行之前，发行商把这个关于一个可爱又有神奇力量的小巫师的故事捂得严严实实。在《哈利·波特》书本发行前两个星期，发行商才把书的价格与页码数公布于众。外文译本被禁止，原因就在于害怕在翻译过程中泄露故事情节。分销商要取得《哈利·波特》销售权就必须与发行商签订一个保密协议，不准偷看。

少数幸运的分销商只能在2000年7月8日的“哈利·波特”日，到一个上了锁的小屋子里看一段剪辑版。而且，更折磨的是，几本预先准备好的《哈利·波特》在西弗吉利亚内地一个不知名的沃尔玛店“很不小心”地被卖出去了。更绝的是，发行商在公共媒介上宣称，《哈利·波特》可能供不应求。

一石激起千层浪，消费者们都产生了害怕得不到《哈利·波特》的心理，等到书和影片正式发行时，被发行商折磨够了的读者开始了疯狂的抢购。

俗话说，好奇害死猫，同样，好奇也是人类的天性。另类营销就是充分利用了人类这一特点来达到营销的目的。但需强调的是，这种故弄玄虚的产品一定要“物有所值”，贴合市场及消费者现状与需求，虽然故弄玄虚，但依然内含“朴实”，否则，就会让消费者有上当受骗的感觉。

2. 限量销售

日本汽车公司推出极具古典浪漫色彩的“费加洛”车时，宣布生产数量只有2万台，并保证事后绝不再生产。策划书消息传出，在广大消费者中造成轰动效应，订单雪片般飞来。这种“限量销售”的魅力在于：

（1）抓住了消费者讲求商品品位个性化的心理。俗话说：“物以稀为贵。”那些来得容易、唾手可得的东西，既无珍藏价值，又很难引人注目、产生影响。

（2）抓住了消费者的求高质量的心理。限量销售，限量生产，都能充分保证产品的质量。

（3）抓住了消费者惧怕假冒伪劣产品的心理，因为一旦有新产品问世，就会有不法之徒伪造、仿制。限量销售则可以在产品上烙印编码，短期内把新产品销售出去，不让不法之徒有机可乘。

3. 后发制人

华格利公司是日本最大的口香糖生产商，但该公司有一段时间苦于自己在桂花香型的口香糖细分市场上不能与称霸这个市场的“但尼”品牌相竞争。经过大量的市场调查和研究，他们发现“但尼”有两点不足：一是清新气息保留时间太短，二是口香糖体积不够大。策划书于是以“长”对“短”、以“大”

对“小”，推出了针对“但尼”的大红牌口香糖，很受消费者的欢迎，最终成为市场的领导品牌。

在市场角逐中，许多企业家推崇“抢人之先”“先发制人”。然而，先发固然易于制人，后发也未必受制于人，并且反而可能更易制人。只要找出先前产品的不足，加以改进，并制造出更先进的产品，一经投入市场，便迅速压倒对方，在市场上也能站稳脚跟。

4. 主动揭短

日本美津浓体育用品公司生产的运动衣口袋里，体贴地放入了一张说明书：“这件运动衣在日本是用最优质的染料、最优秀的技术染色的，但我们仍觉得遗憾的是，茶色的染色还没有达到完全不褪色的程度，还是会稍微褪色。”由于美津浓公司敢于揭自己产品之丑，扬经营者之诚，如今美津浓已成为日本体育用品的代名词，其销售额每年达50亿日元。

这种“主动揭短”的方式，表面上是在“揭短”，实际上是迎合了顾客的“挑刺”心理。策划书在小小的不是缺点的“缺点”背后，暗示了其产品的种种优点及可爱之处，使“瑕不掩瑜”，让消费者见了不得不动心。这种“明贬暗褒”“大巧若拙”手法的运用，极大地促进了销售量的提高。

5. 逆向营销

可口可乐公司起初采用新老配方两线作战的战略对付“百事新生代”，从这个战略产生的战术（广告语：最合您的口味、把握潮流、挡不住的感觉）没起一点作用；而当其依据市场上人们追求“货真价实”的心理而采用了“送来真货”的广告语时却效果甚佳。为了这个“真货”的战术，可口可乐公司及时改变原来的战略，砍掉了新配方，结果“百事新生代”被彻底击败。

所谓“逆向营销”即是指先制定战术，然后再调整营销策略。把不适合人们需求的强调口味的“百事新生代”战术，转化为针对人们追求“货真价实”的心理而采用的“送来真货”的战术，从而迎合了大众的需求，获得了较好的效果。

6. 放大信息

2000 年 4 月 22 日，农夫山泉在公众媒介上宣称，经实验证明，纯净水对健康无益，“农夫山泉”从此不再生产纯净水，而只生产天然水。这一说法经媒介披露后引起轩然大波，引来一场农夫山泉与娃娃哈、乐百氏等同行的口水战。在这场口水战中，媒体不知为农夫山泉做了多少免费广告。这种方法即为轻度侵犯性宣传。

还有一种方法是制造轰动性事件。例如，彩虹赞助柯受良飞越黄河；20 世纪 90 年代，健力宝设立 5 万元特等奖的有奖销售；等等。这些事件都具备了放大性。中国广告行业总收入正高速度增长，随之而来的是信息量不断膨胀，传播的渠道很容易堵塞，企业所要传播信息很难让目标顾客看到。在这种情况下，放大所欲传播的信息是必要的。

7. 迂回战术

20 世纪 80 年代末期，美国儿童玩具宝公司的看家产品——变形金刚已在欧美赚得盆满钵满，开始将目光投向亚太地区市场，要将一种有别于定型玩具的新式玩具介绍给玩具文化与欧美截然不同的亚太地区儿童。单靠广告标榜肯定难以奏效，儿童玩具宝公司经过精心策划，决定采取公关手段进行促销。

他们把自己精心制作的电视系列动画片《变形金刚》无偿赠送给内地各家电视台，电视台当然欣然接受。经过这一大范围的广泛播放，成千上万的亚太地区儿童被充满诱惑力的变形金刚迷住了，渴望变形金刚玩具投入市场。就这样，“变形金刚”玩具轻而易举地叩开了亚太地区市场大门，市场销售量与日俱增，形成了一股强劲的“变形金刚”热销势头。

由此可见，营销功夫有时尽在“诗”外，决战不止在商场。随着买方市场的日益成形，消费者的理性购买能力逐渐增强，经营者如果仅仅将眼光盯在经营活动范围之内，其效果自然不佳。

8. 情感渗透

NIKE 曾经做过“将爱心送到非洲”的促销活动，内容很简单，凡是顾客能够向贫困的非洲民众捐赠一双 NIKE 牌的旧鞋，便可以相当的优惠价获得一双新款的 NIKE 鞋。这项促销活动刚一开始便火爆异常。

这种情感渗透的营销策略是基于消费者情感认同的方法。成功的情感渗透策略，能使消费者持续不断地感受心灵的冲击，潜移默化地影响客户的心理，从而激发其潜在的购买意识，达到“润物细无声”的巧妙效果。

客服必须掌握的知识和谈单技巧

很多掌柜把店铺的运营核心放在抢排名、引流、装修等方面，常常忽略店铺客服这个环节，也很少关注客服的询单转化、客服的谈单技巧等。网店客服在网店的推广、产品的销售，以及售后的客户维护方面均起着极其重要的作用。加强对网店客服的培训势在必行。

一、客服的作用包括以下几点

1. 塑造店铺形象

由于网络本身的虚拟性，对于网店而言，客户看到的商品都是一张张图片和卖家对商品的描述，既看不到产品本身，也看不到商家本人，因此往往会产生怀疑和距离感。此时客服就显得尤为重要。客户通过与客服在网上的交流，可以逐步了解商家的服务态度，从而判断商家的诚信度。客服的一个笑脸表情或者一句亲切的问候，都能让客户真切地感受到与一个善解人意的人沟通时的贴心感。这样可以使客户放松下来，放弃了最初的戒备，从而在客户心目中逐步树立起店铺的良好形象。

2. 提高成交率

很多客户都会在购买之前针对不太清楚的内容询问商家，或者询问优惠措施等。客服如果能及时地回复客户的疑问，让客户及时了解需要的内容，便能很快达成交易。

沟通方式因人而异，针对不一样的客户，需要不一样的沟通方式，客服人员要具备良好的沟通技巧：及时回复，礼貌热情；热心引导，认真倾听；议价时，以退为进，促成交易；及时核实，买家确认；热情道谢，欢迎再来。

3. 提高客户回头率

当买家在客服的良好服务下，完成了一次交易后，买家不仅了解到卖家的服务态度，也对卖家的商品、物流等有了切身的体会。当买家需要再次购买物品的时候，就会倾向于选择他所熟悉和了解的卖家，从而提高了客户再次购买的概率。

二、网店客服必须掌握的基本知识

1. 售前、售中客服

（1）熟悉网站规则，了解一般违规、严重违规和网站高压线；

（2）准确简洁，高效友好地回复顾客购买时提出的各种问题；

（3）熟悉掌握商品信息，了解客户需求，正确解释并生动地描述相关产品的特征和优势；

（4）做好相应备忘录并及时跟进，记录包括发票信息、赠品信息、选择快递公司、到货时间、补开发票信息等；

（5）负责客户资料的整理与分类，以便下次接待，保护客户信息，不得外泄。

2. 售后客服

（1）分析处理客户投诉、退换货要求、零配件供应要求等，提出处理方案，组织协调处理方案的实施，所有退款中、售后中、投诉中、咨询中的问题，每24小时处理跟进一次，循环跟进，以最快速度解决问题；

（2）对售后系统里遗留的售后问题进行跟踪，负责进行有效的客户管理和沟通；

（3）跟进买家的真实评价，对于客户集中反馈的一些同类问题要有针对性的售后跟进，然后反馈至售前甚至是产品源头，如服饰尺寸偏大或偏小问题，特别多个顾客反映同样的问题时一定要从自身找原因，引起足够的重视；

（4）定期或不定期进行客户回访，以检查客户关系维护的情况。

很多老板和运营抱怨客服跟客户沟通时犯下的一些低级错误，导致投诉、扣分，其实这都是由于客服岗前基础工作没培训到位。客服要熟悉基本客服知识，提高回答问题的技巧，提升询单转化率。

三、客服在工作中最重要的要点包括

（1）对店铺商品的资料和细节了如指掌：如一家卖羽毛球装备的店，客服必须接受相关的专业知识培训，了解球拍的材质、克数、柄的大小、拉线的磅数、吸汗带等问题，这样顾客咨询商品的时候才能在第一时间准确回答，解除顾客疑虑，让顾客感受到客服的专业度。

（2）反应速度快：很多大店铺对客服回答客户问题的时间是有要求的，如一家店铺目前销售额是类目第三名，就会在客服回复速度这方面设置奖惩，咨询问题后30秒内没有回答客户问题的在KPI考核的时候有相应惩罚，15秒以内回答的有相应奖励。

（3）沟通热情礼貌：与客户交流要尽量避免生硬的语气，如“哦、嗯、啊”等单字，客服可以将“哦”变成一个笑脸的表情，可以将“嗯”变成“好滴”，语气助词“啊”变成“哈”也会让交流更加和气，友好。要巧用表情，将“呵呵”换成“哈哈”会让顾客感到这家店铺的客服很容易接近，好沟通。

（4）积极推荐产品，做客户肚子里的小蛔虫：有的客户犹豫不决，在咨询之后自己拿不定主意，需要客服通过分析客户所问的问题反馈出来的买家心理，去推荐合适的产品。

客服游云就曾碰到过这样一个顾客。当时一位顾客看中了店里的杏色外套，但不巧的是，适合客户的那个尺码刚好缺货了。于是客户咨询道：“我喜欢这个杏色，怎么没我要的尺码呀，什么时候会有?”

这件产品确实没货，游云知道如实回答是最真诚的，但那样只会使客户感到失望而迅速离开，那么也就流失掉一个客户了。于是，客服游云发了个微笑表情：“是呢亲，这件商品由于工厂的问题，暂时出不了货。但是您可以看看另外这件商品哦（游云顺手将链接发给了客户），都是今年最新款的，是我们店的明星产品，穿起来效果也是很不错的，而且现在在做活动，价格也很优惠哦。”

游云将其他相似的商品主动推荐给了顾客，结果顾客在游云发的链接里找到了自己喜欢的衣服，并最终成交。

（5）催付及时：有些顾客可能是出于观望的心理，不知道买哪件商品好，或者还在多家店铺之间进行比较，此时作为客服必须适时让顾客做出选择，加快付款的速度。有很多店铺的询盘转化很低，下单金额和付款金额之间相差很大，这些问题都是导致店铺整体转化低的原因，需要提升客服销售谈单技能，对下单未付款的客户也需要客服及时跟进催单（旺旺催单或者短信催单）。

（6）核对地址：这一步也很关键，切勿在客户下单之后不管不问，所谓服务有始有终，包括后期的售后也一样。

我们都知道，这些流量来之不易，正所谓无事不登三宝殿，咨询的客户本身购买概率就比一般客户大，所以询单转化这一环节不能小觑，卖家一定要在这方面引起足够的重视。

做好电商

|第五步|

5

建立完善的流程，打造给力的团队

如何组建一支钢铁团队

电商团队要想长久地发展，在激烈的竞争中站稳脚跟，首先必须有一个与团队发展相符的组织架构。对网店运营来说，最重要的是人才的培养。每一个网店老板都想要打造一支完美的运营团队，让自己的网店生意蒸蒸日上，然而想要打造一支靠谱的团队，不是单靠照搬别的网店的人员组织架构就能做到的。

电商中常见的组织架构形式一般以直线式和矩阵式为主。

一、直线式管理

各个部门分工明确，各司其职，共同维护着整个团队的运作。如何组建网店团队与店铺性质规模有关，首先了解清楚店铺规模和发展阶段，才有可能组建一个靠谱的团队。

1. 大型网店用人标配

（1）中流砥柱之运营部。

包括品牌运营总监，阿里系运营主管，品牌分销主管，品牌 BD 主管，平台运营主管。

在传统行业，肯定不会将一群中层领导放到一个部门，但在电商行业，尤其是淘宝开店运营，往往就存在非常严重的内部沟通问题，各行其事，各有各的 KPI 指标，阿里系和平台系勾心斗角，互相攻击，斗得不可开交，这样对于整个淘宝开店运营团队非常不利，团队流动性也会增加。部门人才流失严重，大多数原因不是事情做不好，而是中层沟通出现问题，导致下属难做。

运营部是网店的核心，也是发动机，任何环节的沟通失误，都会导致下层执行人员的徒劳无功，因此，核心成员的统一协调成了最为重要的组盘方向。

（2）财物监督之审计部。

包括财务人员和审计经理。网上开店，物流费用、物料费用、第三方服务费、采购费用都在整体预算中居高不下，很多店铺开店许久未能盈利就是受此困扰。因此，有必要设置一个审计经理，审计经理仅做事后审计，审计投入的效果和结果以及投入中是否有回扣现象等，而事前审计交由公司决策层和高层去监察。这样不但可以减少店铺不必要的支出与浪费，还可以避免部门人员徇私舞弊，监守自盗。

作为网店运营的监督部门，监察审计部起到了震慑作用，同时还能够进一步优化公司的财务流程。监察审计部的存在，牵涉店铺的物流成本、物料成本、推广成本、外包项目费用成本，能够避免极大一部分的费用损失，而省下来的无疑就是利润。

（3）长袖善舞之品宣部。

包括品牌经理、策划主管、文案专员、新媒体专员、ECRM 经理、CRM 专员。

加强电商品宣部与线下市场部的定期沟通机制。主要负责新媒体营销，微博、微信、微淘等；产品文案编写、详情页文案编写、营销活动文案编写；大型品宣传活动策划、大促活动策划、品牌营销活动策划；品牌宣传渠道拓展、

品宣资源拓展、品牌对外公关；网红渠道合作、品牌自有网红培育；平台、品牌、媒体、线下四方合作营销策划；品牌CRM客户关系管理；社群营销管理；APP微端平台营销运营管理等。

（4）创意连连之设计部。

视觉总监、设计主管、推广设计专员、产品设计专员。设计部是网店运营的重中之重。推广要点击率，运营部要营销氛围，品宣部要高端大气上档次，客服部要询盘率、访问深度、停留时间，物流部要物流信息提示，审计部要产品信息无误、宣传文案不违法。几乎所有部门都会有设计需求。

视觉总监负责店铺视觉数据、实习生培训、部门团队日常管理协调、品宣部门设计需求、品宣部门物料设计需求，负责品牌整体VI把控等；设计主管负责品牌整体设计风格、各部门设计需求协调、部门成员工作内容安排、文案排查、产品信息排查；推广设计专员负责推广部门所有图片需求、产品详情页、产品上架等；产品设计专员负责产品详情页、产品图片等相关设计工作，同时负责产品信息编辑、产品标题优化、新产品开发等。

（5）舌绽莲花之客服部。

包括客服经理，三班倒各班主管，售后专员，售前专员。由于网络的虚拟性，网店客服人员在网店经营过程中起着举足轻重的作用。客服人员能够通过与客户沟通，解答客户提出的各种问题，达成交易；负责及时跟踪货品发货动向，及时与用户沟通，使用户满意。优秀客户服务人员应具备处变不惊的应变力，对挫折打击的承受能力，情绪的自我掌控及调节能力，满负荷情感付出的支持能力，积极进取、永不言败的良好心态。具备“客户至上”的服务观念，独立处理工作的能力，各种问题的分析解决能力，人际关系的协调能力。

客服人员是对外树立形象的主要窗口，服务的质量与客服人员的素质将会直接影响网店的形象。这就需要客服人员具备优秀的职业道德，礼貌待人，有着高度的责任感与荣誉感。一个网店能否赢得顾客、赢得交易，不仅是看商品的质量与价格，客户服务也是一个关键环节。

（6）坚强后盾之物流部。

包括物流主管，物流专员，仓储专员。目前，大部分网店卖家采用第三方仓储物流进行物流外包，但问题繁多，对于店铺最紧要的 DSR 频频报警，容易造成包装细节失控和产品损耗，往往会成为店铺最大的隐患和危机。因此，最好是采用分仓物流的方式，在发展初期切忌采用外包物流，可建立本地仓对全国发货，也可将物流部作为人才库，对各部门进行输出，开拓网店运营团队内部人才的晋升渠道，待公司物流需求超出本地仓承受范围后，再开外地仓，可分为华南、华东、华北三仓，根据当前情况将外地仓进行第三方外包，本地仓做相邻省份发货，同时原先的本地仓工作人员做第三方仓储物流的对接监察工作，严格要求并监督第三方物流的执行，同时也可做备用仓进行临时轮替，避免因为第三方仓储服务方的失误导致货品延期的问题，降低使用第三方仓储的风险，加强管控。

2. 中小型网店用人标配

店铺规模决定团队人数。中小型店铺的网店用人标配为 6 人，包括售前客服、售后服务、美工、运营推广、仓库打包。其中售前客服两名，可早晚倒班，其他各一名。

日出 10 单以下的个人小店，仅需一个美工或者兼职美工即可，店主身兼数职，客服、运营、推广、打包、发货均由自己来做。

如果是电商公司，公司实力强、店铺流量大、询单多、转化率高、发货量大，就要根据情况来调整人手，客服、美工设计师、活动策划、运营、刷单专员、CRM 专员、站外推广专员、打包发货专员都需要多配备几人才能应付

自如。

各个部门在团队中各司其职，相互促进，相互依托，缺一不可。

二、矩阵式管理

矩阵式电商团队大致可分为三层结构，最高层是电商负责人，中间层设置与高层有直接隶属关系的部门负责人，最基层是团队员工，直接对部门负责人负责。

1. 掌舵者——电商负责人

电商负责人通常是整个电商团队的最高领导，全面负责团队的日常管理和运作。这类岗位的任职要求极高，既要有一定的领导才能，又要熟悉企业的产品特点，精通各个网络平台的操作手法、市场运行规律、渠道营销特点。

电商负责人要具有创新思维，不能按照传统企业的思维模式运营电商。要适应电商的快节奏，否则，运营起来的概率极低。

不管是大型的网店还是中小型的网店，其中最关键的人物就是电商负责人。

一个合格的电商负责人应具备以下条件：有主见，有策略。作为电商负责人，要操盘大局，决定店铺的发展大方向、定位、营销策略，以及供应链的管理、运作资金的保障等。要起到带头作用，并且要有自己的见解；懂管人，擅沟通。现在电商行业，人才资源很重要，一个网店如果频繁地换员工，会浪费很多时间资源以及资金。比如，一个客服做了两个月，对产品非常熟悉了，对询单转化作用很大，假如他第三个月离职了，新来的客服又要花一两个月来熟悉产品。美工也一样，换一个新美工，整体设计风格与之前不协调，店招、首页、详情页都得更换。所以负责人要多与员工进行沟通，站在对方的角度，进行合理的交流。

留住并管理好美工，形成统一的店铺装修风格，是美工用人的关键！要发挥美工才华，展现美工才能，因人而异地管理美工，选择在线全职美工雇用平台，让店铺装修更简单！

2. 部门负责人

部门负责人是总负责人的副手，在总负责人的统一管理下，负责部门工作的管理和运作。要求有一定资历，对企业组织架构和各部门运作精通，能够帮助电商负责人协调公司内外部资源，起到承上启下的作用，既能站在企业的角度提出合理化建议，又能根据电商需求进行资源整合。

3. 其他员工

包括除总负责人和部门负责人之外的所有人员，如运营、推广、美工、客服等。是整个团队中具体执行政策和制度的人，配合仓储、采购、财务等各部门完成具体的任务，推动整个团队以供应链电子化管理，实现线上线下的销售。

矩阵式组织结构优势明显：它是为完成某项工作目标组合的系统，不按行政级别，而是按对某项工作目标创新贡献的大小来划分。把组织中的横向联系和纵向联系通过信息网络结合起来，加强了各职能部门之间的配合，能够及时互通情况、交流意见，共同决策；把不同部门的专业人员集中在一起，有利于他们相互启发、相互补充，有利于激发工作人员的积极性和创造性；在运营中，可以不断吐故纳新，淘汰失去创造活力的元素，吸收新发现的创新元素，保持组织的创新能力。

电商在选择组建团队构架时要结合网店的实际需求，根据网店的现状设置分部门。而无论选择运用哪种方式，设置什么样的部门，有一个核心框架不能变。犹如盖房子，里面的格局会有所差异，装修不同，但关键部位缺一不可，如基石、承重墙、大梁等。一个电商团队的组织架构基本上是固定不变的。

激活你的超级销售团队

如果说以前的网店靠货源、靠资金、靠专业电商技术，如今的网店绝对是要靠团队资源的整合才有机会生存发展。网店单打独斗已经越来越难以生存下去。一方面，电商的变化发展太快，个人能力根本赶不上电商发展的速度；另一方面，传统行业纷纷布局电商，加剧了行业的竞争。因此，成立团队做电商，让专业的人做专业的事，分工明确，这样的网店才更有激情和活力。

销售团队是一个团队中最直接和客户交流的群体，同时也是一个团队的关键组成部分。支撑一个公司能走多远的，一定是销售团队。只有把产品卖出去，让客户满意，网店才能盈利。那么优秀的团队组建起来后，该如何激活它呢?

一、比客户更懂产品

只有比客户更懂得产品，才能胸有成竹地和客户交流沟通。从客服的聊天记录中找到客户的疑虑和问题。只有客户觉得你够专业，回答的问题令他满意时，才会下单购买，谁都不会花冤枉钱买个实用性不强的商品。要把关于产品本身顾客会问到的各类问题背下来，以不变应万变。

二、在销售中找到乐趣

俗话说，一笔交易，一个朋友。但是有多少客服能够把客户当朋友呢？能真正主动打电话给客户，询问购买情况、产品体验呢？

能用电话沟通的，尽量用电话沟通。电话沟通固然会增加销售成本，但是能让客户觉得你重视他，更能直接倾听客户的想法和意见，更有机会促成成交。就算暂时不能成交，一次电话访问，也会让客户深深记住你，能让客户敞开心扉和你聊天。这本身也是工作的一种乐趣。

三、合理的利益分配制度

目前，越来越多的“90 后”进入电商行业。相比起“70 后”“80 后”，“90 后”的人更加注重当下的利益。

所有的合作都必需建立在这两个基础上：目标一至，利益一至。合作的本质就是分配，只有分配合理了，才能健康的合作，长久的合作。因此，合理的利益分配制度是打造优秀销售团队的利器。没有利益的合作不是长久的合作，想要让销售团队觉得做这份工作有价值，就要给他们动力。

只有销售更多的产品，才能获得更多的利益，公司的销售额与个人利益息息相关。只有这样，才能让销售团队安心做销售。

不管是管理还是做事，其中最核心的便是人，人是做事的人，事是人做的事，只有将人放在适合的位置上，才会发光发热。

要成为一名优秀的客服人员，必须掌握以下五种技巧。

1. 打字速度

在网络中，人与人之间无法面对面进行语言交流，良好的打字速度将会缩短对方的等待时间，同时可以展开更多的交流。运字如飞是一种技能，更是一种优势，想要做一个合格的客服，打字速度必须过关，此时，五笔比拼音更适合一些，拼音输入法很容易出现错别字。

2. 全面熟悉商品

熟练掌握业务知识是客服人员的基本素质之一，只有真正地了解公司文化，了解商品及顾客的需求所在，熟练掌握商品的基本属性，才能够积极应对客户。

3. 沟通技巧及应变能力

客服人员担任直接与顾客沟通的角色，沟通与导购营销的技巧是必备的技能。网店应该根据自身的商品定位、消费群体，来选择或塑造不同服务性格的客服人员。

B2C 网站的客服人员会准备标准化的统一模板来作答，多为“您好，欢迎您选购某某网站的商品，您订购的商品已经于某某时间发出，请您注意查收”等，从而带给顾客一个专业、理性、简捷的购物体验。

而一些网店则将这句话衍变为“亲，谢谢亲拍下偶家的东东噢，东东已经发出了，亲记得保持手机开通噢，很快很快就到啦”。幽默发嗲的回复，使得一个轻松愉快的氛围油然而生。

网络奇妙的地方就在于此，通过很多图片表情或一些词汇，能生动细腻地展现出客服人员的语气与态度。

4. 心理素质及自我调节

客服人员不仅会经历着买卖之间的博弈，更会频繁接触到售后投诉环节，

因此，良好的自我心理调节能力是一个成熟客服的标志。一个优秀的客服要有处变不惊的应变力，挫折打击的承受能力，情绪的自我掌控及调节能力，满负荷情感付出的支持能力，积极进取、永不言败的良好心态。

特殊的工作性质，决定了客服人员要有一定的耐心与忍耐性，宽容对待用户的烦琐与不满，能够承受压力。网购交易更是需要客服人员有着“化愤怒为愉悦”的安抚魔力，否则就很容易引起纠纷。

5. 高度的责任感和荣誉感

大到公司小到网店，客服人员是对外树立形象的重要窗口，服务的质量与人员的素质将会直接影响着公司或网店的形象。这就需要客服人员具备优秀的职业道德，礼貌待人，有着高度的责任感与荣誉感。拥有博爱之心，真诚对待每一个人，勇于承担责任，不轻易承诺，说了就要做到。可见，看似简单的客服工作的背后是耐心和努力，一个网站或是网店能否赢得顾客、赢得交易，不仅要看商品的质量与价格，客户服务也是一个关键环节。

金牌客服的修炼秘籍

服务属于企业的软实力，看不见摸不着却能真切的感受得到。作为服务型的网店将无形的服务转化为给客户带来可感受到有形的价值。

在一个团队里面，客服总是扮演着被忽略的角色。其实在线上交易里，客服是影响转化率的一个重要因素，他相当于实体店的导购员，决定着顾客买不买东西，买多少东西，客服的话术以及态度等因素都对客户的购买起着不可估量的作用。

做好客服服务，可以直接加快转化，好的客服就是一个金牌销售，能善用各种技巧，在短时间内让顾客埋单，直接提高转化率和客单价。

练成金牌客服也是需要技巧的，要正视你的工作，尊重你的职位，正视你的客户。

1. 售前的奉承不如售后的服务

售前要如实地描述，否则售后的问题会很大，所以在自己拿不准的情况下应尽量去问下同事，而不是用模糊的字眼，比如，大概，可能，大约这些词汇去搪塞客户。搪塞客户只会导致客户流失或者客户在收到货物后因大失所望而退货。

2. 你今天对客户微笑了吗

要学会对客户微笑。淘宝客服跟实体店销售是不一样的，一个是直接交流；一个是文字交流，一个可以直接面对客户，客户能感受到你的热情，一个只有冷冰冰的文字。如何让你的文字具有温度，让你的客户如沐春风？需要做的是给自己一个微笑，调整好心态，心态决定一切。然后给顾客一个微笑，用你最真诚的语言去做好产品介绍。

3. 客服创造价值

如果把网店比作一辆坦克，那么客服就是一枚炮弹，如何发挥其最大的威力，就要看客服人员如何去看待这份工作。只有把本职工作做好，才能提升自己的能力，只有在了解产品、熟悉网店运营的各个环节之后，才能去做推广或者运营。要正视你的职位，尊重你的工作。

4. 真正的销售始于售后

很多人感觉售后是一个网店的善后环节，其实不然。一个好的客服可以将售后做成二次营销，当你把这次的售后问题解决了之后，给客户留下了一个良好的印象，让客户记住你的店铺。所以，做好售后一样很重要。

5. 客户永远是对的

要从内心承认，客户的观念是对的！因为是客户为你创造了销售额，创造了利润，给你带来了公司业绩。学会引导客户去认可你的理念，而不是去跟客户争吵。

有时候顾客心情不好，导致跟客服人员交流的时候脾气暴躁，甚至会责骂客服人员。此时客服人员更要保持冷静且专业的态度，学会调整好自己的情绪，不能轻易和客户发生口角。

比如，在买家发脾气时，发一个迷茫又委屈表情，发个亲亲、抱抱说："亲亲，怎么了嘛？不好意思哦，亲，给你带来这么不好的印象，但是我们家的宝贝的质量都是很棒棒哒的哦，你看到喜欢的可以选购哦，欢迎选购我们店的产品哦。"然后再发个可爱的表情，一般都能达到平缓对方情绪的目的。

6. 顾客之后还有顾客

客服不是一次性销售，一个好的客服可以带来70%的客户回流，40%的关注，25%的成交。要知道，跟客户的每次交流都是在进行二次营销，甚至多次营销。

7. 服务是维护用户的心情和心灵

一些客户很情绪化，如果刚巧被你遇见了，你要学会去引导他的情绪，给他一个好的心情，学会赞美你的客户，走进客户的心。经过这次销售，这个客户会深深的记住你的ID以及你的店铺。

有一则故事，慈禧大寿，百官纷纷绞尽脑汁准备寿礼。金银珠宝已不新鲜，此时，刘墉端上一青花瓷大碗，碗里盛着刚刚煮好的清水面条。刘墉对慈禧说：这是给您的寿礼，名为"心慈面软"。慈禧大悦，厚赏无数。慈禧当权，对名利、财物是不屑的。但不论做到多高位置权利多大，终归还是希望得到别人的赞美。刘墉一碗面，将慈禧大夸，慈禧怎么能不高兴。

慈禧就好像是服务的大客户，他们需要的或许就是客服的一句话，如何能打动客户，找到引爆点，是关键的一环。

8. 态度决定一切

因为态度的不同，同样的工作，会有不一样的效果，也会有不同的体验和收获。细节决定成败，态度决定一切。如果你没有一个好的心态，就无法做好本职工作，也无法提升自己的能力。作为一个合格的客服，每天要对自己说一句“我可以”“我很开心”，用你的开心、自信去感染客户。

9. 用心倾听，用心服务

做到与客户进行心与心的交流，把客户当成你的朋友。“100－1＝0”，牢记这个公式，用心对待每一位客户，以达到“100＋1＝无限大”的效果。预定每个人有30个朋友，那么30个人的朋友就是900个人，以此类推，最后就能达到数量的无限大。所以，认真对待了你的第一位客户就等于认真对待了这个客户所关联的所有朋友。

10. 感恩的心态

你要感谢你接待过的每一位客户给你的经验，再好的书本都不如实战，每一个客户都是你的试验品。所以，请抱着感恩的态度去对待你的每一位客户。言辞一定要文明，细节决定成败。要养成好的习惯，在你跟客户交流的时候才不会出现失误。

11. 贴心服务

最贴心的服务是重视你对客户的每一个承诺，要知道，你不仅仅代表你自己，还代表着整个店铺甚至整个公司，所以你说出的每句话都一定要为客户做到。

12. 环环相扣才能成功

网店环节，如运营、推广、客服、仓储，缺一不可。断了一个环节，整个网店都可能瘫痪。所以只有每个环节都尽心尽力地去做事，才能让网店良好地运转起来。

领导魅力铸就团队高度

领导魅力是指领导者对下属的一种天然的吸引力、感染力和影响力。魅力型领导者有三种个人特征，即高度自信、支配他人的倾向和对自己的信念坚定不移。

领导魅力是一种诚于内而形于外的特殊品质，它是实现领导职能的前提，是构成领导影响力的最坚实的基础。魅力型领导者有4项共同的能力：有远大目标和理想；能明确地对下级讲清这种目标和理想，并使之认同；对理想能贯彻始终并执着追求；知道自己的力量并善于利用这种力量。领导魅力如何，会直接影响到其与被领导者的关系，最终影响到领导工作的效能。

1. 保持原则，捍卫原则，别人才会尊重你

在管理的过程中，最重要的是让别人知道你的原则。首先对你的原则要做到胸中有数，并清晰地定义它。其次通过你的行为言语态度，来告诉别人你的原则。你必须捍卫你的原则与底线，给触犯的人以惩罚，给遵守的人以奖励。

如果原则不坚定，就很容易被别人影响。如果你不懂得捍卫你的原则，别人就不会尊重你，甚至随意地践踏你。

牢牢地捍卫自己的原则才能树立起威信，一旦破坏原则的人没有被惩罚，就会形成破窗效应，很难再树立起威信。

2. 合适的态度才能树立威信

在管理过程中，如果没有建立起足够的威信。很难推动团队成员按照指定要求完成任务、达成目标。身为领导必须要树立一定的威信、可以和团队下属走得近，但是要适当保持距离，才能建立起一定的威信。

3. 尊重集体的意见

在团队配合中，一个项目要由好多个人分别执行。在执行一个项目前，可以清晰明确地告诉团队成员你的计划，让大家一起参与讨论，改进执行计划。讨论时可以头脑风暴，提出各种想法，然后完善执行计划。这样和所有团队成员一起确定的计划，可以使大家愿意齐心协力地一起去完成，避免互相推卸责任。

4. 及时处理内部情绪问题

世上没有一件事情是一帆风顺，没有一件工作不辛苦，没有一处人事不复杂。在前进的道路上难免会有困难与挫折。遇到各种各样的问题时，团队会有信心不足的时候，大家会抱怨，会感觉到疲倦，没有希望，没有动力，或者因为其他一些原因，导致内部凝聚力不足。要及时鼓舞大家，安慰大家，去协调，去沟通。只要万众齐心，再大的风浪都能挺过去。静下心来，好好努力。记住越努力，越幸运！

停止抱怨，立刻行动。抱怨是毒药。只有发现问题后能提出实际解决方案帮助解决，老板才会看重你。把事情做好才是最终的目的。

5. 合作：双赢思维

双赢是最佳的合作方案，这样的合作才能稳定长久。其中最重要的是明确期望，团队之所以能合作，就是因为有共同的目标、共同的利益。

与人合作首先要清楚对方想要什么，能得到什么。很多时候员工希望得到的是奖金、KPI 加分、逢年过节送点小礼，但是老板却只请员工去高消费的餐厅、KTV，没给他们想要的。结果，钱没少花，却没有达到凝聚人心的效果，甚至还给人留下不好的印象。也许效果尚不如在实惠便宜的饭店好好促膝长谈一番了解一下员工的工作和家庭情况更让大家感到暖心。

作为一个优秀管理者必须有原则，有态度，奖罚分明，重大问题全员一起讨论，尊重团队意见，择优决定，遇到困难挺身而出，激励团队前行，具备双赢合作的思维。这些做到了，自然会有领袖的人格魅力。

那么，所谓领导魅力指的是哪些能力呢？

（1）导航法则。

谁都可以掌舵，唯有领导者才能设定航线。领导者要站得高看得远，在别人发现问题之前能洞察一切。追随者需要能够正确指引他们的领导者。

（2）盖子法则。

如同锅里的水总漫不过盖子，领导力就像这个盖子一样，决定了一个人的办事效力及其对组织机构潜在的影响力。

（3）吸引力法则。

物以类聚，人以群分。人总是倾向于跟自己的同类待在一起。你只能吸引和你相似的人，而无法吸引你想要的人。你所吸引的人不是由你的愿望决定的，而是由你的为人决定的。能把分散的人集中起来形成一个群体的就是这个群体的灵魂人物。你是多优秀的领导者，就能吸引多优秀的员工。如果你觉得你所吸引的人应该更优秀，那就到了你应该提高自己能力的时候了。

（4）影响力法则。

衡量领导力的真正尺度是影响力，如果你缺乏影响力，你永远无法领导别人。真正的领导地位是无法授予的，它来自影响力。而影响力无法任命，只能靠努力去赢得。头衔能带来的只有一点点时间，你可以利用这段时间，去增加你对他人的影响力，也可能破坏这种影响力。

（5）增值法则。

领导者要能为他人提升价值，这是成为领导者所要付出的代价，只有这样，别人才会追随你。

（6）制胜法则。

渴望获胜的领导者，都有不服输的决心，危机能将领导者身上最好或最差的特质都激发出来，这时，真正的领导者会为他的团队找到一条制胜之路。

（7）优先次序法则。

领导者明白，忙碌不一定等于成功。许多东西会吸引我们的眼球，但只有少数几件能够吸引我们的心。在所有活动中，只要集中注意力在最重要的那20%上，你就能获得你付出努力的80%的回报。“有许多东西会吸引我的眼睛，但是只有少数几件能抓住我的心。”成功来自把最重要的事情，当成最重要的事情来做。一个成功的人绝不允许把次要的事情变成重要的事情，相反地，也不允许把重要的事情变成次要的。他们养成了一种习惯，就是把最好的资源用在自己最想达成的事上。总之，他们有条理地安排自己的活动，专注地迈向成功之道。

（8）根基法则。

信任乃是领导力的根基，领导者不可能在一次又一次失信于人后，还保持对他人的影响力。领导者能通过一贯的工作能力、亲和力和优良品格赢得别人

的信任。当你领导别人的时候，就好比是别人愿意与你同行，没有人愿意和自己不信任的人在一起。品格是信任的根基，信任是领导力的根基。

（9）核心圈法则。

一个领导者的潜力，由最接近他的人决定，其中真正起作用的是领导者的核心圈。“你能做我所不能，我能做你所不能，我们一起合作就可以成就大事业。”

（10）舍得法则。

要正确的取舍，舍得舍得，有舍才有得，小舍小得，大舍大得！得中有失，失中有得，得得失失，失而复得，这是生命的历程。领导者必先“舍”后“得”。为什么会有人站出来领导他人呢？有的人为了生存、有的人为了赚钱、有的人为了开创一番事业、有的人为了建立自己的组织，而有的人则为了改变世界。

有一年，李嘉诚的儿子问他，这年的利润应该怎样分配？儿子的想法是他们家族企业分80%，其他合伙人分20%，李嘉诚不语。儿子说：那么他们家庭分70%，合伙人分30%，李嘉诚还是不语。最后李嘉诚说：家族分20%就足够了，而合伙人有这么多家，他们应该分得更多，做生意要舍得。

（11）接纳法则。

人们会先接纳领导者，然后接纳他的愿景。领导者要先找到目标，然后再找到一群追随者。而普通人却是先找到领导者，然后认同领导者的目标。

（12）亲和力法则。

领导者深知，得人之前必先得其心。与人群中建立亲和力的秘诀是把他们当成不同的个体来看待。别人不会在乎你知道多少，除非他们知道你多么在乎他。除非你先感动人心，否则无法叫人付诸行动。先争取人心，而后才能诉诸理智。当彼此间有了更强的人际关系和亲和感，跟随者就愿意帮助他的领袖。

（13）镜像法则。

看到别人怎么做，大家也会怎么做。领导者第一个领导的应该是自己，第一个试图做出改变的也应该是自己，而且对自己设定的标准，应该比对其他人更高。只有自己先树立起一个道德的标准，才能以此要求他人。

（14）爆炸性倍增法则。

培养追随者，得到相加的效果；培养领导者，得到倍增的效果。只有当你开始培养领导者，而不仅仅是吸引追随者的时候，才能完全发挥你的潜能，并使组织得到爆炸性的增长。这也叫“领导者的数学”。

（15）时机法则。

掌握时机与善用策略同样重要。每个人的生命中都会有比较特别的一刻，是整个人生的转折点。如果能掌握这特别的时机，他就能完成一生的使命。当正确的领导者配上正确的时机，令人振奋的结果必会产生。这个法则使卡特当选美国总统，却也使他连任失败。

（16）传承法则。

一个领导者的长久价值，由其继承者决定。最优秀的领导者，都会用面向未来的思想来领导今天的事业，在那些可以很好继承、发展自己事业的人身上投资。如果一位领导者能够使机构在没有他的情况下，仍然取得成功，那么，他就是创造出了传承的典范。

高端电商人才必备的素质

近年来，电子商务行业已经逐渐从资金竞争转为人才竞争，人才需求逐年增长，而其中尤以互联网及电子商务行业人才的需求最为强劲，已一跃成为人才需求量最大的行业。

目前，国内电子商务企业大致可以划分为两类：一类是大型专业电子商务企业，另一类是传统企业的电子商务部门。大型专业电商企业的人才分工较为精细，更需要专注于某个流程的、具有相关丰富经验的专业化人才。而传统企业的电子商务部门，则希望招聘到兼通整个电子商务流程的通才，因此对电子商务高端人才需求量比较大。而国内今后几年电子商务的发展重点，就是传统企业触网，因此，高端电子商务人才的主要工作职责，以及应该具备的基本素质是重点。

传统企业开展电子商务，作为电子商务高端人才要运用自身知识，为企业提供网络项目策划咨询、网络营销策略、电子商务实施步骤具体方案方法。具体的工作包括以下内容。

1. 电子商务网络营销整体规划

通过对所处的行业特点、企业特点、产品特点及竞争对手的深入了解、分析，了解企业的投入和期望回报，确认电子商务、网络营销的目标。提出企业的整体网站规划和实施步骤，在网站建设前，对设计人员给予营销导向设计思路的指导。

2. 电子商务网站建设规划

网站是企业开展电子商务的载体，必须从吸引并留住客户为目标进行网站规划，注重用户体验，前台界面、色彩、布局要新颖时尚、美观大气。

网站是企业开展电子商务活动的平台，务必要根据企业整体目标及营销策略进行功能设计，在网站运作过程中，方便开展多种促销活动，活跃人气，保障销售。应结合自身企业特点、行业特点、网络特点进行整体布局，方便管理，压缩成本，提升整体效率。

3. 电子商务网站建设监理

网站进入开发阶段，要对网站的开发语言、数据库选择及设计思路、内容规划、页面布局、功能实现等工作流程进行全方位跟踪监督，及时提出合理化建议，提出整改方案。

4. 电子商务网站宣传推广

网站建设完成后，如果不做推广，再完美也是信息孤岛，一定要用各种不同的方法，如搜索引擎竞价排名的实施、网络广告的投放、企业黄页推广、门户网站推广、软文推广、Blog 推广、E－mail 推广等，让更多的潜在客户访问网站。

5. 电子商务网站运营顾问

想要提供有竞争力的服务，与对手差异化竞争，确立自己的战略优势，迅

速推广你的网站并实现盈利，需要分析企业的竞争对手，以实施行之有效的竞争策略。分析竞争对手的电子商务网站，包括电子商务网站功能、网站界面、网站内容、用户体验、业务流程等，得出其竞争优势以及其不足，并在本企业网络营销实施过程中扬长避短。

6. 电子商务网站诊断优化

网站很有特色，但是为什么没有流量？有流量了，为什么还是没有盈利？

此时需要对网站进行诊断优化，要分析广告投放效果、网站推广效果，分析网站客户，发掘新需求，指导和培训企业员工。从实际出发，对企业员工进行网络营销专业培训，以提高员工的工作效率。要运用多种手段进行宣传推广，提升网站访问量，提升搜索引擎关注度，提升用户体验友好度，化流量为销量。

7. 熟悉规则

运营人员是最熟悉平台规则的人，需要告诉客服注意事项，告诉美工排版需要调整，当自己运作的时候涉及规则的地方要更好。所以规则的重要性一定要知道，而且新规则出来一定要研究，在平台运营，就要受平台管制。毕竟电商平台是针对买家而创建的，并不以服务卖家为基础。

8. 大局观

运营人员是团队的核心，所以要尽可能地提高自己的战略高度，尽可能多地站在团队和公司立场上去考虑和看待问题。如果发现自己跟公司有很大的分歧，要重新考虑事情的出发点。

9. 发散性思维模式

电子商务高端人才，不仅要有很强的创新能力、策略制定及执行能力、良好的沟通能力、资源整合能力，还要有一定的文案编写能力，具备实际操作技能，注重逻辑分析，善于处理突发危机。要善于接纳新鲜事物，善于发现和理解新的东西，不断沉淀自己，完善自身，才能跟得上发展的脚步。要多学习，寻找一些好的观点和思路。

网店客服管理是重中之重

网店客服是指通过即时通信工具，在线给客户提供解答和售后等服务的人员。客服作为与客户接触的一线人员，其素质的高低直接影响着客户的购买率，以及后期的复购率，因此淘宝客服管理就成了网店运营中的关键环节。

随着网店数量越来越多，网店的管理营销已不能单靠店主单打独斗了，许多网店开始寻找专门的客服人员。由于网店客服还属于新工种，相关的职业培训和就业市场都没有建立，招到合适的客服人员并非易事。

一般来说，客服的工作繁杂枯燥，招一个出色的客服不是很容易的。客服人员的打字速度要快，在招聘的时候需要把关。要有耐心和亲和力，在线上和线下的表现方式是不一样的，有些人在线下可能给人感觉很冷漠，但线上却可以表现出另一面。

招聘时测试客服人员耐心是需要技巧的，一个有效的办法是，准备一份题量较大的心理测试问卷，交给客服去做，并不是看最后的心理测试结果，而是看他怎样去完成这份问卷。不能用功利心太强的人，急功近利的人会不择手段地去做一切可能成交的单子，但对网店造成的不良影响却是不可低估的。这种人通常也是留不住的，可能会频繁跳槽或自立门户。

另外，找客服要靠眼力，家庭条件不要太好，出身太好的人很难放下架子，要为人内敛些，做事需要仔细耐心，工作经验不用太多，也不用太灵巧，可以按部就班地做好你交代的事情，不出差错就行。第一个客服多负责简单的验货发货之类的事情，发展起来之后可以再找头脑灵活的和他搭档。要抱着不怕他们多学东西心理，最好每个人都能独当一面。要让他们感觉到店主的信任，在网店有安心感，有发展的空间。

网店客服是在线提供解答和售后等服务的工作人员，客服素质的高低直接影响着一家网店的购买率，所以客服是网店很重要的一部分。开店者要如何做好客服的管理工作呢?

一、客服管理内容

1. 客服团队建设

客服人员的组织和构成，一般情况下分为售前和售后，有的网店还专门设置投诉处理专员、呼叫专员等。客服分工越来越明确，职能也越来越清晰，将是未来的趋势。

2. 客服培训

无论是新员工还是老员工，定期培训必不可少，特别是新的客服人员，必须经过培训后方能上岗。培训内容包括企业文化、产品知识、基本规则、电商知识技巧和沟通技巧等，其中客服的沟通技巧和销售技巧是重中之重。这就要求客服人员须不定期地参加电商知识培训，如电商培训、淘宝论坛在线培训课程等，都能起到良好的效果。

3. 制定规范的服务流程

针对网购过程中可能出现的一系列问题，分类归纳总结，制定一整套标准化的服务流程，从客户咨询、交易，到后台记录、物流跟踪、收货确认等，每个节点都制定规范的话术、操作步骤，防止客服人员的情绪化或者其他因素影响到购买率。

4. 投诉处理

投诉差评关乎产品销量、店铺形象和搜索排名，重要性不言而喻，应尽量避免投诉或差评，通过具体问题具体分析，制定规范的客服处理办法：如果是买家原因，予以合理解释，引导买家修改评价；如果是物流原因，追究物流责任，致歉并予以赔偿；如果是商品原因，予以退换货，引导买家修改评价；如果是服务原因，提供服务投诉渠道，致歉补偿，并对相应的客服人员进行处理。

5. 客服绩效管理

客服绩效考核应尽量用可量化的数据，对服务技能、销售业绩和工作态度进行考核，重点考核询单量、询单成交率、退款率、评分情况、客户数据记录、旺旺响应时间、服务态度、销售技巧等。

二、客服的综合素质非常重要

很多开网店的人都很在意宣传与推广的效果，但是真正影响网店销售数量的因素是客服的服务品质及其掌握的各种服务技巧。由于顾客在咨询和处理各种产品问题的时候，与客服进行直接的接触，如果顾客与客服没有进行有效的沟通，就会影响到顾客的选择。

聪明的客服不会单纯为了销售而销售。人总是感性动物，要把握消费者内心最柔软的地方，用真情去打动顾客，使之产生一种情感上的共鸣，这对销售将会产生意想不到的促进作用！

顾客竹竹想为自己的母亲买一件生日礼物，她在两家网站上分别选择了自己中意的产品，然后与客服沟通，在第一家网站客服沟通时，客服只是程序性地向她介绍了产品的相关情况，并未与她做进一步地沟通。而另一家网站上的客服得知她要为母亲做生日礼物时，并没有急于介绍产品情况，而是与她聊到了母亲，在一步步沟通中渗透与产品相关的情况，最终竹竹选择了这家网站的产品。这便是网络客服对于消费者存在的一种引导作用。

网店在经营的过程中，要不断地培养优质的客服人员及时与顾客进行深入的交流，为顾客介绍产品的优势，并引导顾客完成产品的交易。只有客服人员具备多种专职的营销技能，才能够为网店的高速发展提供条件。网站发展的速度越快，越有利于网店不断吸引更多的顾客进行产品消费行为，从而快速积累丰富的经营资金。

三、网店客服专员工作能力

1. 语言能力

这是客服必须具备的最基本的、也是最重要的能力。作为虚拟的网购平台，所有交易过程都需要通过网络进行沟通，这种沟通的方式不是面对面的，具有一定的难度，不能准确地表达实际意义，文字在这个过程中起到关键作用。所以，一个合格的客服必须具备良好的语言组织能力和表达能力，能通过文字让对方正确地理解和掌握商品信息，同时也让买家了解卖家的服务态度和

服务水平。一次愉快的交易从售前咨询到售中协商，再到售后服务，最后到评价都离不开良好的沟通，任何一个环节都不能留给买家不好的印象。

当一个买家进入店铺询问时，可以发一张微笑图片来打招呼，然后说：“您好！某某店欢迎您，很高兴为您效劳！”

当买家遇到问题时，可以说：“您好！请不要着急！我们会帮您解决处理好的！”

当买家要求改价付款时，可以说：“请稍等，我马上帮您改！”

当价格改好通知买家付款时，可以说：“让您久等了，价格已改好，付款后我们会尽快安排发货！”

当买家完成付款后，可以发送合作愉快图片和再见图片。当买家还未收到货来询问物流情况时，可以说“您好！我马上帮您查询”，然后再告诉对方查询结果，发一个惭愧图片，并说“不好意思，还请您再耐心等待一下！我们会立即与快递公司联系，尽快将商品送达您手中”。当买家收到货来反映商品有问题时，可以说“您好！先不要着急”，同时配合微笑图片。

当买家给予中差评时，如果买家在线，可以说：“您好！刚看过您给我们的评价，真的很抱歉！”然后再了解具体情况，给出合理解释和处理办法。

在整个聊天过程中，语气不宜生硬，要多用亲和力较强的语句，同时要显得专业性较强，“您好”“呵呵”等和旺旺上的卡通图片要全方位使用，极力营造一个温馨的购物环境。

2. 专业能力

一个合格的淘宝客服，必须对店铺的商品了如指掌，这样才能做到胸有成竹，解释起来才更有说服力，而不是当买家咨询一些专业的知识时，结结巴巴，回答不上来。这不仅会使买家产生怀疑，更有可能直接导致退货或中差评。但这种专业的能力不是一蹴而就的，需要在平时和买家交流中，以及商品描述中不断地积累和总结，遇到问题多学习了解，同样的错误不要再犯！

3. 心理素质

网上鱼龙混杂，什么样的人都有，任何事情都有可能发生，没有一个良好的心理素质是很难胜任客服工作的。不仅仅是指心理强大，还要具有洞察买家心理的本领，随时抓住买家的心，了解买家的想法和动机。这要求客服具备敏锐的洞察分析能力，从而引导交易成功。比如讨价还价，其实这是很正常的事情，也是买家的一种习惯，不要理解为对方很难缠，此时可以用委婉一点的语气让买家接受。

4. 服务态度

态度决定一切。作为一名客服，态度非常重要。由于买卖双方均是在虚拟的环境下进行交易，整个过程都只能通过语言文字交流来进行，其中客服的态度会给买家最直接的印象，是决定买家是否愿意购买的关键因素。不管什么情况，都要记得“买家是上帝”，不要冷落任何一名买家，对于自己的过失，应该主动向买家道歉，对于买家的过错，应该积极引导对方的思维方向。

5. 应变能力

在客服综合素质中，应变能力相当重要，对于买家所提出的问题，除了要真实客观地进行回答外，也需要灵活应对。在长期与买家的对话中，可以不断地积累与各种各样买家打交道的经验，在实际中灵活运用。

6. 交际能力

虽然网络是一个虚拟的购物环境，但其中包含的同样是人与人之间的交际活动，所以，如何处理好这个关系同样值得重视。特别是对于一些老客户，不要一开口就是“价格”“数量”等与生意有关的东西，这样会让他觉得你没有人情味。对于经常光顾的买家，应该以朋友式的语气与其交谈，适当的时候可以聊聊与生意不相关的东西，拉近彼此的距离，这样更容易锁定一些长期的客户。对于价格方面，应当主动对其进行优惠，而不是等他开口要求，对于个别的问题，可以灵活应对，适当宽松一点，不要因为一点点利益上的损失而损失一个长期的客户。

7. 规则制度

一个合格的客服不仅要熟悉规则，更重要的是如何灵活运用这些规则。首先，客服必须了解规则，在处理问题的时候才会沉着，思路清晰，不然就很容易中恶意买家设下的埋伏。其次，要学会抓对自己有利的证据，引导买家说出对自己有利的话语，如买家说东西少了或损坏了，这种情况是绝对不能随便认可对方的，应该以规则处理，即买家在快递单上签字即表示对商品的型号/数量/完好程度是无异议的，即使买家以此为依据给予中差评也是无效的。特别是对于一些想利用中差评来敲诈的买家，要想办法在聊天记录中套出他的原话，如“您是说不退货要我直接退款给您吗?”“您是说如果我退款给您就不给我中差评吗?”等，以此作为证据。

8. 中差评处理

要本着合理、合算的原则进行处理。合理就是在买卖双方都能接受的范围内，按照实际情况，站在中间的立场来处理；合算就是作为卖家，在处理中差评过程中要有所退让，但绝非一味退让，这样损失的不仅仅是我们的利益，还会进一步助长这种无理取闹的风气。其实很多中差评，都是可以解决的，除了那些故意敲诈的以外，很多都是因为沟通不畅争一口气。此时，就需要客服放下面子，真诚地给客户一个道歉，加以委婉的语气，总会打动他的。不要一味地纠缠在谁对谁错上，就算是买家错了，如果一句道歉就能解决，何乐而不为呢？

网店销售的精髓在于帮顾客做选择

销售过程中经常碰到客户对两件或多件产品反复对比，难以取舍的情况，如何帮助顾客挑选以尽快让客户做决定是一门学问。作为一名客服人员，其实我们不是在卖产品，而更多的时候是在帮顾客做选择，当顾客对两个或两个以上的产品都很感兴趣，但是又不想全买时，势必会让我们来帮他做选择。我们要了解顾客真正的需求，通过自己的专业知识，站在顾客的角度帮助顾客选择最适合的产品，并列出理由告诉顾客为什么要这样选择。这时候顾客一定会认可我们，对我们的专业性心悦诚服，按照我们的选择去购买，并能很快下单。

当客户在购买产品时陷入彷徨和迷茫，就是你大展拳脚的最好时机，你要善于果断地提出专业性的建议和判断，这种建议可以帮助客户厘清思路从而激发他们的购买欲。

对于销售人员所推销的产品，客户一般都会比较陌生。如果客户在向你询问问题时，一问三不知，那么客户就会失去购买欲，从而导致客户流失。相反，如果你能掌握较为广博的知识，可以解答客户的所有问题，满足他们的需求，那么你自然可以激发客户的信心和购买欲。

云芊是一位非常优秀的客服，有一次，一位顾客在她的网店里看中了一件貂皮大衣，但顾客却忧虑着对云芊说："这件衣服好看是好看，但是我怕被雨淋湿了会变形。"云芊发了一个微笑的表情，对客户解释说："这是绝对不会的，您见过貂下雨天打伞吗?"云芊幽默的话获得了顾客的好感与认同，于是，这笔生意就成交了。云芊用自己广博的知识轻松解除了客户的忧虑。

在销售过程中，作为一名优秀的销售员要抓住主动权，让客户的思路跟随我们的思路走，这样就成功了一大半。要善于给客户出选择题，告诉客户最佳答案，让客户去选择。

1. 应对顾客讨价还价

这是目前网络销售中存在的一个普遍现象，也是客服最大的痛点。如果不还价，客户可能就流失了；如果还价，又亏了，因为网络销售的价格，本身大部分就比市场价格要低。根据我们多年的经验总结，客户讨价还价，一般有两种情况。

（1）找心理平衡。一般是怕我们给别人优惠而没有给他优惠时所产生的一种心理。

此时，要有一个统一的标准和原则——坚决不还价，要同客户讲，这个是原则问题，如果我给您私下还价了，那对其他客户就很不公平，以此来取得客户的理解。比如可以说："您好，非常抱歉，我们的产品是承诺于所有消费者，一口价原则，不议价的。"

（2）爱占小便宜。并非自己购买不起，而是占便宜的心态作祟。

针对爱占小便宜的客户，我们一般从其他活动或者赠品的角度来引导客户，比如，价格是还不了的，但是下订单后可以免邮费，或者送赠品，客户一定会接受的。

总之，要善于引导客户，取得客户的认同，同时也让顾客在购买中获得一

些意外的小惊喜，大家就可以皆大欢喜、各取所需了。

2. 帮客户辨别产品的真伪

这个问题一直是网购客户问得最多的，毕竟网络购物看不到实物，有这方面的担心也可以理解。那我们如何让顾客放心购买呢？

（1）硬件证明，我们经营的产品如果是通过正规渠道进货的，可以出具这方面的证明，打消客户的疑虑。

（2）如果我们的产品确实是正品，但是因为很多原因没有相关硬件证明，那么我们可以采用一些软性的说明，比如拿自己的产品和市场上假的产品进行对比分析。再拿出产品的历史销售记录给客户看，告诉客户我们有庞大的客户群体，可见质量是可信的。然后再给客户一个承诺：我们是保证正品的，接受专柜验货，假 1 罚 10，有质量问题包退换。

总之要拿出最有说服力的证据证明自己的产品，客户一定会相信的。

3. 产品效果好不好

这也是顾客最为关心的一个问题，如这个化妆品真的有网上说的那么好吗？这件衣服真的很适合我吗？客户比较困惑，客服回答也比较纠结，冉好的产品也不可能适合每一个人，再好的产品也不会用了马上就有效果。面对无法承诺的问题，最好的解决方式就是让顾客认清事实：告诉顾客这个产品很多人反馈效果很棒，但是不能保证对所有人都适用。提醒使用人注意一些自身的问题，比如化妆品是否长期使用，是否注意日常的保养；比如衣服是否和其他衣服进行了恰当的搭配。如果客户自己都没做好，那再好的化妆品、再好的衣服也满足不了客户的需求。

此时，客服可以说：“美丽的容颜、好的肌肤都是靠长期保养的！但是皮肤的吸收和适应能力是因人而异的，美女坚持使用一段时间才会看到明显的效果!”

遇到这样的问题，让顾客认清事实最重要，要使他理性消费，不要盲目夸大产品的功效。客观地告诉顾客产品的功效，反而更能取得客户的信赖。

4. 如何产生连带销售

经常看到有这样的情况：有的客服很努力，但是她接的订单永远都是单价最低的，而有的客服却总是可以接到上万元的订单。根本原因并不是能力问题，而是在销售的过程中你是否是个有心人。

一般情况下很多客服接待一个顾客，顾客咨询完后购买了，这次交易就结束了。但是还有一些有心的客服，他们在了解清楚顾客的需求后，会根据顾客购买的东西，去分析这个顾客购买的这些东西里面还有没有缺什么，但是顾客自己却没有想到的。此时就会主动去询问客户，然后说“我觉得您还需要配一件××产品，一起购买还能省邮费”等，一般90%的顾客都会再去选择一些周边产品。尿布和啤酒的故事就是个非常棒的例子。

在美国沃尔玛连锁店超市里尿布和啤酒赫然摆在一起出售，这个看似奇怪的举措却使尿布和啤酒的销量双双增加了，并一直为商家所津津乐道。原来，美国的妇女们经常会嘱咐她们的丈夫下班以后要为孩子买尿布，而丈夫在买完尿布之后又要顺手买回自己爱喝的啤酒。是什么让沃尔玛发现了尿布和啤酒之间的关系呢？正是商家通过对超市一年多原始交易数字进行详细的分析，才发现了这对神奇的组合。

柳莺在网上开了一个卖化妆品的网店，每当顾客购买一套护肤品以后，柳莺就会看下客户下的订单里品种是否齐全，用了哪种搭配方式。当这些都了解以后，柳莺会去问客户现在家里在使用什么护肤类的产品，比如她这次买的化

妆品里面都是护肤的，没有卸妆的，平常也没有卸妆意识，柳莺就会推荐她使用一些卸妆类产品，告诉她卸妆的好处、最近什么卸妆产品很火等。顾客觉得柳莺比自己要专业得多，于是很乐意接受柳莺的建议。

多问，多推荐，一定能接大单。

5. 发货问题

每个顾客在下了订单后，都会迫不及待地想尽快拿到所买的物品，所以当顾客确定付款后，会急切询问客服是否发货了，为什么还不发货。如果这样的问题没有处理好，导致顾客不满意，前面所有的努力就都自费了。一般这样的问题有两种处理方式：

（1）在顾客付款后要清楚地告诉顾客物流具体发货的时间，如邮局一般是上午发货，快递是下午发货，所以发邮局的一般是当天付款隔天发货，快递上午付款的尽量当天发，下午付款的一般来不及打包，所以也是隔天发货。

（2）当顾客查看物流的时候，先确定顾客订单的物流情况，如果已经发货，直接和顾客说并附上具体物流信息就可以了。如果没发货，则要找出具体原因，正面回答顾客，真诚道歉，让客户感受到我们的真诚，提升客户的体验度。

把握财务管理的脉搏

司马迁在《史记·货殖列传》中说："无财作力，少有斗智，既饶争时。"意思是说："没钱靠体力，钱少靠智力，钱多靠时机。"网店要科学理财，你不理财，财不理你。可是，如今网店的财务管理几乎成为网店的瓶颈。

麦肯锡说："现金流量是企业的脉搏，是企业生存的关键信号。企业管理是以财务管理为中心的，而财务管理的中心是资金管理，资金管理的中心则是现金流量管理。"然而，很多网络创业者对财务管理却不够重视。一是认为创业初期没什么好管理的，有一个会计、一个出纳就可以了，财务管理就是设立一个部门、制定一些章程、管好这两个人；二是认为财务管理的重要性只有完整的财务组织架构才能实现，必须制定烦琐的章程，创建庞大的机构和财务信息的流动渠道。这都是没有领会到初创期财务管理的特殊性和管理重心的不同。

财务管理在网店组织机构中属于较高层次，是对企业价值的综合管理，财务管理在管理控制、资源分配、业绩评价中起核心主导作用。试想一下，如果店铺生意兴隆，客户盈门，一个月积累下来，便是一笔不小的账，如果商品不规范管理、收支不及时登记，到月底您会发现一团纷乱，无从下手，这样您就

无法掌握库存商品和实际收入。很多网店亏了钱，却不知道钱亏在哪里，就是没有做好财务管理。要学会记清店里的每一笔账，确保店铺的财务健康。

网店做得好与坏，除了产品的选择，内功的高低之外，很大程度上取决于如何决策。要想做好网店的决策，就一定要有良好的财务管理基础。

下面就为你分享电商记账方面的一些知识，帮你梳理一些常见的基础电商财务问题。

一、财务管理势在必行

很多人觉得自己的网店小，生意冷清，再加个财务岂不是“杀鸡用牛刀”小题大做嘛！哪里有必要做什么财务记账。要知道，麻雀虽小五脏俱全，店铺人员少，但做生意必备的费用还是会产生，所以人多人少，公司大小，与费用记录没有关系。

大公司启动资金足都要做账务记账，否则100万元、1000万元不知不觉就没了。小商家更需要精打细算，把钱用到刀刃上。

账务记录的好处就是可以阶段性地进行费用审核，发现哪些钱花得恰到好处，哪些钱花得冤枉，然后进行调整，确保钱花出去是用到了刀刃上。如果不记录，只凭记忆，完全无从考证。

很多朋友用电子表格开始记账之后，很快便反馈说他们的收益终于成正数了。所以不要小看财务管理的作用，财务管理管的就是全店的投入产出。

二、网店店务费用基本分类

（1）硬件投入：电脑、打快递单的打印机、办公桌椅、打包台、货架。资金充足可以算到第一个月一次性投入；回收成本的话，按月摊销，比如这些投入一共10万元，在三年里每个月可以摊销 $100000 \div 3 \div 12 = 2778$（元），计入消耗的费用。

（2）产品成本：货物成本，小礼品的成本，包装辅料成本。

（3）固定费用：房租（如交三押一），水电，网费，办公用品，店铺软件费，商城的话还有商城的年费。

（4）员工工资：基本工资，资金提成，福利。

（5）推广费用：站内付费推广包括直通车，淘宝客，钻展，活动报名费，活动保证金；站外宣传包括硬广，自媒体人合作，站外活动费用；战略性亏损包括免费试用，付费试用，阶段性亏损，赠品，奖品。

（6）邮费：快递费用。

（7）其他费用：税收，坏账（如客户的敲诈，退换货导致的产品损失，其他导致产品失去其价值的情况），次品损失等。

可以根据自己的习惯，用电子表格或文本记好。经营费用统计表可作为预算用，也可以作为月末统计参考用。一般情况下，用作项目预算时用得多。还可以根据公司的规模来确定其用途。

三、上游供应链费用

是指产品开发时产生的一系列费用，一般情况下运营人员不容易接触到，都是老板在接触和操作。

（1）拿版费：有些商家会去批发市场拿一些看中的款式回来，作为参考，或者直接拍照上架用。但有时候拿的款不一定能卖得动，这时就会产生积压，变成了流转不动的费用。所以，一定要进行记录。

（2）打版费：分成制版费和版的材料成本两类费用。比如箱包市场或者女装市场，打版时材料不贵，版费贵。有些厂家知道你只是来打版的，所以版费会收得贵些。

（3）次品率成本折算：很多商家没有注意次品率，工厂又不负责任，此时只能自己注意次品的折算。

比如，一家网店的次品率达到50%以上，就要去找老板和工厂解决。一般情况下，工厂的良品率越高越好，这会节约很多沟通成本、时间成本以及售后成本，因为次品多会导致断货，影响网销数量，从而影响利润获得。而且这些多出的成本折算成费用打入良品成本，也会使利用降低。

假设一个产品成本是 60 元，次品率为 10%，这个良品的实际成本即为 60 ÷（1 - 10%）= 66.7（元）。店铺需以此为依据来考虑定价。

四、最简单易懂的流水账记录法

1. 会计学的原理最核心

收入 - 费用 = 利润。为什么如此简单的公式还有人算不清楚，就是因为很多人意识不到哪个是费用。比如自己的付出应该计入人员费用，长期不记入，就会导致对成本估算失误，没有对应的收益方案，最终收益太少，不足以支撑费用的支出，以致亏损。

小店铺的财务记账，可以采用流水账形式，收入的记一起，支出的不用分科目，全记作费用。当然也可以根据网店店务费用基本分类和上游供应链费用里列举出的具体项目进行分类，以方便后期进行财务审查。

这里说一个集市店和天猫店的财务数据的时候，是把支付宝里的收支数据导出到电子表格，并进行备注分类，再把支付宝账外的数据进行手工录入。本来要花十天完成的财务记账，如果运用好电子表格的数据透视表，一天就能完成。只要找到方法，记账就是轻易而举的事儿，账目清楚了，店铺获得收益也就是水到渠成之事了。

2. 做企业要找到财务审查的标准

老板和运营人员必须要明白做企业到底追逐的是什么？当然是利润，即收入－费用。要想利润绝对值大，就只能开源节流，增大收入基数，降低费用产生。也就是投入少，产出高，即提高投入产出比。

所以财务审核的标准也就变成了增加收入基数，降低费用，也就是看怎么样将收益最大化，费用最小化。

3. 通常会计记账原则

一般以一个自然月记一次账，通常月底最后一天结账，月初 1～10 日做财务报表。

一个年度内最好不要变动记账方式，如果需要变动，可以在年后统一变动，否则会影响数据的可对比性，也会引起账务混乱。

不要用相同的数据来源进行对账，财务对账的基础是用不同渠道来源的数据进行账务对比。销售数据与财务对账的数据来源是不同的，销售数据是后台直接导出的销售数据，而财务则是通过银行存款、现金的月结数据进行核对。

五、财务管理方法

财务管理与其说是一门技能，不如说是一种观念。网店经济实力越弱，越需要做财务管理。网店的很多决策都要考虑投入产出比（ROI），测算 ROI，就要有很好的财务测算方法。

一般采用以下 3 种方法来进行网店财务管理。

1. 原始凭证记账法

可以采用 Excel 建两本账页，分别为库存商品明细分类账和销售明细分类账。一个是用来管理库存商品的，而且每种商品每月的进、销、存在一张账页上就可以反映出来，只要及时登记、销货，月底一次结存，非常便捷；并且哪种商品销量好一目了然。另一个是用来管理当月销售收入、成本和费用的，也要及时登记，月底一起结出余额，扣除成本之后就是盈利部分。

2. 采用第三方软件管理

近几年来，网店商家不但在数量上快速增长，个体的规模也今非昔比，越来越多的电子商家以企业或团队的形式出现。对于电子商务企业管理者来说，提高协同工作效率、保护敏感资料、深层挖掘业务数据等变得尤为重要，而这些都不是销售平台所能提供的。第三方公司研发的软件出现可以解决网店财务管理方面的问题。

3. 采用财务外包法

术业有专攻，要让专业的人去做专业的事，在网店中如果没有管理财务的人才，可以将财务外包给专业的财务公司去做。第三方专业财务公司可以代理当地工商局事项、税务部门的报税以及工资发放等，可以为网店解决财务管理方面的困扰，使网店专注于自身经营以做大做强。

做好电商

第六步

6

让网店强大起来的诀窍

用绝招让网店流量取之不尽

店铺的生命之源是客流量。店铺成交的前提就是要有流量的导入，每一次点击背后都是一个潜在的客户。从理论上说，网店很多，每家店被光顾的概率是相同的，所以当你的浏览总量升高后，卖出产品的机会也就变大了。犹如抛一次硬币得到一个正面的概率是50%，可是当你抛10次后，也许有8次都是正面。有了浏览量才会有成交量，所以提升浏览量是开网店的关键点。那么，提升网店的浏览量有哪些技巧呢？

1. 用好阿里旺旺

可以通过阿里旺旺搜索行业客户的联系方式，之后通过贸易通与他们取得联系，询问是否需要你们的产品。要用心回复每个询盘，和每一个与你联系的人做朋友。即使暂时没有交易，也种下了下次成交的种子。今天和你谈心的每个朋友，明天都有可能给你一个大单。同时，可以用阿里旺旺的商友推荐功能，每天结识10个商友，一个月就能结识300个商友，从中发现客户与订单的概率非常大。

2. 利用论坛推广给网站带来流量

论坛社区作为众多网民聚集的地方，一篇有趣的帖子就能带来惊人的浏览量。而一些普通的水贴，每天一发，却反响平平。所以在发帖的时候，要注意质量而不是数量。对于所发帖子的内容，要事先精心设计一番。

要选择好的论坛。现在很多论坛都不能发表带有链接的帖子。判断论坛好坏的标准就是这个论坛在线人数的多寡。如果是个小论坛，一天的流量只有千人次左右，即使你在论坛发很多帖，进入你网站的流量也不过几十个。我们要选择流量大的论坛，最好是这个论坛可以发表带有链接的帖子。比如，你要推广时尚女装，就要找关于女人的版块和论坛，还有和服装有关的论坛。

制作一个符合尺寸的论坛头像，把你的宣传信息做上去，相当于一个免费的广告图片，你发帖回帖时图片都会显示。

按你的需求写一个论坛签名，签名中可以带链接的，一定要把链接做上，否则就写广告语，能放图片就放图片。

3. 用好信息排名及相关功能

分时段重发产品信息，让关键词精确匹配产品，并申请诚信通会员，这些方法都可以让你的产品信息排名提前。如果不能熟练掌握信息排名的技巧，也可以开通网销宝，这样排名永远都是在最前的。可以申请黄金展位，获得大量产品的曝光，最终获得订单。

4. 邀请亲友团帮忙

开网店时，要充分利用好自己的人脉资源，通过朋友把宣传延伸出去之后，你的宣传范围就会进一步扩大。有了朋友的推荐，一些潜在卖家也会对你

比较放心，要买什么都会先进入你的店铺挑选。

5. 利用 QQ、UC 来宣传

QQ 最佳，因为大家都知道 QQ 推出了一个 QQ - Zone，相当于一个个人网站。假设你 QQ 好友有 100 人，那就是至少有 100 人知道你的网店。你还可以加入 QQ 群交友，但千万不可过度推销，否则有可能被踢出群。

6. 促销活动攒人气

很多店主都认为，促销活动最好只在节日时候举办，才会有好的效果。其实不尽然，就算在平常的日子，我们也可以经常举办促销活动。因为人们总是希望买到物美价廉的东西。薄利总能多销，只要顾够本钱，有时候即使稍有亏本也没关系，亏钱买人气，比起花钱做广告还是划算的，这是每个店主在经营的过程中都应该学会的事情。

7. 用好生意经

生意经是国内最好的商业问答与百科平台，可以浏览生意经的精品知识，搜索各种行业问题的答案，提出问题，让生意经高手们为你解答，进一步提高自己的贸易与营销水平。可以积极回答问题，在回答问题的过程中结识各方高手，提高自己的营销与贸易水平，并获得口碑与宣传。

8. 建立会员折扣制度

推广店铺有一个原则：把陌生人变成新客户，把新客户变成老客户，把老客户设置为会员，给予他下次消费的优惠。这样，等到他下次再想购买时就会想到自己是你店铺的会员，有折扣，自然又会再来消费。

9. 利用博客进行推广，提高人气

为了提高网站的知名度和吸引客户，利用博客来推广网站，是行之有效的方法。每一个店长都应当重视利用博客来推广网站。

可以在百度、新浪、雅虎、网易、阿里巴巴、和讯这几个知名的网站注册，可以多注册几个博客或多注册一个域名，以获得更多的流量。可以采用一样的注册用户名和密码，以方便每次登录和更新。要保持日日更新，每次在更新博客时，都要留下你的网址。这样肯定会吸引来“蜘蛛”的，流量也会随之上升！如果你没有定期更新博客，“蜘蛛”就抓不到你的信息和网址，在百度和谷歌的搜索结果里，可能就没有你的信息，这样，别人就是想进入你的网店也找不到你的链接。博客的标题要尽量吸引人，内容要和网站内容保持一致。文章中巧妙放入你的网站链接，在介绍某些服务或者提供某些信息时，可以只发表一半，另外一半放在网站上，让想看的朋友点击进入你的网站来浏览！当然，超文本链接广告也很不错，你可以有效利用超文本链接导入你的网站，让网友点击进入你的网站。

10. 买家秀更有说服力

比起卖家设置的那些被修饰得美轮美奂的产品图片，顾客更喜欢去买家评论下面点开那些买家上传的图片来看，因为更加生活化和真实。自己说得再好，都有“老王卖瓜自卖自夸”之嫌，可信度不高；但如果有了其他买家的推荐，一些想要购买的新买家就会更加有信心。比起花大价钱在广告宣传上，买家秀的宣传效果明显更具说服力。

11. 搜索引擎关键字推广

利用百度、谷歌进行关键词推广。先进行测试，看关键词能否盈利。如果盈利，那就是可行的。

12. 阅读相关的书籍进行学习

一些关于做好网店宣传工作的技巧，大多只是一些基础和皮毛而已，想要真真正正学会店铺宣传和推广，你还需要更多去深入学习和研究，看看别人走过的路和犯过的错误，以此提醒和提升自己。

实战：积分营销让顾客流连忘返

积分体系大行其道，无论是到超市购物，还是到大型药店或者是到大型的电器商城，积分已成了一种时尚和吸引消费者的有力方式。网店也不例外，在电商平台上有淘宝的淘金币，天猫的积分，京东的成长值，唯品会的唯品币，积分已经成为了平台会员发展的必备利器。如果能好好利用积分，做些适当的店铺促销和推广，就能给店铺带来意想不到的收获！

那么作为电商企业如何去构建自己的会员积分体系，如何利用积分体系让你的客户进行二次消费呢？

芝蔓是专业定制的轻奢鲜炖燕窝品牌，目标客户是年轻爱美女性、时尚辣妈，特别是孕期和哺乳期的女性。因为有一批忠实的客户群体，所以芝蔓对CRM的要求比较高，芝蔓使用的是市场比较主流的一款电商ERP软件——网店管家。

具体做法是：利用ERP软件和微信商城打通，在商城中读取到网店管家软件里面用户的积分，同时在商城中设置一些常用商品，这些商品可以用来出售，也可以做积分兑换，客户在芝蔓的淘宝商城和其他的平台购买产品后，都会得到相应的积分。这个积分不是指平台上的积分，而是属于芝蔓在网店管家软件中设置的积分体系，通常会根据产品的金额进行设置。客户如果想要消耗掉她们手上的积分，首先得关注芝蔓的微信商城，然后在商城中使用积分进行消费和兑换。这样轻轻松松就让客户关注了商城并且还会产生复购。

芝蔓充分利用会员的积分来吸引粉丝和提高客户的复购率。也有很多卖家在经营到一定程度后，都会遇到一个瓶颈。那么如何跨越这个瓶颈呢？有些卖家采用了积分营销。利用积分营销来提高店铺销量。

积分的种类很多，比较熟悉的有以下几种。

1. 天猫积分

凡是在天猫购买商品后，都会得到相应的积分，100 个积分等于 1 元抵用现金，积分的使用期限为 1 年，过期不用就作废。积分也可以通过签到获得，从淘宝网的首页进天猫就能看到签到送积分。也可以在天猫俱乐部通过玩游戏或抽奖等获得积分。卖家可以设置“返多倍积分宝贝”来吸引买家购买。

2. 淘金币积分

淘金币是大家都比较熟悉的一种积分模式，属于按等级领取积分的模式。V1～V3 级，购物后每天可领 30 个淘金币，V4～V5 级每天可领最多 100 个，V6 级最多，每天可领 300 个。淘金币抵多少钱卖家可以自行设置，幅度从 1%～100%，让买家在淘金币俱乐部搜索都可以找到你的商品从而增加流量。即使是新店，淘金币的约束也不是很大，也有可能排在第一位！但有一点需要注意，设置的幅度要根据自身的情况而定，因为淘金币抵钱是可以和店铺其他的优惠活动，如店铺红包、满减等一起叠加使用的，如果你设置 20%、30% 这样的幅度，经营不好有亏损的风险，所以一定要谨慎。

3. 天天特价活动积分

天天特价的门槛比较低，以三心为基础，只要是符合条件的，都可以报天天特价。但还需商品有一定的竞争力，如价格、销量、持续受欢迎度等。天天特价有一个积分窗口，可以通过每天学习课程积累（一次 2 分）。报上天天特价的商品卖得越好，送的积分就越多，这个积分可以用来缩短天天特价报名商品审核的时间、增加报名款数和增加库存等。所以，可以经常去天天特价领点积分，或者报报符合条件的商品。别的活动小站也有类似的积分。

4. 店铺 VIP 会员积分

一个健全的会员制度，对于留住新老顾客起到非常关键的作用，让顾客感受到加入会员后能够得到与非会员不同的体验。如果作为会员享受的体验跟非会员无异，那么这个会员制就形同虚设。会员有等级之分，从高级会员到 VIP 会员再到至尊 VIP 会员不等，让他们体验到不同等级会员的好处，就能吸引更多新的消费者再次消费，慢慢培养成店铺的老顾客。针对老顾客，要在商品的质量上把好关，做到这点，再加上适当的优惠等措施，这批老顾客就会一直跟随。

在店铺的卖家中心，有一个会员关系管理模块，可以自由设置店铺的会员制度。这些会员在浏览我们商品的时候，他的会员级别和优惠信息就会显示在商品的价格上，一目了然，拍下后系统会自动打折和减价。合理地设置会员制度，有利于老顾客的回访和再次惠顾。

折扣力度要适可而止，把握住“度”，不能太大，否则买家会以为你的利润空间很大，有抬价嫌疑。力度也不宜过小，小了如同鸡肋，可有可无，形同虚设。

无论是用那种积分推广，都要从始至终坚持一个诚信的原则，唯有诚信经营，做好商品的质量和店铺的口碑，才能立于不败之地。

卖家的生意能够越来越火，商品的品质是决定性的因素，许多老顾客也都是通过对商品质量的了解而对店铺产生了信任感。在此过程中，如果我们能通过积分营销再巩固顾客的信心，那么财源滚滚也就是水到渠成的事了。

信誉是网店的基石

对于淘宝商家，信用问题一直被视为是至关重要的，淘宝网店信誉决定了店铺流量和成交。虽然，新手网店的商品质量跟大店铺一样，服务质量比大店铺要好，可是买家还是想在人多的地方买。特别是新手卖家，感觉没有信用就不会有生意。因此，在提高信誉方面，有很多卖家会走上刷信誉的捷径。人们在淘宝网上买东西时都会不自觉地到信誉高的店铺购买，因为他们知道，店铺的信誉高，说明买的人多，质量一般有保证。而一些新开的店铺，因为没有信誉，因此也没有多少人来光顾。因此，如何增加信誉，是开网店首先要解决的一个难题。那么如何给自己的网店增加信誉呢？

1. 造势

在网店开业前，要“先声夺人”，先进行一番势头猛烈的宣传推广。这样一来，还没等开业，你的店就已经在人们的心目中有了名气。

这一招，很多实体店都在用，并屡试不爽。每当有大卖场开业时，总要先大肆地宣传一番，声势浩大，给人一个“我是好店，绝对值得你信赖”的感觉。此时，人们就会产生一种想法：“从这个势头来看，这个店肯定不会差。”

结果，纷纷被诱导进来购物，因为它创造了一种“值得信赖”的氛围。

这种方法的理论基础是人类大脑的联想机制，人们总会在不知不觉中把“声势”与“实力”和“品牌信誉度”挂钩，这也正是许多商人爱搞排场的原因。比如当你看到一个人开着奔驰过来时，你的第一个反应就是：“这人肯定很有钱！”而事实上，没准他只是一个老板的司机而已。但许多人就会因为这辆奔驰车而去信任这个人，这就是利用了人类大脑的联想机制来进行诱导的典型案例。也正是因为这一点，开业前的宣传是非常必要的。

2. 借势

你的网店还没信誉度，那就去与已经有信誉度的网店合作。合作指导方针是：只要你愿意让出一部分利益来，就不用怕没人来跟你合作。实际上，在传统营销中，这种借势的做法尤其普遍，最典型的一种做法就是请人做品牌代言人。比如，韩电集团请韩国明星张娜拉做了韩电冰箱的形象代言人，结果不出三个月，韩电冰箱在淘宝上的排名就已经位列前三名了。

当然，对于小企业来说，要请大牌明星还是有困难的。除了大牌明星之外，还有许多小字号的小明星，比如，阿里巴巴有不少草根名人，可以花点钱请他们做形象代言人。也可以自己去做名人，比如去阿里巴巴中请做论坛版主，在论坛上花费一些精力，一旦你做上了版主，网友就会对你产生一种崇拜心理，这正是阿里巴巴上许多人热衷于参加各种评选活动的原因。

许多报名参加评选活动的人也是新手，他们根本不在乎是否被评选上，但只要报名参加，就会在人们的心目中留下一个好印象。他们会去争取各种“身份”，除版主外，热门的身份还有生意经领主、原创写手、阿里云导师、淘宝大学讲师等。要多为自己创造这样的身份形象，要知道好形象就意味着好信誉。

3. 发动好友

俗话说：“有钱的捧个钱场，有人的捧个人场。”“做事要靠朋友。”每个人都有自己的朋友圈子，现在人们在网上开店已不新奇，很多人虽不喜欢广而告之，但也没有什么瞒着的必要，开网店不应该忽略了现实中的朋友，毕竟在网上卖的东西也是从现实生活中来的。开网店时，也许你店铺里面卖的商品有些是你的朋友需要的，这时就可以发动你身边的好友到你的店铺购买，既可以为你增加信誉，也满足了朋友的需求。当然，即使你网店卖的东西是你朋友不需要的，朋友一般也不会拒绝买一件，同样可以增加你的网店信誉。

4. 做好流量

不少新开的店铺，由于没有成交量，浏览量也微乎其微，按照淘宝的自然搜索规则，这样的店铺排名自然比较靠后，毕竟，淘宝的搜索引擎是为了将最优质的商品展现在买家面前。尽管它的规则比较复杂，但基本上淘宝搜索引擎会将进入量、点击量、浏览量作为排名的指标。因此，如何让自家的店铺被更多的人浏览是很多店铺绞尽脑汁要思考的问题。除了花钱开直通车，在威客网上请人点击之外，还可以考虑淘宝 SEO。淘宝 SEO 是指遵循淘宝的排名规则优化自家的店铺和商品，从而让商品排名靠前的一种方法。尽管淘宝 SEO 的规则复杂，对于初次接触的店主而言可能有些晦涩难懂，不过目前有不少的淘宝排名辅助软件，它们都是根据淘宝排名规则制作的，对于提升商品的排名有一定的辅助作用。

5. 刷信誉

刷信誉一直为淘宝打击，也被人诟病，不过刷信誉却是增加店铺信誉的一

个好方法。当然，它只是一个暂时的增加网店信誉的方法，从长久来讲，还是要靠诚信经营来增加自己的信誉度。

6. 做一个“有规律”的人

通过有规律地在阿里巴巴社区开展活动，来博取网友的信任。因为人们总是比较信任那些有规律的坚守者，所以，你如果没能力去成为“有身份”的人，那么，就努力让自己成为一个“有规律”的人！

一个流动商贩不太容易取得人们的信任，因为他没有固定的经营场所，人们怕买了东西后再也找不到他。而如果这个流动商贩总是有规律地出现在人们面前，人们慢慢也就接受并信任他了。

相对来说，人们还是会更信任那些有固定经营场所的人，因此你就要有规律地在社区论坛中出现，有规律地在网店中值班，有规律地在网店内搞活动，还要有规律地发短信通知你的目标顾客群……当你有规律地行动起来后，你会发现，人们对你的信任度会慢慢上升，自然而然地，即使没有信誉度，人们也会开始购买你的商品。

信誉度是一点一点积累的，只要你愿意付出，相信成功最后一定是属于你的！

千年妖精修成仙，如何炼成钻石卖家

如今电子商务发展如火如荼，很多企业都蜂拥而上，想分享电子商务这块美味的“蛋糕”，都纷纷在网上设立自己的店铺。众所周知，开网店容易，如何经营网店才是难题。网店的竞争非常大，产品竞争激烈。而钻石代表着店铺的信誉度，网店想要成为一个钻石卖家是需要下一番功夫的。楼要一层一层地盖，网店也要一步步做起，那么卖家该如何努力才能成为一个钻石卖家呢？

1. 让推荐位翻倍

新卖家的推荐位很少，这是个弊端。如果想有更多的推荐位就要销售更多的产品。既然我们的推荐位不多，那么我们就要充分地利用，让推荐位产生翻倍的效果。首先要在模板上下功夫，在模板的两边放一些店铺里比较有特点的产品，然后推荐出来，这样即便是买家不喜欢推荐的产品，也会选择性地去看看其他产品，至少保证在 IP 不会损失的情况下使交易量得到提高。

2. 产品关键词的优化

许多客户“搜索关键词”写得很简单，而且还会使用许多地方方言。比如

箱包，北方的客户会写包，上海客户会写包包，广州客户会写手袋。因此要多看一下这几个词语哪个更适合消费者的搜索心理，从而给你的商品起一个比较容易找到的名字，这样即便是推荐位不多，也会“位”尽其用，而不会被浪费掉。

3. 好好利用网站店铺介绍

店铺介绍可以让客户对你的店铺有一个大体的了解，因为当你的店铺评价少的时候许多买家看不到什么内容，只能通过其它方面了解你的产品。此时我们把店铺介绍写得真实一些，就可以让客户感觉到我们的经营理念。只有客户接受了你的人品才会接纳你的产品，推荐产品也是在推荐自己的店铺理念和服务！

4. 好好利用通信工具

通过 QQ、MSN，或者更多的聊天软件来宣传自己的店铺，注意，不要写本人店铺×××开业了。那样只说明你刚开张没多久，没什么业绩，顾客购买你的物品会很不放心。可以写：“刚在淘宝（京东）一家店买了一件产品，好开心，真没想到这么值。”然后把链接写出来。这样很多人感到好奇便会主动点击你的产品。

5. 论坛营销

去相关的论坛写一些行业信息，可以发一些介绍产品的销售帖子，但切记一定不要一味地自夸，做得像硬广告那样，让人一眼看穿你。可以理性地帮客户分析产品的优势，然后介绍产品到底好在哪里，这样才能让客户感觉买你的东西不会受骗，即使不了解你产品的客户也会逐渐了解然后去购买！

6. 登录各大引擎

打蛇打七寸，做事情要抓住关键一环，将会事半功倍。只要被 Google、百度、雅虎这三大引擎收录，基本上其他的引擎也会很快收录你的店铺地址，而不建议专门花费时间去登录很多引擎。

7. 利用淘宝的一切资源

现在淘宝已开始了全国推广，卖家到上面搜索相关的网站，就可以挂自己的产品广告了。广告价格可以自己和站长谈判，基本都非常便宜。这样，店铺会更加专业，成交的概率也更大一些！

8. NCP

这个是雅虎刚推出的个人网站家园，不需要特别的专业知识，只要会操作电脑的基本功能，就能建设属于自己的网站，而且是免费的，然后可以把自己的产品、广告都写进去，更新得越多，被展示的机会也就越多。

9. 加入“消保”

一些自己有代理品牌的店主可以加入“消保”，这样可以让许多到你店铺的客户买得更放心。并且加入“消保”，为商品添加特殊标记，并有独立的筛选功能，让店铺的商品可以马上被买家找到。

10. 亲朋好友

如果店长有足够多可信任的朋友，通过朋友圈关系，可以顺利地成交很多订单，带来信誉；但同城的朋友不要过多，最好是异地的；商品的价格不宜过高，以免损伤朋友情分。

这种方法的缺点是受朋友数量限制，而且容易被大家质疑，损伤友谊。

11. 虚拟充值

虚拟充值对地域的要求没有那么高，话费、Q 币等是高消耗品，同城购买也很多。虚拟跟实物交易的信誉来源会在网店显示出来。如果网店转营实物产品，虚拟交易得来的信誉，一段时间内会影响网站的权重；新手没想好经营什么产品时，适用于这个方法，或者实体商品有点贵，不好意思找朋友多刷，或者朋友都帮忙刷完了，没有其他人可以帮忙。

但这种方法需要购买软件，且价格不菲，并且需要卖家指导如何使用。

12. 志同道合的店长

现在有很多店长交流群、YY 语音群，都是召集店长来相互刷信誉、刷收藏的，这些地方的人来自五湖四海，刷起来相对比较安全。

操作要点：要先看看大家怎么做的；参与刷信誉活动的时间，一定要问清楚是红包支付还是自己付款，怎么返款；搞清楚自己如果发起一个活动，是怎样的流程。

缺点：QQ 群、YY 什么人都能建立，可信程度缺乏保证；组织内人员众多，很难保证都是诚信的店长，不会携款“退群”；难免会遇到不会操作的店长。

13. 各类平台

这个方法是 QQ 群、YY 的升级版本，把没有资质认证的“游击队”转化成有组织、有公司的平台。

操作要点：平台需要注册、认证，为的是以后发布任务用；填写自己的网店，才能发布任务，接任务的报酬才能体现；要坚持每天去看看自己的平台账号。

缺点：平台众多，不容易区分是否存在风险；入驻平台需要一些花费。

14. 全程托管刷钻

这是一种更加省心、简单的方法。全程托管刷钻，就是花钱找人刷钻，自己提供密码后什么也不管，599 元一个钻，也比较安全，出问题可以退款。

操作要点：一定在开淘网找指定的客服，谨防骗子网站冒名顶替；确认网店升级到几个钻后，联系客服登记信息；每天至少登录一次网店看看进程。

缺点：用户多，客服回复不及时；需要较多花费。

另外，也有一些专业的刷单平台，比如优保安全刷单平台、淘钻网、淘速网专业刷钻平台等。

以上的方法，如果是自己操作，可以组合使用；如果是想花钱做，要听组织者的安排，不然出问题对方不会负责，同时也是为了网店安全考虑。各种方法各有利弊，大家要仔细斟酌。刷信誉还是相对有技术含量的工作，价格都不会太低。

如何让店铺快速升级到皇冠

每天有5000多家新的店铺涌入淘宝，同时也有差不多数量的店铺关张。新开的淘宝店铺目标都是成为皇冠卖家。不过很多人都不知道该做什么，哪些先做哪些后做，哪些应该精耕细作，哪些要粗放经营。从推广深入到运营，从一家新开的店铺一步步打造成皇冠店铺，所遵循的一个经营理念就是：以活动带动人气，通过直通车、淘宝客和淘宝SEO搜索优化稳定提升流量，提升客单价，提高商品的品质并筛选优质流量，发展培育出自己的粉丝群体和老顾客群体，打造属于自己的品牌。

1. 最好的免费流量来自搜索

搜索的几个要素包括上下架时间、销量、人气、关键词覆盖率、是否加入消保、主图因素等。要抓住可以控制的因素，比如上下架时间。上下架时间是影响排名的重要因素，如何合理安排上下架时间是需要计算的。假设店铺商品充足，即大于40件，一天有三个时间段比较好，一个是上午10点左右，一个是下午3点左右，一个是晚上9点左右。一件商品的上架周期为7天，我们就需要设置好21件商品的上架时间。现在有很多自动安排上下架时间的软件，快捷方便，但软件不是万能的，不能把每个商品按类目分配好上下架时间。比如，卖家想把外套、风衣、衬衫在一天的三个时间段上架，如果直接批量上下架就不会达到这样的效果。

2. 有活动可以打造人气

中小卖家想做起来，活动资源是不能缺少的。活动分为第三方活动、官方活动和类目活动。做活动就是玩游戏，一定要知道游戏规则，每一个活动招商规则都要仔仔细细看几遍，反复阅读报名的要点，然后针对游戏规则做出调整。

只有熟读了每一个活动的报名规则，看了以前卖家的报名问题和失败原因，规避了风险，并且熟读了每一个活动帮派的官方公告，掌握了这个游戏的游戏规则和报名诀窍，报名的成功率才能高。活动的数量上去了，销量也自然上去了。

3. 淘宝客

淘宝客是一个非常“势利”的群体，爱做锦上添花之事，而不会雪中送炭。你店铺销量越好，越会得到淘宝客的青睐，他们会来帮你推一把，分一块“蛋糕”，这是双赢的事儿；如果你网店做得不景气，淘宝客便避而远之，不会理会你。

但是淘宝客的发展也是必然的，因为你做得越大越发现淘宝客是性价比最高的推广方式。淘宝客的发展分为两个阶段：第一个阶段多去参加第三方的活动，第三方活动就是一个大的淘宝客平台，参加得多了，淘宝客自然就被聚集来了，这是初期的发展；第二个阶段要主动联系这些给自己推广过的淘宝客、微博上的淘宝客和自己管理的站点里的淘宝客，把他们拉到自己的 QQ 群或者旺旺群里来，着重培养，打造出自己的淘宝客群体。最重要的就是积累，任何资源都是一点点积累起来的，淘宝客更是这样。

4. 直通车

中小卖家不要着急开直通车。直通车是一个技术活，一些店铺通过直通车起了家，但是更多的店铺却只是在烧钱却看不到效果。所以“开车有风险，入行需谨慎”。

5. 广撒网多捞鱼，做活动就有可能成为皇冠

店铺没有流量又不会推广，最好的方法就是报名活动，千万不要小觑这一个简单的做法，很多店家就是靠活动做成了皇冠！

报名活动需要一些准备工作。

找行业前十名的店铺，把店铺里销量最好的几款商品都用笔记下来，然后分析下自己是否能找到货源，是否能以批发价拿到，是否能提供比它们低的价格。价格是关键，因为活动拼的就是价格。

经过分析之后准备两款性价比很高的商品，设置跟同行一样的原价，再做促销。A 款不包邮，成本价促销或者比成本价稍微高一点；B 款是包邮价。记住一定要性价比超高，千万不要找有质量问题的商品做活动！一般大店铺销量高的商品都是大众化的商品。

完善这两款商品的商品详情。一定要尽量美观，有真实图片，让人有购买欲望！可以去模仿，但切记不要照搬！用这两款商品报活动，见到需要包邮的用 B 款报活动，见到不用包邮的用 A 款报活动！在资金允许的前提下，每天报一个活动，坚持一定有效果！如何看资金是否允许呢？可以看看报名这个活动的商品销量，多看几个商品，就大概能做到心里有数了。如果资金充足就可以报大活动，资金不足就多报小活动！

6. 无招胜有招——学习

学习，是最好的招式，无招胜有招！学习教会你别人会的东西。每天去看看行业做得好的“领头羊”们，看同行中做得好的小卖家都在做什么，觉得对自己有用的可以模仿，但不要照搬！

让你的店铺好评如潮

好的口碑是店铺前进的阶梯。网上开店，店铺好评率的重要性不言而喻。顾客在网上购物时，面对同样款式、同样价格的产品，肯定会选择好评率高的店铺来购买产品，可见，店铺好评率会直接影响转化率。那么有什么技巧能让你店铺好评率100%呢？只要你服务好顾客，商品质量有保证，再加上一些沟通技巧，好评率100%肯定没问题。

1. 跟踪物流情况、做好回访

产品发出去之后，需要及时跟踪物流情况，了解最新运输信息，如果物流信息显示正在派送中，就需要及时提醒顾客保持电话畅通，不要觉得多此一举，嫌麻烦，这小小的操作可以带给你额外的收获，让顾客觉得你很贴心。

2. 确认评价须及时

在顾客确认收货之后，不管多忙都要抽出时间及时给顾客做出评价，今日事今日毕，评价要及时，当天可以评价的就不要拖到第二天，因为只有在你评价之后才可以看到顾客对你的评价，如果在这时，顾客给你的评价是中差评的话，你就要继续进行下一步工作，与顾客沟通，找到问题所在。

3. 中差评，及时联系顾客沟通

如果顾客给了你中差评，要先冷静，不要着急。要找出和顾客的聊天记录，看看是什么情况，一般顾客给中差评时都会说明原因，结合原因想想是哪个地方出错了，或者是判断这位顾客是什么类型的人，找到交流的突破口。如果顾客旺旺在线的话，就要及时和顾客沟通，沟通得好，大部分顾客都会修改评价。

如果顾客不在线，要电话联系顾客进行沟通，以表示诚意，不要觉得麻烦，吝啬电话费，如果顾客不肯改评价的话，你恐怕花几十倍的话费也无法挽回损失。打电话要说明你是什么店铺的，然后咨询顾客因为什么原因给中差评，谈话态度要诚恳，热情，如果是自己的错误就要主动承认错误，勇于担当。如果顾客有所损失，就要给予弥补。同时说说好评对店铺的重要性，动之以情晓之以理，适当说说开网店的难处，这样，一般的顾客都会愿意修改评价的。

中差评并不可怕，当有了中差评，是顾客对我们不满的表现。很多时候，我们在分析自己店铺销量很低的原因时，找不到缺点，不知道自己哪里做得不好。这就需要平时多跟买家沟通购物的心得，只有这样，才会发现自己有很多地方需要改进。

买家给予不好的评价，其实是一种提醒，指出你的欠缺之处。作为掌柜也许不能接受这样的结果，认为买家是无理取闹，从而产生怨恨心理。但这样的态度，无助于我们改进自己的服务，网店也不可能做得更大更强。

络络在一家网店做客服，每次遇到客户给中差评，作为客服的络络都紧张得不行，反倒是他们的老板总笑眯眯的，一点都不在意，大家都觉得老板真是不可思议。然而，老板每次都会把中差评信息，以及售后处理的方法，详尽地列出来，贴在小黑板上，让大家认真学习。老板说，这是顾客对我们不满意的地方，你们要好好改进，你们只有一个任务：让顾客更满意！慢慢地，店里的中差评不断减少，最后几乎都没有中评，买家都特别喜欢络络他们的网店，老板也因此做强做大，两个月就上了一个皇冠。络络的老板就是一个很有远见的人，他把中差评变成了好评。中差评显示了自己的不足，经过改进，将比好评带来的意义更大。很多时候，大家往往被中差评冲昏了头脑，失去了理智，用恼怒的心情去对待，那自然会陷入恶性循环。

评价代表了服务、责任与态度。给你好评的人，不一定表示他真的很满意，也许是在包容你的缺点，但并不是每个人都宽宏大量，有这么好的心肠去包容你。所以，当另一人遇到同一个问题后用中差评来告诉你时，你就应该知道这里需要修改了，及时改进，亡羊补牢犹未晚矣。

4. 承担责任，承认错误

很多时候出现中差评也不一定全是店家的责任，但是站在顾客的角度上来看就是店家的责任。其实大部分的顾客都是通情达理的，一旦出现纠纷，买卖双方的立场肯定是不同的，如果各自都坚持自己的立场，那么不利的最终只会是店家。特别是一些赠品，在发货多的情况下，很容易出现质量问题，这时店家就需要及时承认错误，承担责任。

5. 用心和顾客沟通

出现中差评的时候必须要做好和顾客的沟通，换位思考，理解顾客的心理。相信用心沟通的话，没有解决不了的问题。

中差评并不可怕，主要取决于我们如何看待中差评。那么如何防止中差评的出现呢？

一是保证产品质量。

保证产品质量并不是说保证顾客使用后的效果，这个相信任何一个买家都是保证不了的，因为产品在每个人身上产生的效果是不同的。但作为一个好卖家就必须保证产品是全新的、完好无缺的，并且需要精心打包好，这样不仅能减少在运输途中的磨损，也能给顾客一个好的印象。最好还能送上一个小礼品，礼不大但心意在，这样能给顾客一个意外的惊喜，在他心中一定会对你有一个好评。

二是有好的服务态度。

态度决定一切，曾经有不少这样的卖家，对于客户咨询没有耐心，不管问他什么问题都惜字如金，简单打几个字就算回复完了，爱理不理的，再问就不耐烦，让顾客自己看，这会影响顾客购物的热情和心情，顾客对于购买你的产品就会变得犹豫，这是做客服的第一大忌，很容易流失顾客。作为客服人员要时刻保持充足的热情，相信再好的店铺，没有好的服务也无法长久留住一个客户。

三是发货问题要注意。

顾客买完东西第二件事情就是提醒卖家发货，发货速度也是影响顾客评价的重要因素。一般当天的货物就要当天发，有特殊情况就一定要跟顾客解释清楚，要把每个顾客当作自己的亲人、朋友，认认真真对待，争取以最快的速度让顾客拿到想要的货物。

四是把握好物流环节。

如果是因为物流的缘故导致顾客给出中差评，那卖家就太冤了，所以物流这一环节千万不能放松大意，一定要重视。在选择低成本快递的同时也要选择速度相对较快的。在顾客付款前一定要核对好地址，确定好物流，这一步不可省略，做到了这一步可以减少很多不必要的损失。对于物流我们能做的只有这些，当顾客问起多久能到时，我们只能根据她的地址给出个大概的时间，但一定要在后面加上一句“主要是看快递的派送速度”。这就提醒了顾客，到货速度和卖家是没有直接关系的。

现在很多的创业者都选择经营网店，认为网店拥有着巨大的市场，自己能够在其中占据一席之地。但是，网店的投资者也必须要明白，想要让网店长久地在市场上发展，就必须要不断积累回头客，这是网店经营下去的基础。那么，网店的投资者该如何做呢？

首先，小网店所经营的商品都是大众化、平民化的产品，物美价廉，这种产品进到假货的概率相对很小。如果不小心进到了假货，一定要毫不迟疑地退回去，千万不要嫌麻烦，或存在侥幸心理，否则一旦有售假的行为，就会失去顾客的信任，被顾客所抛弃。

其次，产品虽好，但也并不是适合每一个人，所以在给别人推荐的时候，一定要先问清楚对方的需求。比如说做护肤品的，要先问清对方是什么肤质，存在什么问题。对症下药，方能药到病除，而不是一味地只推荐自己的产品，要教给对方护理的方法，告诉对方只有适合自己的才是最好的。如果能结合自己亲身的试用经历并说出切身的感受，将更加具有说服力；或者能说出产品具体的优势和不足也能让对方觉得放心。

再次，和客户的交流中，熟练运用沟通技巧，以最耐心、最善意的态度去对待每一个客户，将每个客户都当成自己的朋友一样真诚地对待，只有这样，客户也才会拿你当朋友看待。这样沟通起来就更加坦诚，更加自然。

最后，要及时地进行回访，问询一下顾客试用之后的效果，有什么需要改进的地方，下次购买的时候有什么新的需求，等等。这样顾客就会觉得自己受到了尊重和礼遇，就算对商品有一点点不满意也不会有什么意见，甚至还会站在你的角度体谅你。

总之，在销售过程中要询问得尽量详细，顺便给客户讲讲操作不正确的地方。这样客户会觉得享受到了超值的服务，从而对你印象深刻，自然下次还会来找你。网上交易不比实体店有个固定的地方，容易找到。网店是通过网络搜索到的，这次找到你，关了你店铺的网页，下次不一定就能找得回来，除非她收藏了你的店铺。所以说网店的客户流动性很大，随机性很强，需要不时和客户沟通一下，避免被忘记。网店主也可以自己试着站在顾客的角度考虑一下，如果你是一个顾客的话，肯定会觉得在浩渺的网店圈里找一个值得信赖的产品实在很难，也就因此更愿意找一家比较信赖的网店经常去光顾。

网店品牌宣传的途径

网店的成功不单只是靠产品的成功，当下的淘宝店铺要更多提高自己店铺的形象和品牌宣传来吸引新顾客并黏住回头客。

大多数的网店现在还在靠自身推广来提高活动流量和订单，然而有这么一小部分网店，大家都已经记住了它们的品牌，如七格格、阿芙精油、裂帛等。网店品牌如何形成呢？如何打造自己的网店品牌呢？

在你的客户当中，有这么一小部分人喜欢你的产品、服务或品牌，他们倾向于在自己的社交圈内谈论你的品牌，而且他们在网上拥有一定的影响力。要找到这部分人需要一定的技巧。当你找到他们时，就要培养他们，并全力配合他们，以达到最好的宣传效果。为了让他们替你说好话，你需要做到以下几点，让他们有话可说。

1. 为他们提供赠品

与忠实粉丝分享已有的产品或新产品，绝对是一个获得有关产品、公司或品牌正面评论的可靠办法。确保你拥有一套机制，可以利用这些评论并广泛地传播，而且还要确保你的顾客是遵循指南来透露这些赠品的品质的。

2. 为他们提供送给他们的读者、粉丝或追随者的赠品

你的慷慨大方，使你的品牌进一步取悦了这些主要影响者，而且当他们送出这些礼品时，也向其他的顾客们间接保证了这些礼品是来自可靠渠道的。这么做的好处在于：那些收到礼物的粉丝们可能会感谢这一渠道，并称赞这一礼品。如果你的产品成本太高，而无法在数量上大量赠送，如汽车，那么可以通过竞赛送出一辆，但是围绕这一事件要进行大量的媒体宣传，并引起足够的社交关注来推广该竞赛。当然，你也可以使用花费成本更少，但独特的、理想的、能够吸引消费者的促销品，或者赠送一种体验，如有机会测试最新的车轮。

3. 展示粉丝

突出忠实用户的个人故事、照片、视频或奖状，让他们知道，这种展示是循环性的，会适当收集用户内容。例如，“潘奕是我们品牌 2 月全球最棒的粉丝”。

4. 对用户进行验证和授权

可以让一群精英成为你的半官方代言人。通过任命方式，让某位精英粉丝在某段时间变成名人，这必定会为粉丝们制造许多话题。也可以给这些用户一些特定任务去完成，并报告完成进度。这种方法提供了一种结构化的方式以持续这一围绕品牌的对话，并且引导对话朝具有建设性的方向发展。

5. 以积极的方式让他们互相竞争

举办一场竞赛，找到最大的品牌粉丝或者最忠实的粉丝，或者使用品牌时

间最长的客户。突出这些客户，或者通过直接提问找到他们。比如，在你的Facebook上张贴这样的问题："谁记得我们的××产品是什么时候首次推出的?""有谁知道××产品新推出时有几款颜色""有谁拥有为纪念2008年奥运会而特别推出的产品包装图片?"

6. 为他们提供沟通渠道

允许你的观众在你的社交渠道内提交与品牌相关的内容。征集用户的照片或故事，或者询问他们："如果你是品牌代言人，你今天会跟你的粉丝们聊些什么呢?"或者展示与品牌相关的创意，如："你希望在哪道最爱的菜中使用我们品牌的产品?""你最不愿意使用某品牌产品或品牌包装的原因是什么，对此你会怎么做?"

7. 询问他们的意见

通过提建议的方式加强同老客户的感情，令这段关系更好地为你创造价值。可以使用调查问卷和投票机制，询问用户目前觉得最好的产品、服务或功能有哪些，或者是对新产品感觉如何，甚至可以直接询问他们对下一代产品有何期望。通过询问客户的意见，进行实时研发相对比较节省成本，但要注意，由于和你对话的是在某种程度上已经和你的品牌联结在一起的用户，所以这个样本可能不那么具有代表性。因此，多听取不同的人的意见，对创造产品价值更为重要。以这种方式开始在线对话是很可行的一种方式。

8. 市场测试

在进行大规模的推广活动之前，先通过你的社区收集问卷样本的反馈意见。这样做不仅能够获得重要的、对新产品的内部反应，还能在产品推出之前因口碑效应提前产生需求量。

9. 用心倾听消费者的心声

通过社交媒体跟踪设备倾听消费者的心声不仅是必须采取的一项措施，也可能是识别品牌重要影响者最开始使用的方式，同时也是考虑将这一关系延续至现实世界的方式之一。可以邀请选定的品牌倡导者来公司总部，或者与他们进行面对面的交谈，或者在网上成立一个专门的群组。也可以安排一个见面会，让他们与品牌团队或任何品牌代言人直接沟通。

10. 在社区内鼓励对话

为用户之间提供一个可以相互接触的平台，鼓励其在平台上交流、对话，从中获得他们对话中的有用信息。需要注意的是，在引导用户之间对话时要确定好发话者。

11. 保持相关性

你的品牌拥护者不会在一个空洞的氛围中还能整天想着你的产品，通过与现实世界联结，你可以引导一些更生动有趣、与用户相关的话题。注意要避开政治和其他敏感话题。

12. 向他们表示感谢

有时，简单的承认是必需的。公司实体是凉的，但公司的人是温暖的。就他们的支持，向他们表示感谢，这是很好的一件事。

做好电商

|第七步|

7

网店事件紧急处理小贴士

你有谋策，我有对策：难缠买家巧应对

> 卖家们切记，做出的评价解释并不是给该客户看的，而是给后续无数个来您店铺的客户做参考的。在评价解释中客观、礼貌、豁达、幽默、谅解的评语，让别人看到的不仅是您负责的态度，也是您店铺的“气度”，更能体现店主的高情商。

吱吱开了一家卖坚果的网店，一天，吱吱的店铺收到一则差评：你卖的野生榛子真够野的，榛子壳很硬，吃完这一斤，我的牙都快掉了，为了增加重量多收邮费，还往箱里塞一块破铁。

吱吱幽默地回复道：你细看那块铁，中间是否有个螺丝，再往下看，是不是中间有条缝，沿着这个缝用力分开——这块破铁就是给你夹榛子壳用的特制钳子！

有时候沟通遇到障碍，往往是因为我们被太多纷繁复杂的表象遮蔽了眼睛，却忘记了最初的诉求。买家的意愿其实很简单：按照他的要求收到想要的货物。卖家的意愿也很简单：卖的商品能让买家满意并且愿意再来店里消费。

电子商务的本质就在于服务。在这个信息化、高效、低成本、资源共享的环境中，没有什么是你能永远占为己有的资源，总有人能卖出比你便宜的价

格，总有人能卖出比你新鲜的商品。而唯有高品质的服务能助你立于不败之地，留住你的客户。服务之路，任重而道远。

如果你的服务还没达到这种境界，那么从现在开始，改善自己的服务，用服务打动买家。

做生意什么样的顾客都会遇到，顾客性格各异。当你遇到个性古怪的顾客时，该如何应对，才能促成生意呢？

很多时候，销售人员真正的快乐不是领奖金、提成，而是成功开发优质客户的期望和满足。而业务员的痛苦，就是手上有几个难缠的客户。那么，如何应对难缠客户呢？

1. 喋喋不休型顾客

喋喋不休型的顾客喜欢方方面面问个不停，应对这样的顾客卖家应少安毋躁，尤其脾气暴躁的卖家要注意，尽量全面地解答顾客的问题，不要怕麻烦。有的卖家觉得顾客太啰嗦而置之不理。大卖家甚至不屑地说：太忙，哪有工夫搭理他们！为了不损失顾客，还是要多点耐心，慢慢地给他解答。不能急躁，要靠服务征服你的顾客。

汪凝就遇到过特别啰唆的顾客，不停地问汪凝衣服怎么样，什么料子的，号码是偏大还是偏小，会不会起球、掉色、缩水，有没有色差，穿上会不会显老气等问题，很多问题很明显就在产品说明里，但汪凝还是耐着性子一一给顾客解答。一开始顾客说要买一件，但通过汪凝的推荐介绍，这个顾客一下子买了 5 件衣服。虽然汪凝花了近半个小时为她解答，但结果却是值得的。后来，这个客户还成了汪凝店里的老客户，觉得汪凝热忱真诚，还把自己的好朋友介绍过来买衣服。

2. 愚顽型客户

这类顾客的特点就是不肯学习，不肯接受新事物，视野狭隘，不敢尝试任何新品牌，固执己见，自以为是，以成见看待任何新观念、新模式。开网店最怕遇到这种“死猪不怕开水烫”的人，油盐不进，让你一拳打在棉花上，磨破嘴皮，结果却是多说无益。

顾客可以选择网店，但网店是不能选择顾客的，因为我们的目的是销售产品。对于愚顽型的顾客，要有耐心，特别是要用简单、朴素、易懂的语言进行沟通。也许你觉得和他打交道很累，但他听到你大谈品牌、管理、企业文化、现代科技时也许更累，他听不进去，也没有兴趣。打动他最简单的办法是引导，你的产品及网店要让他看得见，让他可以比较；可以适当承诺，把实在的配送服务和可以计算的利润讲清楚，让他感觉踏实可信。其实，与这种类型的人合作之后，你便会发现有意外之喜，他好相处，忠实可靠，当他真正认同你时，你不用太多的维护，他也会成为你忠实的客户。

3. 砍价能手型顾客

这类顾客非常精明，即便你的东西再好，价钱再便宜，他还是觉得贵，非要砍价，唯恐你多赚他一分钱。很多顾客买东西时更在乎的是心情，人们很少在心情不好的时候买东西，而是在心情好的时候才会掏出他们的钱来。想让顾客心情好，服务是关键。但对砍价的人来说其实他并不是要真正买你的东西，而是想让你给他个好心情，一个占到便宜的心情，那我们就要去满足他，因为这个才是卖点！但不能满足他太多，不然他会得寸进尺。所以可以给他适度的降降价，根据不同的商品控制好尺度，如果价格降到底线顾客仍无法接受的话，那就只能欢迎他下次光临了，通常这个时候顾客反而会说“我要了”。当然，如果你做到大卖家了，就没有必要再给他便宜了，因为你的信誉可以保证你商品的价值。

4. 刁钻型客户

这个世界，绝大多数人是与人为善、比较好相处的，但也有少数人，十分乐于为难人，故意刁难你，从而获得人生的快感或事业的成就感。这种人往往对你的行业、企业、产品有或多或少的了解，但是属于一知半解，典型的“半桶水”，却偏偏自以为聪明，试图占点小便宜。

葭雁可谓在商场上摸爬滚打过多年，见过的客户形形色色，但一提起自己曾经遇到过的一位刁钻客户，葭雁就觉得头疼不已。有一次，葭雁给一个新客户发货，在规格一栏，例行打上了“13L”这个数字（产品的正规包装，桶身印的是15升，那时出厂的标准毛重应该是13.2公斤；因为重量重了，进货价必然高，考虑到当地市场同行的做法，葭雁他们就将12公斤的容量，在合格证上标注为“13L”）。

麻烦就在客户收到货之后，该客户没有按约定的方式回款，打电话询问，他要求派人去现场处理。葭雁车马劳顿，亲自赶了过去，客户却以葭雁欺诈为由，把产品样品给送到质量技术监督局去了。理由是：你制造15升的包装桶，为什么合格证只印13升？13升是什么，为什么毛重量只有12公斤？并威胁葭雁说，如果她拿不出合理合法的依据，这批货他只能半价收购。

葭雁在当地质量技术监督局，跑前跑后，费尽口舌，事情终于得到了解决。氯丁胶的密度和重量比为0.825，即1L（升）的胶液等于0.825公斤，13升共计重量为10.725公斤；铁桶标准重量为1公斤；天地盖、刮刀、包装绳、桶盖的重量为0.2公斤；总共毛重为12公斤；国家标准计量法规定允许3‰的误差。所以，客户要求的供应12公斤（带桶）的产品，葭雁为之提供13升的合格证，是完全符合国家计量法的。葭雁公司所标注的厂名、地址、商标、电话等均完全正规、合法，无任何问题。

在经历了此番周折后，事情虽然得到了比较完满的解决，但葭雁身心疲惫。她要求该客户按约定全额交付了该批货款，客户郑重向葭雁道了歉，并做了书面解释。葭雁觉得这样的客户合作起来会麻烦不断，以后便再也没和这位客户合作过。

永远不要用最善良的心愿去揣度客户。在产品出厂之前，要认真细致地做好各项流程设计，各环节都要严格规范。“苍蝇不叮无缝的蛋”，不要给任何人挑瑕疵和找纰漏的机会。销售人员和客服人员，一定要用专业知识和技能技巧武装自己，练就一双火眼金睛，这样，那些半通不通的客户试图挑毛病的时候，你才能揭穿他的把戏。

5. 超级痛快型，什么都不问，直接买

遇见这么爽快的顾客，一般卖家会认为占到便宜了，其实不然，这样的顾客才是让你最头疼的，正当你为此高兴不已的时候，你会发现他买的东西没货了。是不是很郁闷？进货吧，为一个人进不合适；不进吧，损失一个顾客。你还会发现这个顾客总不上线，等到期了，顾客就说：“付钱不发货，我投诉你。”怎么办呢？把服务放在第一的原则很关键，给顾客打电话，告诉他东西没货了，请他看看店里其他的东西，对给他带来的损失坦诚道歉，并给他一系列优惠来弥补他的损失。给他优惠了之后虽然你没怎么挣钱，但却因此挣到了信誉，他可能会买更多的东西，关键是你还多了个长期顾客。因此，记住，很多顾客买东西是买心情，而非产品。

6. 蛮横型客户

在工作中经常会遇到蛮横、自以为是的客户，尤其是一些有点钱的暴发户，其自我意识极容易膨胀，其实充其量只不过是想证明自己就是上帝，想享受一下上帝的威风罢了。遇到这样的顾客，我们要以柔克刚，不能乱发脾气，要用婉而不卑的语气跟他交谈。

遇到蛮不讲理的客户，最好是听他把牢骚发泄完，等他在电话中的音量低下去了，再用委婉的语气跟他解释。由于刚才的发泄客户内心的怒火已经消去了大半，此时再用友好的语气跟他交流，效果应该会不错。伸手不打笑脸人，谁也不会对自己很客气的人乱嚷一通。他们也会为自己的行为感到惭愧，而且他们也会认为店主宽宏大量，更利于以后的合作。但偶尔也会有顽固不化的人，只能尽最大的努力去沟通，如果真的沟通不了，那也只好放弃这个顾客了。

寄秋在工作中遇到过一个客户，订了一个铺地用的石材水刀拼花，是散货来的，做的是出厂价。客户让寄秋他们公司找运输公司送到上海，发货后，客户就把尾款付了。谁知道到那边，客户的物流公司打开一检查，有两块大概有8 厘米的裂痕，就告知了客户，客户马上就说全都是寄秋他们的责任，要重做，其实那问题用黏合剂就可以解决了，但是客户很蛮横，还说要打 7 折，黏合也要寄秋他们自己解决。本来这单生意就没挣什么钱，也是不包邮的，寄秋好心为客户找了货运公司，并且类似瓷砖这种容易裂的东西，保险费本来就很贵，运输过程又没有买保险，客户的蛮横要求让寄秋很是烦恼。

朱子煜是一家物流公司的老板，他们运输的货物行至半路，被一家公司扣下了，说是朱子煜押运的货物公司老板欠下了他们的债务要用这批货物来抵。朱子煜只得带着业务经理亲自赶了过去。可是那个老板却蛮不讲理，一言不合，和业务经理吵了起来，朱子煜见场面僵持不下，只好拉着业务经理离开了，打算另想办法。

第二天再去找那个老板，老板却避而不见，倒是三三两两不明身份的人越来越多，一会就拥进来近20人，最后还把门关闭了。这时人群开始躁动，开始推搡，口里不干不净地责骂。朱子煜一看阵势不对，索性跳到一张桌子上，大着嗓门对他们讲道理。那些不明真相的人听了朱子煜的话，稍微镇定了一些，其中一个领头的在朱子煜的强烈要求下给老板打了电话，气氛缓和时朱子煜示意那个业务经理去买了两条好烟来送给大家抽。后来该老板终于“姗姗来迟”，假意客套一番，达成了和解。

横蛮的人不好对付，因为暴力手段有时是防不胜防的。但是，还是必须要有对策：在真正实施暴力之前，任何一丝讲道理的机会都要争取；道理一定要讲到点子上，要直接、干脆，打动对方，而不是在是非曲直上纠缠不清。迫不得已时要及时报警，要妥善保护好自己的人身和财产安全，任何货物损失事后都可以通过法律手段挽回。当自己处于弱势时不要试图以暴制暴，走为上策，平安就是最大的幸福。

7. 冷淡傲慢型客户

客户形形色色、五花八门，各种各样的人都有。有的人看起来和蔼可亲，而有的人看上去却冷淡傲慢。冷淡傲慢的客户，让销售人员望而却步，无法多停留片刻，想谈成生意简直是难于上青天。的确，冷淡傲慢型客户非常不近人情，他们一般比较不通情理，不重感情，主观性强，顽固且自以为是。冷淡傲慢型客户常常表现为沉默不语、面无表情，对销售人员推销的产品表现出一种事不关己的态度，因而难以接近。要接近冷淡傲慢型客户，首先需要把握其心理特点。

他们喜欢隐藏自己的缺点，不让别人过度接近，害怕自己受伤害。但同时又希望引起他人的注意，希望别人给予很高的评价。

冷淡傲慢型客户总是以贬低别人的方式来抬高自己，以“我并不比你差”这种感觉来弥补自身存在的自卑感，这种自卑感往往使其产生贬低他人的潜意识。这类客户自尊心特别强烈，大都通过和他人比较找出自己的优点，由此来抬高自己，获得情感和心理上的满足。冷淡傲慢型客户总认为自己高人一等而对别人不屑一顾。

在接触冷淡傲慢型客户的过程中，要谦虚谨慎。说话必须时刻注意，防止说错话，多说客户的优点，不要谈论其缺点，以换取客户的信赖。对待冷淡傲慢型的客户要以诚相待、真心相对、谦虚谨慎，这样才能获得他们的信任。

杜千羡在工作中遇到过一家南方客户，对方生意做得很好，但老板娘十分厉害。杜千羡作为对方的供应商，从开始接触到合作至今的5年里，曾多次去客户那里拜访，也时常能碰到老板娘，但按潮汕人的习俗她亲自泡茶待客的次数寥寥无几，也很少主动和杜千羡说话，有时根本就不搭理他，简直就是视他为空气，更别说对杜千羡笑脸相迎、客气相送了。

在她的带动下，她的公司员工也形成了相似的风气，对上门的顾客满脸堆笑，曲意逢迎；而对供应商则一副拒人以千里之外的表情，没个好脸色，更无好招呼。幸好老板待人不错，有事没事都能简单聊上几句。

但这家客户的优点是付款够爽快，也让他心甘情愿与其合作了5年。如果现在有人建议他不跟对方合作了，杜千羡肯定会反对：有什么大不了的，不就是缺个笑脸嘛！

8. 耍赖型客户

这类的客户一般比较容易相处，你跟他沟通时，他很专心在听，也表现得很感兴趣，双方谈得很成功。你觉得皆大欢喜，对方肯定要成交了。可在你离开之后，他经过多方对比，又反悔了。或者是都下单了，他最后说要解除。曾经有个客户，都收到产品了，却又说对产品有异议，拒不付款，最终经过多次协商才搞定。

针对这类客户，前期你就要仔细观察，做好防范。自己业务的原则要把握好，不能无底线妥协。合作的过程中也要处处留心，做好对策。如果未能防范，那后期补救措施也要完善，通过各种方式去协商。其间一定要做好服务，让对方无可挑剔。

格力总经理董明珠在《棋行天下》中写到：她当年是从小业务员做起的，第一个光荣而艰巨的任务就是去安徽铜陵讨款，那边一家大客户欠了格力空调公司40多万元，却仿佛没事人一般。董明珠吃住都在他公司附近，天天到他公司做扫地、端水等义务劳动，广泛结交他公司的员工。最后，该老板的下属们都被感化了，联合起来协同董明珠逼债，帮助她完满解决了此事。

每家公司都要求考察新客户资信，就是指要多看，看他的店面，观察其人流、物流；看他的仓库，观察其库存货物量及出货进度。另外，还要多问，问他的同行，问他的客户，甚至问供货商。多收集信息，就可以防患于未然。

进行过程控制。对于已经开始合作的客户，必须把回款作为考察客户的首选，而不是把销量作为首选。业务人员往往在这个问题上摇摆不定，结果吃了大亏。

如果是做不要收钱的销售，那一定是天下最美好的工作。如果你的货不要钱，难道还愁销售吗？有的客户销售的进度不错，回款却一拖再拖，前款未清，又在报货；承诺的还没兑现，又开始要货。我们必须清楚地认识到，提供货物给他，就是支持他盈利，我们的义务和职责已经履行到位了，那客户也有义务和责任履行还款承诺。如果对方不履行，必须及时了解真实原因，该断货时就要果断行事，不能进入恶性循环。通常的办法是对客户实行信用额度管理，分A、B、C、D四级，任何客户均只能在授信额度内操作，一旦达到临界值就亮红灯，解决好之后再继续供货，否则免谈。

做好事后补救。对于疑似烂尾的客户，解决的办法应遵循“先礼而后兵”的原则。

礼：尽量加大拜访密度，给他无形的压力；同时可以多从语言上捧他，维护他的自尊；也可以对其亲人进行善意的感化，让他们替你说话；还可以发动他的朋友及关系好的客户，侧面进行攻心，游说利害关系；等等。总之，保证在他负债若干的情况下，能够优先全额或大部分偿还你的应付款，将直接损失减到最低限度。

兵：一定要在商务往来活动中，保存好发货单（签收的回单）、月度对账单、铺货正式欠条、供货协议或合同等；对方的营业执照副本复印件、身份证复印件等，有条件都要备案。这些是法律保证文本。另外，对账单或欠条的法律效力只有两年，一定要及时更新。

到了打官司的程度，可以说企业一般是包赢的，但官司赢了不一定能收得到钱，这也是事实。所以，还是要在前面考察客户之时多下功夫，在合作过程中密切控制，在发现不良征兆后及时跟进和妥善处置。面对这些客户时，要时刻提醒自己注意情绪，营造一种和谐的氛围。而且要有足够的耐心，去倾听、去体会、去理解客户。这样，就算业务没有成功，也不至于太难堪，而且只要客户有需求，多半是可以成功的。

如何解决顾客纠纷

开店千日，遇到的人形形色色，不遇上纠纷是很难的。任何卖家都不可能让买家100%满意，都有可能会发生纠纷。处理客户纠纷是倾听他们的不满，不断纠正卖家自己的失误，维护卖家信誉的补救方法。网店的经营者一定要妥善解决这个问题，如果处理不好，网店的形象就会迅速下降，而且通过互联网快速传播，这对于网店是致命的。运用得当，不但可以增进和巩固与客户的关系，甚至还可以促进销售的增长。当然，不同的卖家处理投诉的方法也不尽相同。

引发售后纠纷的原因有很多，其中，既有卖家自身的原因，也有买家的原因。只是，当我们决心要解决纠纷时，是谁的原因并不是太重要，最重要的是纠纷得以解决。而在纠纷处理过程中，语气问题是需要引起我们重视的。

1. 迅速回应，不要让问题发酵

当顾客认为商品有问题时，一般会比较急躁，怕得不到解决，说话也会带着情绪。此时要快速反应，首先要表达歉意，如果你已经非常诚恳地认识到自己的不足，顾客也不好意思继续不依不饶。然后迅速记下顾客的问题，查询问题发生的原因，及时帮助顾客解决问题。有些问题不是能够马上解决的，也要告诉顾客我们会立刻着手给您解决。如果卖家漫不经心，半天不给回应，很容易让顾客的情绪变得激烈，激怒了顾客，而给予差评。

2. 认真倾听客户心声，热情接待

当收到顾客的投诉时，不要打断对方，不要着急去辩解，而是要耐心听清楚问题的所在，记录下顾客的用户名和购买的商品，这样便于我们去回忆当时的情形。和顾客一起分析问题出在哪里，抓住其中的核心问题所在，以便“对症下药”，等客户投诉完后，或者问你问题时再趁机向对方解释。

顾客收到东西后过来反映有什么问题，要热情对待，要比交易的时候更热情，这样买家就会觉得你这个卖家很好，不是那种虚伪的人。不能刚开始的时候很热情，等钱收到之后，就马上变脸，冷淡傲慢爱理不理，这样会令买家心寒，从而对你失望，即使东西再好，“前恭后倨”，冷淡的态度，也会让顾客反感，从而失去这位顾客。

3. 认同客户的感受，抓住细节

当客户在描述问题时要从中提取出一些细节，说不定这些细节就能成为问题的解决办法！客户在投诉时会表现出烦恼、失望、泄气、发怒等各种情绪，你不应当把这些表现当作对你个人的不满。首先我们要站在顾客的角度想问题，顾客一般不会无理取闹。她来反映一个问题的时候，我们不妨换位思考一下，如果是自己遇到这个问题会怎么做，怎么解决。所以要对顾客说“我同意您的看法”“我也是这么想的”，这样顾客会感觉到你在切实地为她处理问题，从而增强对你的信任感。

4. 及时提出补救措施

对于如何应对顾客，每个店铺都有自己的几套解决方案，对于顾客的不满，要能及时提出补救的方案，并且明确地告诉顾客，让顾客能感觉到你在为他考虑，为他弥补，并且你很重视他。一个及时有效的补救措施，往往能让顾客的不满化为感谢和满意。

当你向客户提出方案之后，如果客户对其感到满意，那么就可以愉快地解决客户的问题了。如果客户不喜欢你们的方案，就要征求客户的意见进而修改方案，尽量让客户满意！

5. 通知顾客并及时回访跟进

正在为顾客采取什么样的补救措施，进展情况如何，都应该告诉顾客，让他了解你的工作，了解你为他付出的努力。当顾客发现商品出现问题后，首先是担心能不能得到解决，其次是担心需要多长时间才能解决。当顾客发现补救措施及时有效，而且商家也很重视的时候，就会感到放心。

做好回访对店铺来说是很重要的一件事，你的回访将决定店铺在客户心中的位置，会让客户感到这家店铺服务很好，很关心客户，进而会继续光顾你的店铺或者带新客户到你的店铺购买。

6. 超越对方期望

不要弥补完过失，使客户的心理平衡后就草草收场，应当好好利用这一机会把投诉客户转变成忠诚客户。当与客户就处理方案达成一致后，要以超出客户预期的方式向客户真诚道歉，同时再次感谢他购买了公司的产品和我们的服务。服务业的胜败关键就是回头客，所以“善终”比“善始”更重要。

出现纠纷不要回避，要积极解决。纠纷的出现也不一定是坏事，这是店主对顾客进行二次营销的极好机会，只要纠纷处理得及时且恰当，一定能增强顾客的归属感而带来更多的回头客。

对于消费者的诉求，有的卖家会直截了当地予以回绝。对于这类型的卖家，他们的见识是短浅的。他们认为交易只限于交易开始，交易中以及交易完成，在交易结束后，发生什么情况都与卖家无关。而由这种态度引发的问题，不单单是售后的纠纷，更不利于对老顾客的维护，以及老顾客的二次消费。

言语间表现出错误出在客户自身，继而引发买卖双方的激烈争吵。这种方式，不仅不利于纠纷的解决，甚至会让纠纷扩大化。

很多店铺认为，那么多顾客，损失一两个客户不重要，这种处事态度是不可取的。问题的解决需要冷静的头脑，如果你头脑发热，想把问题解决好是很难的。纠纷既然已经产生，就应用心去倾听用户的需求，认真分析应对的策略。当一个店铺运营者对消费者的问题都能冷静对待时，店铺口碑的树立也就从此开始了。

对待纠纷，作为网店运营者，姿态不能太高，毕竟消费者也是因为产品出现问题才找你。对于一些在解释范围内的问题，卖家一定要及时予以解答。即使像快递这种外部因素，不是我们的错，也要向顾客道歉。其实，纠纷问题很多都能和平解决，当在你可接受的范围内，退一步海阔天空，也许结果会皆大欢喜。

让顾客感受到当上帝的感觉

顾客是你的财富之源，工作中要把顾客置于工作中心，顾客就是上帝，我们做的事情就是为了满足顾客的需求，解决顾客的问题，帮助顾客得到所需，并以此为乐。具体说来，我们要做到以下几点：不管情况如何，都努力善待顾客；在开始做其他事情之前，先满足顾客的需求；要童叟无欺，不要高高在上责备或训斥顾客，也不要让他们感到他们在你眼中无关紧要；用附加信息、帮助、建议或其他办法，让顾客感觉到受欢迎和受尊重；努力获得顾客的反馈意见，不管是肯定的还是否定的，并且要知道应该采取哪些改进措施。

1. 将服务的理念真正地深植在每个员工的心中

在日常的店铺经营中，店长要反复提醒员工对顾客服务的关注，在员工会议上结合实例对顾客满意度加以讨论。要征求顾客的反馈意见，并将顾客满意度作为员工业绩评估的一部分。明确相应的期望值和最低顾客服务标准，并具体到位。

2. 用超值的服务赢得顾客的“芳心”

超值服务就是用爱心、诚心和耐心向消费者提供超越其心理期待（期望值）的、超越常规的全方位服务。

超越用户的心理期待。顾客对产品的选择，是建立在品牌信任和外观满意基础上的，而产品的无形部分仅限定在国家“三包”规定的范围内。如果我们在经营的过程中，不仅能够向顾客提供技术先进、质量上乘、外形美观的有形产品，而且在坚决执行国家“三包”规定的前提下，能主动拓展产品的无形部分，这就实施了“超值服务工程”。

超越产品的价值。我们可以通过人的服务，使顾客享受长期的、多种形式的高质量服务。

超越时空界限的服务。超值服务是不受时间限制的，它无时不在，一天 24 小时伴随着用户；它无处不在，产品销售到哪里，服务就跟到哪里。

永远把顾客当作上帝，经常给顾客提供超出他们预期的服务。这一点点额外的惊喜就是一种新的投资思路，这种投资会得到意外的收获。给顾客提供正常范围以外的服务也是投资，因为它会促使顾客再来购买。提出一种提高效率的新想法也是一种投资。投资，无疑会带来利润；提供服务，也同样可以收获利益。

3. 站在顾客的角度来看你的店铺

当店铺要做一项顾客意见调查时，自己或员工要以顾客的身份填写一份。明确调查表中是否列出了店员都认为无关痛痒的问题，是否涉及人们习惯回避的问题，是否能达到你调查的目的；邀请顾客在店铺会议上发言，听听来自顾客的真实意见要比展示图表更有效。

要想建造顾客忠诚度，还要重新调整顾客对杰出服务品质的期望，即不要仅仅满足期望值，更要超越期望值，要提供一个独特的，能让人记住的产品或服务。一旦有可能，就开展个别化，甚至定制服务，这样顾客与专卖店之间就能建立起一种伙伴关系。

（1）一年尽可能举办一次 VIP 聚会：顾客与顾客之间是有沟通的，有信息交流的，我们更应有一种将顾客与顾客联系在一起，使之成为朋友的桥梁。可将 VIP 聚会的主题与销售紧密联系，也可以完全分开，如举行“产品推荐”活动、“时尚资讯”“亲子教育”“美丽妆容”等沙龙活动。

（2）VIP 特定回馈活动：生日回馈——除生日卡或小礼物外，VIP 顾客生日当月来店铺消费，可享受八折优惠；节假日回馈——如母亲节送康乃馨，五一节送健身指导；指定产品消费回馈——如消费指定款号送礼品或折扣等，化妆品店可以送赠品或洗漱用品。

（3）可咨询老顾客意见：收集她们最期望我们举行的 VIP 活动，在不影响品牌形象、意见可行并无明显的利益冲突的情况下，可予以实施。

4. 感同身受去关心顾客购买的物品

（1）随时做出响应：在顾客离店前一定要再次告诉顾客化妆品的使用方法，衣物洗涤的注意事项、存放的方法，皮革的保养技巧等。要向其保证我们对她们提出的问题会及时回应。比如，发放店铺的联络卡、告之顾客导购的姓名和手机号码，以便在出现问题时顾客可以和店铺直接联络，不要让顾客有后顾之忧。

（2）消费回访：在顾客购买产品后，我们要在适当时间打电话或发微信询问顾客，对此是否喜欢、用着是否舒服、洗涤是否有什么疑问。

（3）始终如一：我们要让顾客了解到我们不光有优质的产品，我们还有周到、热情、细心的服务，无论售前、售中、售后服务，都始终如一。一个专卖店在商品销售的整个过程中，都能进行有效陈列和微笑、周到的服务，却在销售后，将热情转移于别的顾客，那么我们就会让顾客感到受到了冷落，我们的目的就是销售，既而不愿再相信我们。服务要自始至终，与售前、售中相配合，达到和谐完美的统一。

5. 积极建立与老顾客的情感联系渠道

（1）感情投资：建立“亲人效应”。通过经常性的电话问候、特殊关心、邮寄销售意见卡和节日或生日贺卡、赠送纪念品、举行联谊会等来表达对老顾客的关爱。小小卡片、简单的信息会成为联系买卖双方情谊的“纽带”，良好的人际关系，会使许多顾客乐意和我们长期交往。

（2）重视顾客的心理感受：用感性的行动和语言感知顾客，没有人会拒绝别人的关心，没有人会拒绝心里的那份感动。如夏天来店消费的顾客，可以送瓶矿泉水；下雨天来店消费后的顾客，出门前询问有没有带雨伞，无雨伞时在收取押金后提供雨伞，并叮嘱如有淋雨，一定要及时更换衣服。回家后给当天消费的顾客发信息问候，感谢其在雨天前来支持我们，等等。以真心换真心，只要我们记住了顾客，顾客也会牢记我们。

6. 建立情感链接渠道

（1）可适当在店铺推行“老顾客维护月”或“老顾客维护竞赛”，促进店铺员工重视顾客维护。

（2）店铺应建立有效的短信库、微信库，给老顾客发短信或微信时侧重让顾客感受到我们对她的关心。过于商业的信息会让顾客反感，只有朋友般温馨关爱的信息才能让老顾客感动。

节假日短信：短信的重点是给予顾客节日的美好祝愿，不要在信息中提及店铺在节日有何活动。

生日短信：短信的重点是提醒顾客今天是她的生日，并祝福顾客幸福快乐、心想事成。

换季短信：如入冬提醒顾客天气变凉、出入要注意加减衣服、注意饮食等，天气炎热注意防晒等，切记不要在信息中提及新品上市。

联络信息：长时间不见的顾客，可透露出我们对她的想念，并提醒顾客要注意休息。最好让与顾客关系最亲密的导购直接给顾客发信息，不要出现询问顾客是否发生了什么事情之类的语言。

（3）将每个员工对老顾客的回访、感情联络次数作一个明细的统计，作为店铺员工升降级考评的依据，促使员工将此项工作变成日常工作来操作。有以下具体方案可供参考：

一次消费满千元以上的顾客在购买一周后需电话回访，询问顾客的穿着感受、洗涤是否有什么疑问。如顾客有疑问而无法解答的，须与顾客约定时间给予解决。

老顾客带来的新顾客，无论购买金额多少，当天均需发信息感谢老顾客对品牌的热爱与对店铺的支持，感谢新顾客对品牌的认可。一周内须回访穿着感受。

当顾客累计消费至一定金额后，邮寄感谢函或短信感谢顾客对品牌的喜爱。

每年累计消费金额最高的顾客，可由地区销售人员带上鲜花登门回访，感谢顾客一年来的支持，询问顾客对品牌的建议。

回访收集来的内容，有关地区管理方面的，统一由地区处理；有关公司方面的，转交到总公司客服部，由公司统一处理。

如何面对顾客的过分要求

在网店销售过程中，客户出于自身利益的考虑，可能会提出一些不合理的要求。面对客户的要求既不能全盘顺从，做出100%的承诺，要有所为有所不为。如果客户提出的要求过分或者你提供不了客户所要求的服务时，拒绝也是解决矛盾的一种方法。但是如何拒绝客户，是需要技巧和智慧的，稍有处理不当，就有可能激怒客户，甚至导致被投诉、工作无法开展等不良后果。

面对这些不合理要求，一些客服不敢轻易得罪客户，面对客户的不合理要求，不敢说“不”，怕伤了双方的感情，从而影响交易。但是这样小心谨慎的结果，往往导致销售失败或使卖方吃亏。因为客户一旦发觉我们不敢说“不”，很可能就会得寸进尺。

网店客服为客户提供满意周到的服务是必需的，但并非一味无原则地对客户的不合理要求进行迁就。要知道，企业是靠利润生存的，赔本的买卖谁也不做。所以，销售客服一定要学会勇敢地对客户说“不”。但是在拒绝客户时我们应该委婉一些，不要伤了双方的和气，为以后的合作留有余地。具体我们可以采用以下几种方法。

1. 以幽默的方式拒绝客户

幽默可以使客户在轻松愉悦的心情中领会销售客服的意图而不伤和气。在遇到客户提出不合理的要求时，我们可以使用此种方法化解危机。比如我们在聊天中可以故作轻松地对客户说："亲，您出的这个价格不是逼我喝西北风嘛！""不好意思，价格再低我就要关门大吉啦。""亲，我们的利是很低的，小本生意，再便宜我就只能去蹭饭吃了。""亲，我只是可怜的小客服，没有权限改价的，您手下留情。"通过这样的说话方式，指出客户的要求不可能实现，不易造成客户的尴尬，容易为客户所接受。

2. 对客户晓以利害

销售客服遇到客户提出的一些不合理要求，可以从客户的角度出发，说明如果顺从客户会引发的利害关系，使客户了解由此对他产生的损害，从而取得客户的谅解。比如客户追问："请问我代购的包包什么时候可以发货呀？"销售客服回答："亲，一般情况下，代购需要3～5天发货的。"客户："那么长时间呀，能尽快发货吗？我下周要出差，想尽快用。"销售客服："亲，您耐心等待一下，我们需要给品牌店家联系，需要沟通，如果仓促发货，出现了货品质量问题就比较麻烦了。"此时，客户一般都会理解。

藤藤是一家室内装修设计的客服人员，有一次客户在网上催问："请问我们的房子大概什么时候能装修完呀？"藤藤说："以目前的进度来看，大概还需要半个月。"客户急不可耐地说："怎么要这么长时间呀！能不能快些？一个星期可以吗？"藤藤说："如果要求一个星期的话，装修人员就要赶工。慢工出细活，赶工的时候容易忙中出错，最后影响您房子的装修质量，那就划不来了。"客户最终也表示了理解。

3. 稳住客户的情绪

有时候，客户由于心情不好或者本身比较挑剔，会提出一些过分甚至无理的要求。这时候，如果客服没有经验，直接拒绝很容易激化矛盾。有经验的客服会先平息客户的情绪，消除争议，待双方气氛缓和后，再进行推销工作。

一次，宛芷遇到一个挑剔的客户，打电话劈头盖脸地质问她："你们公司怎么搞的，签合同的时候写明的1日到货，可是现在都8日了，一件货都没到。你说这件事怎么处理，不行就退货！"宛芷赶紧解释："刘总，对不起，由于现在火车运力吃紧，调拨给我们的车皮不够，造成部分经销商延迟到货。对这部分经销商我们额外申请了特殊促销政策，加送5%的促销礼品。不过您放心，您的货已经在路上了，预计10日就可以到了。对于我们工作造成的失误，再次向您道歉。说到退货多伤感情呀，咱们合作了这么久，我平时也帮过您不少忙，您不看僧面看佛面，就给我们一个机会吧。"客户说："好吧，大家都不容易，这次就算了。不过我的货你可要盯紧了。不要再出错。"

4. 对客户实施苦肉计

向客户说明，如果接受客户的要求，自己将会受到什么样的处罚，以此争取客户的同情和谅解。有一次，宛芷的一个客户要求道："本来这个月要结清欠你们公司的5万元货款，但是，由于最近是销售旺季，进货较多，挤占了一部分资金，这个月先结清3万元，剩下2万元下个月结清吧！"宛芷为难地说："梅总，上次进货的时候，由于您是我们多年的老经销商，在正常进货价的基础上，我向公司申请特殊政策，额外申请了一个点的价格优惠，同时，还多给您申请了促销礼品。为这事，我没少受公司的批评，上个礼拜公司开会的时候，销售总监还点名批评，要我做出检讨。梅总，你可不能再让我难做了。"

客户说：“噢，是这样啊！咱们多年合作愉快，你也帮了我不少忙。好吧，资金再紧张，我也要及时和你们公司结清货款，可不能让你再难做了。”

5. 以小换大

在进行商务谈判的时候，有的客户比较难缠，奉行强硬政策，单方面要求对方让步。对于这种客户不要硬碰硬，而要巧妙周旋，轻易不让步，即使让步，也要在我们让小步的基础上，换取对方让大步或对等让步。如此，客户说：“小马，我们是华北地区的经销商大户，在这里，只要我们称自己是第二，没有人敢说他是第一。你们要进入华北地区还要通过我们。这样吧，进货价格就再降 8%。”销售员就可以说：“冯总，对于贵公司的实力，我们当然是知道的。要不然也不会和您谈判这么久。这次给您的价格已经是最低价了。要不然，你再多进 40% 的货，我向总部打个申请，申请进货价再降低 3%，但是不知道能不能批下来。”

6. 向客户表示职权有限，无法做主

有时，我们可以向客户指出他的某些要求不属于我们的职权范围，我们做不了主，这样既向客户表示了拒绝，又使客户对自己的拒绝能够谅解。比如，“对不起，胡总。这个已经超出了我的权力范围，请见谅……”

7. 向客户推荐其他公司

当我们确实不能接受客户的要求，而且又不忍心让客户失望时，可以在通话结束时向客户推荐其他公司。这种做法很容易使我们在客户心中树立起诚实可信、为人热情的良好形象，为以后的合作留下余地。比如，“安先生，真对不起，这个价位我们不能满足您，不过，您可以和 ×× 公司联系，那里可能会

让您满意。”

8. 对客户进行额外补偿

在客户对产品或服务不太满意，而你又无法答应他的要求时，可以有意提出给予一定的补偿。即使客户仍不能接受，那么他也会觉得没有受到断然的拒绝，以后还有可能与我们合作。例如，“对不起，这是最低价了，这样吧，我可以帮您免费安装机器，您看怎么样？”

总之，经验丰富的客服人员能够充分运用各种因素，协调公司与客户之间的利益关系，不仅能够为客户着想，也能够为公司谋取利益。他们不但掌握基本的销售技巧，在与客户产生矛盾时，还能够化险为夷，变不利为有利。所以，客服人员要掌握客户的心理，学会说“不”的艺术。只要“不”说得恰当，客户常常会宽容地说：“没关系。”

客服不要认为顾客得罪不起。其实，只要让客户了解自己的苦衷，态度诚恳、语言温和地表示歉意，顾客还是能够体谅的。在对客户说“不”时，切莫使用含糊的字眼，如“我再考虑考虑”等，以免客户误认为客服是真心地替他想办法，这样一来，反而耽误了客户。

网店客服议价技巧

网购成为现在备受人们青睐的消费方式，因此开网店成了很多创业者的选择。消费者在网店进行销费的时候，最关心的还是商品的价格，所以网店经营者们掌握议价技巧是非常有必要的。遇到买家的砍价，我们不能一口回绝，这样的做法会立即将买家赶走。一切的议价技巧，最终是为了成功成交所服务的。为了成功交易，我们可以用一些技巧去打动或者说服买家，使其在心理上获得平衡，其中有几条原则是必须掌握的。

1. 做到心中有数

产品的优势在哪里，质量、信誉，还是价格，顾客是抱着什么心态来的。顾客经常会用价格高低来衡量商品的质量，此时你可以强调一下产品质量绝对是正品质量，不卖便宜的仿品，给顾客一个心理安慰，这样顾客会对你的店铺更加信赖。

2. 态度决定一切

当顾客提出要优惠时，也就表示了她想购买的欲望，这时不管产品是否可以优惠，态度一定要和气，在与顾客交流的时候，买家看不到你的表情，但是一定要在语言上让他感觉你是在笑脸相迎。说话的时候带点表情图片是不错的，这样即使价格砍不下去，但是顾客对你的服务态度有了肯定，也会增加成交的可能。而且就算这次不成功，说不定下次当他需要的时候，还会再来的。

3. 灵活应变

现在有很多促销产品会送礼品，在与顾客交流中你可以准备一些小礼物，做个链接，在价格实在不能优惠的时候，可以和顾客商量送客户个小礼物，让他一同拍下。礼物加上你的态度，基本就能留住顾客了。而且礼品单拍是有好处的，相当于买家买了一件商品，我们收到两个好评。还有就是搭配销售，可以给顾客推荐一下套餐组合，即使第一件少赚点，第二件获得创收也不错。

琢琢开了一家化妆品店，自己又当老板又兼客服，忙得不可开交，一天她遇到了这样一个顾客：

顾客："我先购买这个面霜和精华素，如果效果好再买你家的面膜。"

客服琢琢："可以的亲，保证你用完我们家的产品，以后护肤品还来买我们家的。"

顾客："包邮吗？"

客服琢琢："不包邮的亲，都是实价啊，利润很薄的。"

顾客："便宜点吧，老板，360 元啦，六六大顺啦，400 元多不好听。"

客服琢琢："真的不能再便宜了，产品好才值这个价，产品不好 36 元你都不会要的。"

顾客："是的，觉得你家产品好才要买，评价也不错，便宜点吧，380 元，做个回头客。"

客服琢琢："我们店里的化妆品都是纯天然无添加的，精华成分都是上好的药材，所以成本也贵。真的不能再少了。”

顾客：“380元，行了我就下单了，不行就算了。”

客服琢琢：“对不起，亲，很抱歉。”

顾客：“你真绝！讲这么久都不优惠，算了。”

客服琢琢：“产品真的不能便宜，看您也是诚心诚意要买，这样吧亲，给您赠送点小礼物好吗？效果好了，您以后多光顾。”

顾客：“行吧，付款后尽快发货哦，包装好点儿。”

客服琢琢：“放心吧，亲，一定给您包装完美。”

4. 遇到难缠的顾客就放手

有很多顾客的要求会很过分，在价格低于成本价格时还要求优惠或者动不动就就以差评相威胁，这时我们基本可以放弃了，这个需要在交流过程中自己把握感觉。

顾客买不买，沟通是最重要的，在沟通过程中要让顾客感觉出我们在为他们着想，在经营中做到人性化，这样可以获得很多回头客。

具体的技巧有如下几点：

(1) 欲擒故纵。

这种方法适合当顾客对我们的价格提出质疑时使用，但是应用前我们需要对自己的价格做到心中有数，要搞清楚这款产品大家都在卖还是本店独此一份，你的优势在哪里，买家为什么来询问我们，是因为质量、信誉还是价格。还要搞清楚买家的购买目的是自己用还是送人。如果是作为礼品送人，定价就显得很重要，别人卖800元的礼品，你的店铺卖290元，还告诉客户可以再便宜，客户一定不敢买。

在商品价格不是特别透明的情况下，客户往往会以价格的高低来衡量商品的质量。如果有买家在议价时抱怨我们的产品太贵了，其他店比我们的便宜，此时，可以这样回答："亲，我不知道别家店铺的产品是不是与我们一样、是不是正品，但是我们产品的质量是可以保证的。现在淘宝上以次充好、以假乱真的现象普通存在，需要您的火眼金睛哦。另外，我们还有很完善的售后服务，您有任何疑问可以随时联系我们。"

当然这只是举个例子，专业的回答，让客户增加对商品本身的认可程度。同时运用欲擒故纵的策略，主动劝说客户可以购买同行价位低的产品，这样客户会在心理上对你更加信赖。但这种方法需要一个度的把握，态度上不可以让客户难过。

（2）声东击西。

当客户砍价时，正是表现了他的购买欲望。不管价位可不可以让步，在这个过程中态度一定要好，始终以亲和的态度笑脸相迎。经营时为了利润，价位不变，原则不变，但是对客户必须笑脸相待。几个回合以后，客户觉得砍不下去了，但对店主的耐心服务有了肯定，也会增加成交的可能。

可以运用声东击西的做法。比如，一个客户看中了网店的一款加湿器并进行砍价，客服向他推荐另外一款，甚至可以把价位压到最低。所推荐的这款必须是客户熟悉市场、知晓价位，但是我们经过判断后觉得客户所不需要的。善于捕捉买家的心态，准确判断对方的购买欲望，胜算也就高了一筹。

（3）抛砖引玉。

有些客户购买产品是作为礼品或者用于其他用途，此时要学会抛砖引玉，先给客户推荐实惠的，让顾客觉得你的店铺总体价格比较实惠，给客户一个好印象，增强对你的信任感。然后根据客户的经济需求推荐客户满意的产品，告诉客户产品的销售量、性能，让客户对这款产品迅速产生购买心理。要把握好顾客心态，一般送礼都希望送最好的、最完美的，沟通时可以针对产品本身详加说明。

通过仔细观察和交流，判断客户的购买是否用于送礼其实很简单。比如一个男性买家购买了女性化妆品，一个女性买家购买了一款剃须刀或者男款皮带、钱包，都毫无疑问是用作礼品。另外，我们在同顾客交流时也可以有意无意地加以询问。

（4）灵活应变。

善于亏小局赢大局。在和客户的交谈中，买家要善于计算，迅速根据买家的心态需求，组合搭配，就像现在很多促销产品附送礼品一样。卖无价送有价，让客户买得舒心、觉得实惠。在客户砍价太低，还有继续购买欲望的情况下，可以迅速找出搭配推荐，最终达成交易。此类情况的结果往往是第一件赚钱少，但第二件获得了盈利。而作为客户本身来说，往往都有一个二次砍价的疲惫心理，觉得和掌柜已经很熟了，况且第一件都已经很优惠了，第二件的价格也应该是很优惠的。

例如，有一件皮大衣，顾客在误以为本款大衣佩戴狐狸围领的情况下拍下付了款，当卖家告诉客户含围领无法发货时，客户心里有点小小的不悦，但店主立即承诺可以随时退款，先让客户感到安心。同时告诉客户：围领的市场价位是240元，可以180元给客户，而本店的拿货价是200元。最后，围领亏本给了客户，对客户来说这个价位确实很优惠，欣然接受。卖家却在围领亏本20元后，仍然总体盈利，同时又得到了客户的认可。

（5）沉默应对。

比如现在有一个买家找到我们表示要买某样商品，但提出了苛刻的要求，希望店家给六折优惠。面对客户近乎无礼的要求，我们切忌直接拒绝，因为一旦直接拒绝，就等于把买家赶走了。此时，我们可以用沉默来应对，报出价格之后，买家提出砍价要求，我们沉默一段时间，然后再给出回答。可以是委婉拒绝，也可以是小幅让步。但沉默之后的回答通常会被认为是经过深思熟虑、是可信的，客户会觉得自己的要求被认真考虑过，自然更乐于接受我们的回复条件。同时客户会感谢我们终于消除了他们紧张的感觉，如释重负，客户会觉得你对他很重视，关键是最后帮他解决了问题，很可能会成为我们可靠的老客户。

（6）激烈应对。

当客户要求我们做出让步的时候，我们也可以考虑做出非常激烈的反应，让客户觉得自己怎么有胆提出这样的要求，一定是价格踩到了店家的底线，从而不好意思再还价。试想，如果我们去一家店里买东西砍了30元钱，对方很平静地就接受了，我们肯定会觉得反而亏了，但如果店家跳着脚说："你可真会砍价，得了，这一单我白辛苦了，一分没挣着。"你一定心里乐滋滋的觉得捡了个大便宜。

很多时候，当我们爽快答应了对方的要求时，客户立刻会觉得希望大增，感觉再提一些要求也会被接受，于是就会再让你把价格降一点，或者再要求我们包邮。这都是因为我们没有在客户一开始报价的时候做出激烈的反应造成的。很多人谈价格其实都只是试探性地提出来，看我们的反应如何。如果我们不表示惊讶，他自然就会想也许我还可以要到更多的好处。

讨价还价其实就是在做心理战术，假装惊讶的方法经常伴随着让步，如果我们不故作惊讶，买家可能马上就会强硬起来，这是一个此消彼长的关系。

所以，当买家愿意付的价钱在你预期范围内时，我们绝对不要直接就接受，而是要传给对方很心痛的感觉："亲，这个价格可是市场价的一半啊！我真的要昏倒了。"

不管我们对于客户的砍价最终是否能接受，必须注意的是，客户的第一次砍价必须要拒绝，不可以轻易答应，否则效果会适得其反。

（7）该放则放。

在交谈中，难免会遇见这样的客户群体，他们会提出一些无理且坚定的要求。在价格低于成本价的基础上还要求继续优惠，验货后再考虑付款之类。此时我们不必过于执着，该放手时便放手，但是前提是需要向客户说清楚、讲明白我们放手的理由，为何无法成交。买卖不成仁义在，在此情况下，更要显示君子风范。

（8）帮助决定。

很多顾客在询问时都表示有购买意向，但是缺乏购买的决心。此时卖家就需要使用帮顾客做决定的技巧了。如可以告诉顾客就剩这一件了，希望赶快购买，但前提是自己的质量价格要有优势。有的顾客购买欲望强烈，却步步为营地砍价，希望可以得到更多的实惠。此时可以适当地以退为进，建议她可以去别家购买，采取短暂的淡淡态度。

比如，一款羊毛衫标价 179 元，顾客砍价到 155 元包邮费的情况下还希望继续优惠，并以不优惠到别家购买相威胁。在店主短暂的冷淡之后，顾客很可能在降价无望的局面下达成交易。这同时也是对产品本身的肯定。

突发事件如何自救

俗话说：“天有不测风云，人有旦夕祸福。”开网店，当然都希望顺风顺水，好好发财，我们期待着幸福来敲门，财神爷驾到，但有时候却是衰神来捣乱。一些不可预料的事情会将你搞得晕头转向，应付不及。卖家经常遇到的突发状况有资金链断掉，供应链上断货或质量不过关，员工突然跳槽造成工作瘫痪，人为失误带来意想不到的后果，还有外部停电、断网、物流受阻等不可控的因素。开网店遭遇各种突发事件，卖家该如何应急和自救呢？

1. 人为失误：价格设置错误

最常见的情况是运营人员价格设置错误，导致“网络蝗虫”过来瞬间清盘。不少公司都因此倒闭，运营人员出面道歉，一个个打电话退款也无济于事。许多从业人员没意识到，他们的店铺页面，每天无时无刻不在被人获取数据，多少只眼睛盯着他们出错，并互通信息，告知谁家又出了 Bug 价，等等。现在比较知名的平台，都有专门负责人驻扎在这些群体里，关键时候会出面在群里公关。

一家网店客服由于不熟悉业务，误将“7 折 68 元包邮每人限购 1 件”，标注成了“7 折 6.8 元包邮每人限购 1 件”，导致被狂购 2 万件服饰。

如果直接发货，店家将损失惨重。于是店家关闭交易，选择退款。接下来的几天里，店主和工作人员通宵达旦地和每一位尚未为其发货的买家进行友好沟通，希望能尽量减少损失，但效果并不明显，投诉维权仍高达 600 多个，许多买家坚持要求 30% 的赔偿。

店家灵机一动，决定采用软文方式，主打情感牌，做了一次事件营销，将这个人为失误造成的事件上升到道德的高度。通过情感的铺垫，先让大家简单了解店家创业的不易，进而引入事件，通过“善良买家”与“要挟买家”的对比，展示事件过程的图片，再从道德的角度进行讨论，影响那些投诉买家，同时得到广大买家与卖家的支持。

最后，事情达到了预期的效果，不仅最大限度地减少了投诉和损失，而且大大提高了网店的流量。

2. 店铺资料丢失、主推款被删

电脑硬盘损坏，或离职员工清空硬盘，造成的损失非常巨大。断电或者雷击等因素，也常常导致磁盘彻底损坏，修复成本高达数万元甚至数十万元。离职员工清空资料的问题，常表现为设计人员删除图片信息源文件等。

主款被删有两种情况：网络店铺因刷单被查处，店铺爆款被连夜删除，无法恢复，并且店铺还被扣分，对外屏蔽一个月，无处申诉；公司员工离职前与公司发生矛盾，半夜删除店铺产品。

3. 关键团队缺岗

售前的客服团队与公司高层发生矛盾，集体旷工辞职，或者运营团队集体辞职，都会对店铺造成强烈影响，轻则影响一个季度，重则导致网店瘫痪。比如运营总监与老板利益不平衡，带动骨干出走，骨干旗下员工随即人心浮动，陆续离职。

4. 物流受阻：提前做准备

不要把鸡蛋放在一个篮子里，选择一家快递公司长期合作，同时不要放弃与其他大型快递公司的联系。

有些地方快递不通，个别网点开通又撤销了；南方发洪水，山区大雪封山，西南泥石流等原因邮寄不到；包裹送错地方，代签收找不到人等。面对物流的“疑难件”情况，多数买家首先会责怪卖家。

了解不同物流公司的特色，针对自己的客户群体，选择有实力的物流公司。针对偏远地区可以和邮政合作，利用邮政网点全的特点为自己服务。

及时收集物流信息，可以选择在店铺首页告知买家，避免物流出问题波及整个店铺。保持与快递公司和买家的双向沟通。可以帮助买家查询，将物流公司内网最新信息截图给买家，有效又直观。

5. 客户信息泄露

很多网店，发生客户信息泄露时，却很难查到数据是从哪个环节泄露出去的。往往客人刚付款几分钟，立马就接到诈骗电话，能够清楚地报出买家的订单编号、订单产品、折扣、收件信息等。甚至有的诈骗者存心捣乱，告诉买家找客服会送100元无门槛优惠券等。使网店深受其扰。

淘宝网店客户信息的泄露早期是源于新客服培训后初上岗，误点击诈骗者发送的盗窃木马链接，导致客服账号密码外泄。后来淘宝升级了子账号体系，需要数字证书+手机验证+手淘登录验证方式才能登录；也查出部分快递承包商泄露底单信息。这些漏洞刚堵住，结果又出现了客服在没被盗号、没发货的情况下，客户就受到诈骗。于是又怀疑是软件市场里的数据服务商，因为当你订购对应软件，得到授权之后，他们有权限通过 API 获取店家的订单信息，要泄露轻而易举。曾经一度查出是部分小型软件商盗窃数据，所以软件不要随意订购，当你点下授权的瞬间，就意味着有信息泄露的风险。

还有的运营人员职业道德不高，下载店铺上百万条客户资料，然后到黑市上倒卖，轻松获取上万元收益。只要数量超过 5000 条，就会有人收购。

6. 商品断货：主动出击供应商

开网店最怕“万事俱备只欠东风”。详情页面做了，人员齐了，广告打了，商品卖出了，结果走到最后一步发货时货源断了。首次参加聚划算或年终大促销等活动的卖家就极可能遇到这种情况。商品数量不够，不能保证在规定的时间内发货，这就不要等到订单出现大规模缺口的时候才“填坑”。

要根据商品上新的活动效果，如浏览量、转化率、收藏量等预计接下来的订单量，第一时间补单。与其少备一点，不如多备一些，因为网购下单存在滞后性，有可能买家收藏了，但因为各种原因没有立即购买。

平常要主动出击，首先选择有实力、有潜力的供应商，尽量避免货源掉链子。和供应商保持密切联系，建立起相互信赖的合作关系，不仅保证货品源源不断，而且能在紧急时刻帮你度过资金周转困难期。

7. 同行恶意竞争

木秀于林风必摧之，行业大了，容易树大招风，招人嫉妒。专注经营生意场时最让人气愤的莫过于遇到人品低下的竞争对手，一直想以各种手段搞垮你。

比如买你店铺的东西，然后全部给你差评；购买机器流量，冲击你的店铺流量，造成转化率无限趋近于0；恶意拍下店铺包邮产品，寄往快递费最高的西北地区，由于收件信息虚假导致无人收件退回造成损失；找朋友买你的产品之后投诉你的店铺；去各个网站发布不利于你店铺的信息；联系你的供货商，要求供货商不要给你的店铺供货等。手段层出不穷。

或者直接利用行政手段，比如举报场所消防问题，举报产品标号，举报产品质量，举报刷单，收买快递人员盗窃免单资料。

丝言是一个技术高超的天猫运营人员，受邀请去分享他们打造一款爆款的技巧。结果刚分享完第二天，丝言的店铺爆款被人利用其做法的漏洞举报，花费十余万元成本打造出来的爆款被淘宝删除，损失了打造成本、备好的产品、爆款的价值，损失惨重。

态度决定一切，格局成就大业。现在生意越来越难做，同行的恶性竞争越来越恶劣。但我们作为店家，要不忘初心，始终把客户的利益放在第一位，路遥知马力，日久见人心。只要坚持我们的原则，总有一天会把我们的店铺做大。

8. 沟通出错，出招“快”且“全”

某店铺报名上了淘宝天天特19.9元包邮活动，原计划限量秒杀100件，商品显示的系统库存是300件。店铺工作人员在与淘宝小二沟通后，以为系统拍到100件就会自动下架，因此没有将库存300件改为100件。当日活动上线，1分钟内300件库存就全被拍光了。事后与淘宝小二联系时发现是双方活动前没有沟通好造成的误会。

出现这种危机是无法预料的，此时切记不要恼羞成怒，责怪惩罚员工，自乱阵脚，而是要冷静下来，内修外攘，以客户为先，内部问题留在最后解决：

第一步，面对多拍的200件，考虑到用户体验，决定调拨库存全部发货。

但由于调货需要时间，于是面向店铺订单里迟发货的会员写了封通知信，以求得客户对发货速度延迟的谅解。事实证明会员都很理解，并给予了正面评价，店铺发货速度也并未因此下降，媒体还有一些正面报道，坏事变好事。

第二步，客户问题解决完，再考虑内部的处理。内部主要针对活动负责人，做一些处罚及警示。具体到个人，负责人承担大部分损失，执行员工承担小部分责任，以身作则。

这样一来，不仅对整体团队起到警示作用，而且对团队凝聚力也有提升。

俗话说，“苍蝇不叮无缝的蛋”，应急策略的最高一招无疑是未雨绸缪。害怕客服或美工突然跳槽带来混乱，那就“闲时养兵，忙时用”；害怕硬件设施崩溃造成整个工作无法运行，那就做好定期的检查和优化。至于天灾人祸，我们不能避免，那就耐心接受，提前做好计划，以不变应万变！

网店困惑及解决方法

智者千虑，尚且必有一失，更何况是我们普通人，开网店之初遇到一些困难，经历一些挫折，都是再正常不过的。但问题总会有解决的办法。我们总结了一些开店新手常遇到的困惑和问题，并提供了一些常规解决办法，希望可以给处在迷茫中的新手们一些帮助。

一、把钱花在刀刃上

把钱花在刀刃上，该花的钱不能省。很多卖家想在开始阶段节俭一点，等店铺生意好了再投资不迟，所以除了进货，几乎没有再投钱；还有一些卖家不知道需要在什么地方花钱。结果这些钱是省下来了，却耽误了赚更多的钱。

互联网的精神是自由、分享，附带的特点便是免费，人们都喜欢免费的东西，这是事实。所以，不少人在淘宝开店的时候，都会问：开网店要不要花钱？答案是不言而喻的。开网店虽然投资小，但同样也是在做生意，做生意就需要投资。

1. 消保的钱不必省

开网店交保证金（以下简称消保）和数据统计这两方面的开销是必不可省

的。消保的钱其实只是当作了押金而已，退出消保的时候，钱还是可以退还给你的，而这“不花钱”的行为，却对你的店铺大有裨益。消保的重要性在精华帖中出现的概率很高。

交了保证金，就可以开通假一赔三、7 天无理由退款、保修服务等，对于消费者，即想到你的店里买东西的人来说，是一个比较好的保障，可以让人放心购买。这毫无疑问会在无形中增加你的销量。

交了消保的店铺会有利于搜索，当访客在搜索相关商品的时候，对于卖同样的一件商品、同样价格的店铺，淘宝会优先展示交了消保的。

目前，淘宝有些实物类目也强调要交消保才可以发布全新商品，而且选择供货商的时候，有些供货商也要求店家必须交消保。

2. 数据统计的钱省不得

有数据统计的第一个好处，就是让你真正面对你店铺的真实状态。当你亲眼看见因没有生意，数据变为个位数字后，你的紧迫感就来了。而接下来你做的每一项努力，都可以通过数据来看出有没有效果，如访客有没有增加，浏览量有没有提高，店里哪些商品好卖。当你做了一项改进或者推广后，发现数据上升了，不仅能让你充满动力，也使你更有目的性地去改进你的店铺。

接下来，我们要找到自己店铺的关键问题之所在，针对这些问题“治疗”自己的店铺。

刚开店，我们不知道到底是哪个方面做得不好，才陷入没有生意的困境。虽然社区里有诸多的经验分享，但毕竟都是别人的经验，别人说的不一定就是你的问题，也不一定适合你。要想了解自己的店铺哪里出了问题，数据统计必不可少。统计工具给出的访客数、浏览量、停留时间、回头率，都是自我检查时非常有用的参照依据。

二、开网店比较明显的问题

1. 店铺宣传力度不够

淘宝上的店铺据说有5000万家，你的店铺在淘宝里只相当于大海里的一滴水，如果不注意宣传，商品又不够有特色，立刻就会淹没在茫茫淘海中，买家很难搜索到你的店铺。没人来，自然就没有生意。

2. 不注意商品发布的时间

发布过商品的人都知道，发布时间有7天和14天两个选择，最好选7天。因为淘宝上搜索的时候是按照商品的下架时间来排序的，如果你选的是14天，那就是别人的商品换了两次，你的商品才换一次。这样一来，你的商品展示的机会无形中就减少了一半。淘宝上客户流最大的时段是14：00~17：00和19：00~22：00，要尽量保证在这个时间段发布你的商品。

3. 人均浏览量低

如果流量还可以，人均浏览量却很低。平均一个客人可能只看了店里一个货品，肯定会影响成交量。不说只看了一件东西就决定要买的买家有多少，就算他买下了这个商品，但是你却失去了让他购买更多商品的机会。

出现这样的情况我们就要看看是不是自己商品页面间的关联性不够，解决办法是在自己的商品页面添加店中其他商品的链接。

可以看一下生意比较好的店铺，基本上都会在自己的商品页面上加上很多其他商品的链接。我们自己买东西的时候也有过这样的经历，在一个商品页面里发现了其他感兴趣的商品时，就会直接点击查看。

解决的方法很简单，在“我的淘宝”中右侧找到淘宝箱，进去后点卖家工具，可以找到很多免费又实用的软件。比较有名的是小艾分析、超级店长，这两个工具都是免费的，操作也方便。根据提示选择你自己想要链接的商品后，会生成一个展示模板。而且不需要你一个个加入到你的商品描述中，只要点击一次，软件就可以自动将模板插入所有的商品页面中。

4. 没有很好地利用店铺公告

淘宝店铺公告是介绍你的店铺最重要的地方，淘宝店铺公告也是顾客了解、信任你的窗口，写好你的淘宝店铺公告真的很关键。因为淘宝店铺公告的空间有限，所以你的文字一定要言简意赅，最好能一针见血，第一眼就吸引住顾客。

有些新手卖家干脆就没有店铺公告，这样不好。不仅要有，还要花心思写好，写出吸引人的地方。

①简洁型的店铺介绍。只写上一句话或一段话，再加上淘宝平台默认名片式的基本信息和联系方式，简单明了。比如本店商品均属正品，假一罚十、信誉保证，诚信经营，只赚信誉不赚钱！

②消息型的店铺介绍。将店铺最新的优惠活动发布在淘宝店铺介绍里，这种类型不但能吸引喜欢优惠活动的新买家，如果是时间段优惠更能促使买家下定决心，尽快购买。

③独特型的店铺介绍。可以把你产品的优势、服务的优势、店铺的特点写出来，比如写一首幽默的打油诗之类的也行。

④参照别人的书写格式。看看一些皇冠店铺或者钻石卖家是怎么写的，或者有时间去街上收集一些实体店的店铺介绍，再结合自己的情况，写出适合自己的店铺介绍。

好的淘宝店铺介绍可以给你的店铺加分，花一点时间认真写好淘宝店铺介绍是非常必要的。

5. 人均停留时间短

如果平均一个买家在你店里停留的时间只有几秒钟，那么，成交的概率基本就是零。买家买东西前，肯定会把商品图片、商品描述仔仔细细看几遍。停留几秒钟，就是打开一个页面然后等页面出现的时间，可能是图片一出现，就马上关掉了。

所以，商品图片、商品页面要做得吸引人，商品描述要认真写。

检查一下每个商品的图片有几张，有没有细节图，商品描述写了没有。淘宝里，商品名称规定不能超过 30 个字，那么我们就要好好利用这 30 个字。

买家看商品页面，就像招聘方看简历一样。开始第一眼就决定了他会不会继续看下去。因此商品页面要整洁、漂亮，排版上不能给人脏、乱、差的感觉。虽然我们很想让买家从商品页面看到更多的信息，但是也要考虑到页面的承载能力。

在商品页面中插入其他商品的链接模板，有利于增加商品间的关联性。但不要在一个商品页面里插入很大很长的模板，包含很多其他商品的链接，反倒会让人眼花缭乱，不容易看到想看的商品，产生厌烦情绪。

6. 回头率低

客户的累积是一个店铺持续经营的保障，特别是对小卖家来说，本来店里流量就低，如果留不住客户，来一个走一个，一走不回头，店铺的业绩就会徘徊不前。此时，最简单的解决办法就是用优惠换收藏。

首先在店里做个收藏链接，上面写上收藏送礼物之类的提示文字。如果有买家咨询时，可以告诉买家如果收藏本店可以赠送礼物，免费的东西大家都喜欢。遇到买家讲价时，如果你觉得可以接受，就可以说“这样吧，您收藏一下本店，我给您优惠，算是交个朋友了”基本上买家都不会拒绝，收藏一下对他来说又没有什么坏处。这些收藏了店铺的买家也许就会成为你的回头客，毕竟买家通过收藏再购买同类商品的概率还是比较高的。

很多事也许小卖家还做不到，但至少发现问题后，去改变，去完善，这一点我们是可以做到的。我们不是万能的，但我们可以竭尽所能！

7. 心态不平和

很多卖家是从买家演变过来的，作为买家的时候不知道开店的艰辛，以为坐在家里就可以赚钱。殊不知那些超级大卖家都经历过艰难困苦、一路拼杀，才最终修得正果。所以艰难困苦的旅程是任何一个网店店主的必经之路。不要整天愁眉苦脸唉声叹气，到处抱怨自己没有生意。做人要乐观，要积极向上，多从自身找原因。

开网店并非我们想象的那么容易，但只要我们找到问题的根源，勇于解决问题，坚持不懈，最终肯定会取得成功的。

开网店须防骗子

网店创业是时下很多年轻人创业的一种途径，也是很多年轻人创业梦的起点。不要门面租金、不用缴纳水电费、不用缴税……在不少人心目中，开网店似乎是稳赚不赔的买卖。开网店投入资金的确比开实体店少得多，但网店创业作为一个大熔炉，里面聚集的人可谓各式各样，鱼龙混杂，监管困难，欺诈事件层出不穷，不仅买家容易上当受骗，不少卖家也会成为被骗的对象。而骗子的骗术高明，令人防不胜防。新手开网店一定要提高警惕，谨防骗子。那么，我们怎样才能独善其身？网店创业怎样才能避免上当受骗？多留意骗子的骗术是一个有效的方法。

有一个骗子喜欢买高仿，惯用套路是找到可能是高仿的衣服，上来就问，仿的怎么样，精仿还是高仿，1:1 吗？看的出来吗？卖家大部分只要诚实告知，是精仿，看不出来。然后她就会爽快地下单买衣服。等店家发货后，对方一收货，就立即发出退款，以发票问题起诉店家，截图出店家承认是仿的聊天记录。这时淘宝会无条件支持买家。虽然店家知道对方是骗子，但由于自己理亏，也只能自认倒霉，一切咎由自取。所以我们在预防骗子的同时也要做到“正人先正己，正己先正心”，只有己身正，才能无往不利。

一、骗子买家的特点

1. 新号

一般买家不会在购物当天或临近很短的时间内注册账号，多数骗子用的都是刚刚注册的新号。另外，有些骗子注册了很久却没有信誉（表示没发生过交易），或者有信誉但是属同一个（几个）卖家给的，而且买的都是非常便宜的商品。

2. 不注重价格

骗子一般不还价，哪怕新卖家的商品价格比皇冠店或钻石店的还高。他们会表示对新卖家的商品情有独钟，甚至新卖家按照高价上架还没来得及改价格的商品，骗子都会表现出极大的兴趣。

3. 订购量大

骗子下单一般订购数量都很大，往往一上来就表示要购买几十件商品。有时他们甚至连咨询都没有，直接拍下几十件商品，然后才联系卖家发货。

4. “性子急”

骗子下单后会立即催卖家发货，有时候还会通过电话、邮件等不停轰炸，催得卖家连查看交易状态的时间都没有。卖家动作稍慢他们就会诬蔑卖家是“骗子”，指责卖家收了钱不发货。

5. 软硬兼施

卖家要是看到交易状态显示“等待买家付款”而提出异议，骗子会找系统故障等借口让卖家相信他已经付过款了。同时，骗子会以支付宝的名义给卖家发“买家已付款”的邮件。软招用过，如果卖家还不上钩，邮箱马上就会多出几封买家的“投诉”邮件；骗子会利用新手卖家不懂交易规则，而又重视信誉、害怕被投诉的心理，对其进行威逼恐吓。

6. “装嫩”

有的骗子会以自己是新手为由，仔细询问卖家购买商品的问题，让卖家教他使用拍拍或淘宝购买商品的方法；不管卖家讲得多详细，他都会进一步问，直到卖家失去耐心。此时骗子会伺机拍下商品，并给卖家发送下单信息。没有经验的卖家此时已经晕头转向，只会庆幸做成了生意，急忙发货，甚至都不会查看货款是否到账，想当然地以为“邮件已经提醒了，还是我教他的，怎么可能有错”。

二、骗子买家的骗术

1. 催促干扰

这是一个老骗术，骗子一般有两三个人，一个拍下商品，另一个不停地向卖家询问，跟卖家交谈；拍下商品的骗子不停地催促卖家赶快发货，用一个接一个的“阅读确认”来干扰卖家的思路，而且用“我付款了，快发货，要不然投诉你”之类话语对卖家进行威胁。遇到这种情况，新手往往会手忙脚乱急忙发货，等发货之后才发现上当了——对方根本没有付款。

2. 付款截图

骗子会发来“买家已付款”的截图。这个招数比较老套了，但新入行的卖家未必能识破。这个所谓的“买家已付款”的截图，不过是骗子提前用绘图软件制作出来的假的付款图片，用来迷惑新手卖家，以达到诈骗的目的。

3. 发送冒充支付宝的诈骗邮件

骗子冒充支付宝工作人员给卖家发送标明“买家已付款，等待卖家发货”的邮件。如果仔细查看，会发现这类邮件均来自一些免费信箱，如 126 邮箱、新浪邮箱、TOM 邮箱等，而支付宝是绝不会使用这类免费信箱给卖家发送邮件的。

4. 注册账号欺诈

骗子会注册账号，并取迷惑性账户名诱导卖家发货。例如，注册一个账号（ID），账户名叫“买家已经付款，等待卖家发货”“买家已通过银行卡付款，等待卖家发货”“买家已付款，您的网络有问题，请发货”等。没有经验或大意的卖家，看到这些账户名，会误以为是提示信息并发货。

5. 三角骗术（或类似 ID）

此类骗术比较隐蔽，甚至钻石卖家也会上当。骗子用 A 名字与卖家聊天，用 B 名字拍下商品并付款：A 和卖家谈好并表示马上下单，卖家很快会收到“您的商品卖出”和“买家已付款”的提示。A 马上催促卖家发货，其实是 B 下的单，A 根本没有下单，如此一来卖家就会只收一笔货款发两次货。

小水在淘宝上开了一家网店，主要经营地毯产品。他之所以选择地毯这个产品，是因为自己的家里是做地毯生意的，他对地毯的进货渠道、价格及加工工艺等方面都有一定了解。但他没想到，网店之路“机关重重”。

网店开业的第三天，就有个顾客找小水买地毯。做成第一笔生意，小水简直高兴坏了，因为他的网店刚开业，信用为零，网店页面看起来也很粗糙，换成他自己恐怕都不敢在这样的网店买东西。可他还没高兴多久，“伤心事”就来了。

有位顾客要买地毯，谈好价格后，对方按照约定给小水打了600元订金。小水接单后，就开始下料加工。然而，正当他做好地毯准备发货时，该“顾客”又在网上找到他说要退货，理由是妻子觉得颜色不合适，为了地毯的事两人吵得不可开交。

地毯卖不出去没关系，影响了别人的夫妻关系就不好了。小水心一软就把600元订金退给了对方。万万没想到的是，这个“顾客”根本不是之前交订金的顾客，而是骗子。后来小水才知道，那位顾客的网络聊天工具和账号密码被盗了，600元就这样打了水漂。

橙玉开网店后的第一单生意也被骗了，卖出去的5幅窗帘有一半不翼而飞。

刚开网店不久，橙玉遇到一位爽快的客户，订了5幅窗帘，心中暗喜，觉得自己开门见喜，刚开业就赚了几百元，橙玉赶紧做好窗帘，寄了出去。没想到，客户收到窗帘后却说尺寸不合适，要把窗帘寄回来修改。货物发回当天橙玉比较忙，没有打开包裹验货。第二天她打开一看，每幅窗帘竟然都少了一半。

橙玉马上给顾客联系询问，对方却说窗帘全部退回来了，并有邮费单据为证，橙玉寄给她的时候运费是20元，她寄回来的运费还是20元，说明东西没少。这笔生意，橙玉不仅没赚到钱，反倒亏了不少。橙玉只能吃了这个哑巴亏。

絮絮是一个大学生，她刚开网店，就被“职业差评师”敲诈了。由于自己的店铺开张不久，絮絮对自己网店的信誉非常看重。有一次，一位顾客花了25元在絮絮的店里买了一个商品。本来这是很正常的一单生意，可没想到絮絮发货几天后，对方却说对货物不满意，要给絮絮的网店打差评。对方同时开出条件：如果不想要差评，就得汇30元过去。

为了自己的网店信誉不受损，絮絮只好汇30元过去买个“平安”。后来一些经验丰富的店主告诉他，她遇到的是“职业差评师”。这些人先在网店买点小东西，然后再以差评威胁店主，敲诈店主获取利益。

三、防骗对策

新手开网店防止被骗，应特别注意以下几点：

（1）进货时，看清卖方资质，不要轻易汇款。

（2）发货前与买主确认货物数量及型号，留下有效记录；无论对方如何催促，一定要查看交易状态和支付宝管理页面，明确对方是否已经付款。

（3）遇到买主退货，尽量通过电话联系，确认对方身份。

（4）遇到“职业差评师”时不要惊慌，应及时与网站管理员取得联系。

其实说到底，防骗就是要多个心眼，多看，多思考，不要盲目做出决定。小心驶得万年船，小心开得万年店。

做好电商

第八步

8

仓储物流管理技巧

“新娘上花轿”：找个靠谱的快递

如何选择合适的快递，如何和快递谈判，成为卖家的一项重要课题。快递是联系卖家和买家的那根纽带，直接关系到店铺的DSR、评价、客户体验等。

1. 主动出击找快递

快递行业鱼龙混杂，并不是价格越便宜就越适合你，“速度第一”的快递就零缺点，广告做得响当当的快递就一定好。要知道，每家快递都有各自不同的特色，卖家需要选择对自己来说性价比最高的快递。

2. 化被动为主动

在店铺发展最初阶段，一天的发单量也许并不多，但作为新手掌柜，就已经足以手忙脚乱了。如果此时被动地等快递员上门来寻生意，而未能把握主动权，没有选对快递，争取到该有的优惠条件，就会给日后埋下隐患。

谈价格没有优势可言时要懂得主动出击，找到当地靠谱的快递分公司合作。

选择快递时不能一味看价格，需要考量快递的综合实力，如安全性、速度、服务质量等。

可以先联系片区负责人，他会派收件员登门收件，要核实快递员的上岗证，以防遇上假快递员上当受骗。

3. 电话联系要点

表明合作诚意，要自信，不要因为自己发货量小而畏缩不前，低估自己。

及时告知并坦诚说明自己的实力，如店铺信誉、平均每天多少件等，让快递员重视你这个客户。

事先了解快递公司的实力，有的放矢。

如果双方有足够诚意，有合作意向，约面谈价格和细节。

4. 几大快递基本情况

总体印象：邮政 EMS 占绝对优势，顺丰一马当先，“四通一达”（申通、圆通、中通、汇通、韵达）等紧随其后。

价格：“四通一达”价格相差不大，最便宜；其次是 EMS，顺丰最贵。

速度：E 邮宝最慢，“四通一达”速度差不多，江浙沪互发隔天到，省外 3 天；EMS 和顺丰最快，其中顺丰收件 1 小时，派件 2 小时，空运 24 小时内到。

网点：EMS 最全，覆盖全国；圆通有 5000 余个配送网点，覆盖国内 1500 余个城市；顺丰有近 4000 个营业网点，能覆盖 260 个大中城市及 1430 多个县级市或城镇。

节假日情况：顺丰 365 天不分节假日服务，春节只有顺丰和 EMS 坚持运送。此外，在北京、江浙沪、广东省等地，顺丰还有夜晚收件服务，但须多支付运费的 10%，不超过 10 元。

5. 变快递员为朋友

有经验的卖家会发现，快递员的态度和办事风格至关重要，找一个好的快递员就像找到一个贴心的好朋友一样，会省心舒服很多，这就需要用心去寻找、尽力磨合用心维系。但友好是互相的，卖家也要尊重快递员，理解他们的辛苦不易，比如帮他们倒杯水，说声谢谢，别看是微不足道的一些关心举动，都足以慰藉一颗奔波疲惫的心灵，从而获得对方的真心付出。

6. 快递员的特点

文化程度普遍不是很高。

员工不稳定，频繁跳槽，流动性大。

工作强度大，早上送件，晚上揽件，压力大，整体素质不是很高，有的快递员服务态度不是很好，责任心不够强。

7. 应对措施

和快递员的上司，如承包区的经理保持联系，让他知道你是他们公司的客户，这样即便是快递员离职，也会有新的快递员及时补充上来，并享受原有优惠，省时省力。

快递员素质参差不齐，所以不仅要选快递公司，还要选快递员，要选择办事认真负责、责任感强的快递员，这样才会把货件放心地交到对方手里。

俗话说："知己知彼，百战不殆"，要了解快递员每天的工作流程，快递员一般上下午都外出送货，只有中午会回到公司取下午的货件，如果遇到问题件、需要带多少快递单子和袋子，中午联系，执行力会很高。如果快递员在外面收件或送件，你交代的事情，他可能忙乱中遗忘掉。

与快递员日常相处要保持轻松愉悦的氛围，快递员一般都很和气友好，要多与之沟通，注重人情味，真诚相待。

8. 和快递员面谈要点

事前了解下快递员给其他卖家的报价，以及其他快递公司的价格。

一般来说，网店刚开始做，发货量有限，很多快递员不愿意跟你谈价，此时要耐心忍耐，拿出100%的诚意。建议固定选择一家快递合作，到不了的地区可以直接发EMS。但也要多方了解，以备不时之需，比如有些买家会选择快递，同时也可以降低风险。

面谈内容要详备，包括和快递员谈妥初期的价格、结算方式，约定每天揽件时间，运输丢件、破损赔偿等。和物流分公司客服联系好，有问题件直接找负责片区的客服，迅速解决疑难件、问题件。

特殊情况的处理不要掉以轻心，例如旺季，快递员都是超负荷工作，忙得不可开交，导致货件不能准时被收走，上不了飞机，压货严重；再者，为防止快递员趁忙提价。所以事先要谈好条件，约定好价格。

9. 尽量不要一直用固定的快递公司

可以根据不同时期、不同快递的运营状况，或者根据客户的需求，灵活选用不同的快递公司。现阶段的民营快递企业良莠不齐，且大部分都是采取分散的管理模式，内部管理混乱且不稳定，万一快递公司出现问题，卖家便很被动，客户也会把对快递的不满发泄到卖家身上。

10. 选取中间价位，不同地区适时改价

初始价格选择10元是最保险的，然后根据不同的地区和客户需要，对价

格进行微量的调整。

11. 合理利用淘宝自带的快递模板设置不同地区运费

淘宝本身自带运费模板，大家可以从卖家中心—物流管理—物流工具中找到运费模板，点击新增运费模板，按上面划分的不同区域，设置不同的价格。

12. 掌握技巧，合理谈判

快递行业的竞争非常激烈，大家都在抢客户。

卖家文苒曾经主动去找申通快递谈价格，但申通负责人始终不肯松口，后来文苒果断选择了费用相对较低的韵达，用了一段时间后，申通看到卖家文苒流量变大，主动找到文苒，要降价。

卖家可以合理利用此类竞争，迫使快递公司主动降价。但谈判也要讲究技巧，让它们知道你在几家快递公司之间犹豫，才会争相拉拢你。谈判要注意方式，为了使计价简便，一般采用一口价模式，省内一律 8 元，省外（不含西部偏远地区）一律 10 元，超重每公斤一律 5 元。从长远来看，要选择对自己有利的方式。

13. 主动询问客户，让客户自主选择

卖家应多储存几家快递公司的资源，让客户自主选择快递，当然自主选择不是任由客户牵着鼻子走，自主选择也是有底线的，不可能所有的快递都选择最快的快递，只能在你备用的几个公司中选择。尊重客户的同时，也让客户对你的店更加信任。如果买家没有收到东西，要主动和买家以及物流公司联系，搞清楚状况。遇到特殊情况，可以在保留找物流索赔的同时，给买家再发一次货。尽量做到让买家满意。物流是销售的最后一环，但也是最重要的一环，因此，卖家尽量不要在物流环节出现问题。只有把买家的需要摆在第一位，耐心沟通，才能得到买家的信任与好评。

发货服务透商机

很多人认为发货毫无技术含量，实在太简单了，就是打好发货包，联系好物流，谈好价格，取货或送货，然后完成发货。然而当堆积如山的货物摆在面前时，才恍然明白，原来发货也是需要技巧的，如何有效迅速且合理地发货是一门学问，更是一本商经。发货看似简单，其实里面不仅有很多管理知识，更蕴含着诸多商机！

下面就从服务流开始向大家细细阐述发货的一些经验和方法。

一、同客户进行发货前沟通

1. 客户付款成功后

复制对方收货地址、收货人、电话和所订购的商品等信息给买家确认，确认收件地址、人名、电话和商品等是完善的收件信息。经过客户认可后，便于解决发货过程中可能出现的问题，也体现出卖家的细心与专业，便于买家完善或更改信息，再次确定产品，这是确保收发件准确的基础条件。

比较专业的做法是用 ERP 管理软件，所有的信息都会在系统中统计出来。最简单的办法是把客户各方面的信息记录在 Excel 表格中以备后用。

2. 最好在当日内完成发货

客户确认收件信息之后，最好当日内完成发货。完成发件后告知对方发件时间、发货单号和查询方法，以便让客户安心，更便于客户自己查询货物，随时了解货物情况。商品被物流取走后，一定要通知客户，并告知详尽内容。这是对客户的一种尊重，更是对自己高水平网络营销服务的一种展示。

专业的做法是对客户及时进行信息提示：经您确认地址、用户名、联系方式、商品和货运方式，货物已经发出，发货单据号如下，如您要查询货物情况，可致电或登录网站查询。如货物有问题请再联系我们，祝您工作顺利，万事如意！

千万别让对方一付款就被冷落。可发送提示：您需要的商品正在包装，请您稍候！让客户知道你在积极地发货。一般客户都是通情达理的，这样做不仅可以避免让客户产生人走茶凉的感觉，也是巧拉回头客常用的技巧之一。

有的卖家特别幽默，发出来的提醒短信让人忍俊不禁，不仅拉近了彼此的距离，还能让顾客瞬间记住卖家，如下面这几种风格：

亲，您在某店订购的商品被××镖局带走了，镖号是×××××××，如果不出现劫匪，3～5天送到，请注意查收。

亲，您购买的军粮已于今日登上诺亚方舟××号，船票编号×××××，如航班延误，请及时联系我们。

启禀公主（殿下），您指定的贡品，我们已经派专人快马加鞭给您送过去了，还望您笑纳，赐好评！小的们将感激不尽！

3. 快递单也有玄机

快递单是客户同卖家现实交往的第一面，是两个人互相的第一印象，是重中之重。想必大家对医院医生就诊单上的狂草字迹都深有感触，头疼不已，同样，一张模糊不清、字迹潦草看不明白的快递单据会给人一种敷衍的感觉，而一张打印整齐，价位明了的快递单，使人一目了然，好感倍增，随着第一印象的良好建立，包装精致的包裹被打开，首先看到卖家的友情提示，盒子里商品摆放整齐，从头到尾清清爽爽，亲切无比，一下就拉近了与客户之间的距离，再回想在网上沟通中的热情服务，这就是细心周到、专业认真的营销态度。对这样的卖家，还愁没回头客吗？

巧妙利用网店管理工具，其中加入 EMS、平邮、申通等各类物流的信息和价格计算方法，可以通过网店下载客户信息功能或者通过导入 Excel 表格功能，直接打印快递单子，这样会大大加速打单发货效率。

4. 妥善保管发货底单

无论是通过邮局发货，还是快递公司发货，或者是选择其他物流托运公司，发货后，卖家一定要妥善保管好发货凭证，遇到没有收到货投诉时，可以出示发货凭据。如果丢失了发货凭据，任凭你说得天花乱坠，便也无可奈何。

避免顾客查询订单，你可以主动把底单/流水号发给顾客。顾客一般都很心急，下了订单后，希望能够尽快收到商品。如果他们发现自己汇款后，几天了还没收到货，很多顾客就会质问你货物运送的详情。因此，卖家需要在发货后，将发货凭证（快递发货有快递公司发货底单，邮寄发货有邮局的发货凭证）扫描后以 E－mail 附件的形式发给顾客。让顾客放心。

5. 在店铺里注明电话服务时间

有的顾客会通过打电话的方式向卖家咨询问题，顾客之所以这样做是为了解除心中的疑虑，担心店铺的真实性，害怕付款后卖家不发货，所以会尝试着

拨通电话。如果你的店铺是正规公司运作或有专门的客服人员为客户服务，自然不用担心什么。

但如果是你一个人做网店的话，最好注明能接听电话的时间，譬如工作日的早9点至晚10点。因为当客户打来电话时，如果你在忙其他事情，或者在睡觉、开会等而无法接听电话，顾客就会认为你的店铺信誉有问题，很可能就打消了在你店铺购买商品的念头。

6. E－mail 在8小时内回复

对顾客的E－mail一定要做到第一时间回复，最迟不要超过8个小时。如果你经营了一段网上商店一定会有这样的感觉：对待顾客投诉或咨询的E－mail，如果不做到第一时间回复，很可能你自己就会忘记。很多人在经营网上商店的初期就尝到过这样的苦果：只是因为晚回复了顾客E－mail几个小时，顾客就在其他地方订购了商品，凭白损失了一笔订单。

7. 发货时间要掌握好

各家物流公司集中走件的时间不同，作为卖家一定要做到心中有数，从而做到准确无误地掌握时间，灵活安排走件。可以准确告知客户，应对质疑，千万别一问三不知。不要告知客户物件到达的确切时间，货物转交物流后，很多情况我们很难掌控，有些情况甚至物流公司也无法确定，如天气、路况情况等。因此，答复客户货物到达时间时，只能按照常规经验来判断，如平邮7～15天、快递大概3天等，通知其大概到货时间即可。

8. 制作常用提示型语言作为快捷语言

在发货提示结束之后加送一条“再次感谢您的选购，如我们的服务可以使您满意，请收藏本店铺，对此我们表示万分感谢”“您需要的商品正在包装，在本次邮资范围内还可以搭配一些其他商品，从而节省费用，如果您有空，可以再次浏览本店，或许还有您喜欢的商品，谢谢”等。

很多顾客会使用货到付款的发货方式，但是往往因为卖家和买家没有确定好收货地址或时间，而使快递公司白跑一趟，无端增加了你的配送费用。对于货到付款的买家，我们要在收到订单后，第一时间给对方打个电话，与其确定收货时间和地点，以及应付金额。

9. 接到顾客投诉电话后，应给顾客以放心答复

顾客打来投诉电话，一定事出有因。接到了这种电话，应该根据顾客的投诉问题，给予顾客放心的答复。说明解决这个问题的时间，可以这样在电话里回答顾客：“您好，您的投诉问题，我已经了解，我会咨询下相关部门，在5分钟内给你打电话，告诉你解决方法。”或者说：“你说的货品质量问题，我已经知道，质量缺陷的细节我也已经记录下来，我会查一下发货的情况，在今天下班前给你答复。”

千万不要在接到顾客投诉电话的第一时间就与顾客去争论辩解，这样顾客会觉得你在推卸责任，会给顾客留下一种不负责任的印象，这样的话，会使情况更加糟糕。

我们在经营网店过程中要充分开动脑筋，总结出规律，抓住小窍门并运用于实际当中。这样不仅可以大大提高工作效率，减少错误，减少资金投入，还可以巧妙地向外展示自己的营销魅力！

物流是电商的命脉

"工欲善其事，必先利其器"，尤其是在号称战场的地方，战略物资的准备，往往能够对战局胜负产生逆转性的改变，如曹操烧乌巢。

兵法有云："三军未动，粮草先行。"仓储自古以来就是一场战争、一个国家的重中之重。就算是当代社会，国家的储备也是一国之根本，企业的仓储也是命脉之所在！对于电商而言，货源渠道和物流渠道就是平台的"粮仓"和"粮道"，打造好这两种战略物资的准备尤为重要，这也为物流行业提供了一个重要的发展契机。

据悉，淘宝将投资千亿元建设自主仓储物流系统，届时，阿里巴巴旗下的电商网站上的物流，能够保证在三天内到货。这极大地提升了购买的速度，也能够保障商品在运输过程中的安全。而当当、凡客诚品、卓越也纷纷计划建立自己的物流系统，京东也准备投入百亿元，用于建立旗下的物流系统。那么为什么这么多的著名电商平台都要建立属于自己的物流系统？

物流是每一个电子商务平台都必须面对的重要环节，顾客对网络购物产生第一印象完全来自物流，第一印象的重要程度可能会超过商品本身。因为如果拖上一周甚至更久商品才送到，即使商品再好，顾客的好感也会大打折扣，特别是食品类等保质期短的商品。

由于毛利率提升空间有限，物流等运营费用开销巨大，所以电子商务注定是个微利的行业，电商网站无一例外面临这些问题的困扰。

物流中心每天都有大量货品进进出出，仓库内的管理相当复杂。用户选购行为是随机的，进入仓库的商品，必须按照划分好的货架位置分别存放。为保证不同地区的用户都能尽可能快地收到各类商品，每间仓库都要存放尽可能齐全的 SKU。在 100 万平方英尺的仓库中找一件小商品并非易事，要提高拣货员拣货效率，就需要将物流和信息流结合在一起，通过信息化手段对货品及运输信息进行集中管理。

订单生成后，难免遇到某些商品在附近仓库缺货、无货的情况，这就需要从其他仓库发货，然后进行“拼单”处理。此外，由于部分商品会发生退换货，商品可能二次进出仓库。如果没有强大的 IT 系统集中控制货品信息，将加重物流成本负担。

那么，从小仓库到大仓库的建设管理的流程是什么？

先来说说小仓建设，就是我们一般的小淘宝店的仓储物流建设管理！

一个网络店铺，从开店就要开始筹备产品，把产品放到仓库等待出售，是很多店铺的惯常做法。下面就以服装为例进行具体阐述。

一、仓储篇

1. 仓库准备工作

首先要统计款式，预估库存量，这样就知道选择多大的仓库。其次要考虑仓库的布局：一般仓库可以通风、干燥、价格便宜、方便推车进出为主。最后是货架货箱的选择，小的仓库如果产品很少，可以选择货箱，每个货箱放一款衣服的几个颜色，最好用绳子捆牢，打活结以方便取用，货箱外面要贴上标

签，把衣服的颜色、尺码库存量都一一统计好，拿出一件就及时清除信息，这样也方便统计。

货架一般有木架和铁架，木架因为成本较高、稳定性不强，已逐渐被淘汰，铁架方便组装、牢固结实，现在很多仓库都在使用。因为普通房屋高度限制，铁架一个货架一般分为4～5层，也有多层的一般放在厂房，每层货架又分为多个格子，每个格子上面放上一款衣服，每件衣服的颜色和编码都要统计，记录在货架标签上，每个货架一个标号，如A、B、C这样分开货架，便于统计和输入软件，一般的货架标注货架号+产品的货号。例如，A（货架号）+2（货架层号）+HY568（产品货号）=A2HY568，这样就知道这件衣服是在A货架的2层，方便理货员查找。

2. 产品入库

一个小店如果没有仓储软件，可以自己制作一个表格，产品入库多少，出库多少，每个颜色、尺码都要统计好，每天出入库核对一下表格。

大一点的仓库都要用仓储软件，一般都有一个很好的进出库管理，只要你进库、出库时记得加减就好。一般用了仓储软件，要编辑一个属于自己的二维码，把产品的货架号放入二维码中，在入库时候统计好这个产品的位置，在出库时候只要一扫二维码就能快速知道这件产品所在的货架、剩余多少。

3. 人员配置

小仓库都是由店主自己管理；大仓库配置仓管一名、理货员两名、服装后道一名，服装后道承担服装的检测、换标、除线头和修正的工作！当然仓库越大，人员越多，管理越细化，如唯品会仓储里面就有入库、检测、分拣、上架、商家沟通及出库等诸多环节。

4. 仓库的日常维护

除了出入库，仓库人员常做的工作还有：

（1）每天仓管人员都要核对库存量，并将统计报告交给运营总监。

（2）退换货的入库和检查修整，一般退回来的货，先是放在一个专用的货架上，由后道人员维修、包装后，才能重新入库。

（3）仓库的清洁卫生，要注意防潮、防鼠和防虫等。经常检查产品，有些易变质的衣服要重点观察，不要捆扎太紧等。

（4）进行安全监察、消防监察、电线电灯等检查，预防仓库灾害的发生。

（5）仓库软件的管理、操作和维护，要经常检查，做好存储。

二、小店铺的物流

1. 准备工作

一般小的店铺都是和物流公司合作。要先看一下自己店铺周边有多少家物流公司，最好是一家家登门去谈，要有耐心有决心，要一份报价表格和服务区域，根据自己的产品重量，预估一下自己常运输的地域范围，然后选定一家快递公司合作。最好不要选择太多快递公司，不然每家快递的业务量太少，影响合作；也不要锱铢必较，在乎相差一点的邮费，要知道速度服务也很重要。

当店铺做大之后，可以增加一两家快递，尽量选择口碑较好的。

货到付款时，签约公司很重要，代收账款一定要签好合同，查看它们的手续费和结账周期。结账周期不要太长，否则会很久收不到款。

做活动时，因为很多商品都包邮，所以最好选择网点多价格便宜的物流。一般大型活动时，最好提前和物流公司谈好，从价格上争取优惠，还可以让物

流公司准备好不至于爆仓。

大的卖家都有承包当地一个快递的做法，但是现在很多大的快递公司网点越来越难承包，可以选择几个卖家一起承包。

江浙沪随着人工成本的升高，现在物流费用基本都很高，而湖北、河南、湖南等地物流费用相对比较便宜一些，是卖家可以考虑的方向。

2. 物流人员配置

打单员一名，分箱员一名，配货员一名，查货员一名，封箱员一名，分类员一名。

3. 操作流程

打单员打好单子，分箱员根据单子找到不同的包装箱，然后把单子放进箱子，配货员从仓库接到货放入箱子把礼品分好，放入箱子，查货员检查一遍，封箱员封好箱子，然后分类员对快递按不同区域、不同快递公司进行分类。

当快递人员填好单子，要进行统计、分类，并进行核对，然后和仓储人员核对好后装箱。

一般快递底单都需要分箱装配，使于查找核实。

随着电商的不断发展，仓储和物流越来越重要，因此建立一个好的仓储物流机制，越来越受到大家关注！及时培养物流人才，把仓储物流当作公司一个重要环节，会给公司发展带来很大帮助。

庞大的客户群，相应也加大了订单量，给电子商务带来更多的机会与挑战。对于未来电商物流的发展，要在自营、开放上不断地完善服务目标——盈利、高效、快速反应、灵活、可追踪、有效及用户体验。

物流在电子商务中不可替代，而且随着网络带宽、安全技术及网上银行的不断完善，信息流和资金流已经不再是 B2C 电子商务的主要瓶颈，问题的关键逐渐转移到配送环节。

电商网站走入自建物流通道，物流已成电商发展命脉。同时，物流系统本身就具有很强的赚钱效应，目前的物流巨头无不是世界五百强企业，如国际快递四大巨头美国联邦快递集团（FEDEX）、美国联合包裹运送服务公司（UPS）、德国敦豪国际公司（DHL）和荷兰天地公司（TNT）等。这些企业每年都拥有巨大的利润，这也是吸引众多电商平台参与物流建设的根本原因，毕竟依靠线上的巨大交易量，很容易就能够满足自己物流系统的需求，如果电商平台自建物流系统还有充足的运力，那么自然就会涉及传统的物流行业，从而实现物流方面的垄断，这无疑将成为这些电商平台的第二利润增长点。

电商平台在投巨资圈地建立仓储系统的时候，这些土地有着无限的升值空间，这自然也是众多电商平台建设物流系统的另一个重要原因！

电商平台因为自身发展的需求，要开始建设物流系统，另外，物流系统的巨大的商业价值，也促使这些电商平台投入巨资进入这个行业。未来，电商网站将进入到巨资投入的行列，如果少了资金，想要从电子商务中分一杯羹将难如登天，除非是一些垂直行业类的电商网站和传统线下的独立物流公司合作，从而打造自己的物流系统，这样才能够在未来的电子商务竞争中立于不败之地。

把好仓库管理这一关

现代企业的仓库已成为企业的物流中心。过去，仓库被看成一个无附加价值的成本中心，而现在仓库不仅被看成形成附加价值过程中的一部分，还被看成企业成功经营的一个关键因素。仓库被企业作为连接供应方和需求方的“桥梁”。

从供应方的角度来看，作为流通中心的仓库从事有效率的流通加工、库存管理、运输和配送等活动。

从需求方的角度来看，作为流通中心的仓库必须以最大的灵活性和及时性满足各种类顾客的需要。因此，对于企业来说，仓储管理意义重大。企业在注重效益，不断挖掘与开发自己的竞争能力的同时，已经越来越注意到仓储合理管理的重要性。精准的仓储管理能够有效控制和降低流通和库存成本，是企业保持优势的关键助力与保证。

物流中的仓库功能已经从单纯的物资存储保管，发展到物资的接收、分类、计量、包装、分拣、配送、存盘等。

一、商品入库管理流程

（1）采购部下订单时应该认真审核库存数量，做到以销定进。

（2）采购部审核订单时，应根据公司实际情况，核定进货数，杜绝出现库存积压、滞销等情况。

（3）订单录入后，采购部通知供货商送货时间，并及时通知仓库。

（4）当商品从厂家运抵至仓库时，收货员必须严格认真检查商品外包装是否完好，若出现破损、原装短少、临近有效期等情况，收货人必须拒绝收货，并及时上报采购部；若因收货员未及时对商品进行检查，出现的破损、原装短少、临近有效期所造成的经济损失由该收货员承担。

（5）确定商品外包装完好后，收货员必须依照相关单据，如订单、随货同行联，对进货商品品名、等级、数量、规格、金额、单价、效期进行核实，核实正确后方可入库保管；若单据与商品实物不相符，应及时上报采购部；若进货商品未经核对入库，发生货单不相符，由该收货人承担因此造成的损失。

（6）入库商品在搬运过程中，应按照商品外包装上的标识进行搬运；在堆码时，应按照仓库管理堆放距离要求、先进先出的原则进行。若未按规定进行操作，因此造成的商品损坏由收货人承担。

（7）入库商品明细必须由收货员和仓库流程员核对签字认可，做到账货相符。商品验收无误后，仓库管理流程员依据验收单及时记账，详细记录商品的名称、数量、规格、入库时间、单证号码、验收情况、存货单位等，做到账货相符。若不按照该制度执行验收，造成的经济损失由仓库管理流程员承担。

（8）按收货仓库管理流程进行单据流转时，每个环节不得超出一个工作日。

二、商品出库管理流程

（1）业务部开具出库单或调拨单，或者采购部开具退货单，单据上应该注明产地、规格、数量等。

（2）仓库收到以上单据后，在对出库商品进行实物明细点验时，必须认真清点核对准确、无误，方可签字认可出库，否则造成的经济损失由当事人承担。

（3）出库要分清实物负责人和承运者的责任，在商品出库时双方应认真清点核对出库商品的品名、数量、规格等，以及外包装完好情况，办清交接手续。若出库后发生货损等情况，责任由承运者承担。

（4）商品出库后仓库管理流程员应在当日根据正式出库凭证销账并清点货品结余数，做到账货相符。

（5）按出货仓库管理流程进行单据流转时，每个环节不得超出一个工作日。

三、仓库管理流程图

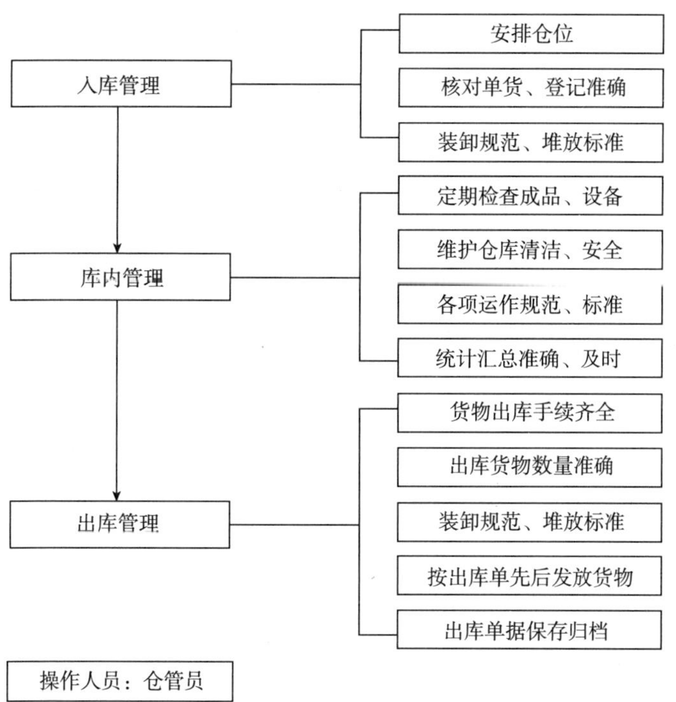

四、仓储管理流程制度

（1）商品堆码要科学、标准，符合安全第一、进出方便、节约仓容的原则。仓间的面积要合理规划，干道、支道要画线，垛位标志要明显，要编顺序号。

（2）合理安排货位，商品分类存放。商品入库验收后，要根据商品的性能、特点和保管要求，安排适宜的存储场所，做到分区、分库、分类存放和管理。

（3）在同一仓间存放的商品，必须性能不抵触，养护措施一致，灭火方法相同。严禁将互相抵触、污染、串味的商品与养护措施和灭火方法不同的商品存放在一起。仓库不能存放危险品、毒品和放射性物品。

（4）入库商品进行验收，建仓库明细账、效期管理账并进行分类仓库管理。

（5）经常检查商品，存放时间长、已损坏的商品要及时上报相关部门进行处理。

（6）商品进库及出库时间必须遵循先进先出的原则，否则造成的过期等经济损失必须由仓库管理流程员承担。

（7）仓库中存放的商品还应注意防火、防盗、防潮、防鼠等工作，否则造成的经济损失必须由责任人承担。

五、商品借出仓库管理流程

（1）因工作需要或结算等特殊原因，须向仓库借出商品时，必须由经手人写出借货申请，明确归还或结算时间后，经业务部经理签字认可方可借出。

（2）仓库管理员接到申请后，清点核实所借商品的品名、数量、规格、单

价、金额等相关内容，并让借货人签字认可货物正确及完好，方可借出。仓库管理员必须根据借货申请表在账面上进行备注。

（3）借出的货品必须在约定时间内归还或结算。

（4）借出的货品不得跨月结算或归还。

（5）货物归还时，仓库管理员必须根据借货申请表对所借出商品进行清点和核查，须与借货明细相符且商品无损坏方能入库销账，若发生商品短少或损坏，则由借货方按照相关规定进行赔偿。

六、仓储管理的注意事项

（1）库存商品要进行定位管理，其含义与商品配置图表的设计相似，即将不同的商品按分类、分区管理的原则来存放，并用货架放置。

（2）区位确定后应制作一张配置图，贴在仓库入口处，以便于存取。小量储存区应尽量固定位置，整箱储存区则可弹性运用。若储存空间太小或属冷冻（藏）库，也可以不固定位置而弹性运用。

（3）储存商品不可直接与地面接触。一是为了避免潮湿；二是遵守生鲜、仪器存储新规定；三是为了堆放整齐。

（4）要注意仓储区的温湿度，保持通风良好，干燥、不潮湿。

（5）仓库内要设有防水、防火、防盗等设施，以保证商品安全。

（6）商品储存货架应设置存货卡，商品进出要注意先进先出的原则。也可采取色彩管理法，如每周或每月使用不同颜色的标签，以明显识别进货的日期。

（7）仓库管理人员要与订货人员及时进行沟通，以便到货的存放。此外，还要适时提出存货不足的预警通知，以防缺货。

（8）仓储存取货原则上应随到随存、随需随取，但考虑到效率与安全，有必要制定作业时间规定。

（9）商品进出库要做好登记工作，以便明确保管责任。但有些商品（如冷冻、冷藏商品）为讲究时效，也采取卖场存货与库房存货合一的做法。

（10）仓库要注意门禁管理，不得随便入内。

跑马圈地，仓储物流最紧要

最近几年电子商务的发展如火如荼，发展速度越来越快。网络购物成为推动电子商务市场发展的一股重要力量。电子商务的快速发展，其配套设施服务也需跟上，而其中最重要的非仓储、配送等物流服务莫属。电子商务间的竞争，最终转变为后端物流之争，谁的物流服务好，谁就能赢得更多客户。与传统零售相比，电子商务对仓储配送物流的依赖度高达60%。电商物流主要分仓储、配送两大环节，其中，配送环节目前绝大多数还是依赖于现有的快递公司，仓储环节则主要负责按照客户订单从仓库里拣选正确数量的正确商品进行打包，然后交接给配送团队进行配送。如何提高电商物流服务？如何赢取更多客户？对电商公司而言，如何在仓储与物流上做到完善至关重要。

京东 CEO 刘强东说，京东的仓储和物流就是其核心竞争力！现在的各大电商无不开始在仓储物流领域跑马圈地！电商平台盈利能力虽然不可小觑，可是在巨大的盈利背后，物流危机已经不知不觉地存在，物流将成为电商网站发展的命脉。

物流与电商是血肉相依的关系，遍布全国乃至世界的快递脉络将电子商务的商品送达每个消费者，犹如人体的血管不停运送养分一样，没有物流的支持，电子商务平台就无法运作。同样，如果没有电子商务，特别是B2C、C2C等，物流产业也不会发展得如此迅速。

一、仓储篇

传统的仓储，重点在储存而非流通，在于对货物的安全保存。而电子商务的通过式仓储，本质上是“分拣中心+临时仓储”，核心的KPI是流转效果与效率。业内水平较高的公司（一般是韩资或日资公司，但收费较高，平均出库成本在15元左右）能做到周转期22天左右，出错率在5‰~8‰。

通过式仓储的运营效率完全取决于仓储的短板，如人员素质，或系统易用性，或仓库硬件（楼层、月台、柱距、门数）。一般来说，需要注意以下几点。

1. 选址

除非您每天的出库量永远在500单以下，否则自建仓储势在必行，首当其冲的问题就是选址。仓储选址一般需要考虑2年左右的余量，也就是说2~3年内不用换地方。一般而言，只要不是超大超重的商品，日出库500单应该选择500平方米的仓库，1000单就选1000平方米的，以此类推，只少不多。

如果日出库5000单以上，那么选址就变得极为考究：仓库最好只有1层，有30米以上的双月台使出入库分开，室内柱子越少越好，要硬质地坪（高标号水泥+金刚砂）或者环氧地坪，窗子要够高以防盗，房顶做过隔热层，当地电信能给装上高速宽带且价格合理，最好在通过式物流中心集中的地方，便于招募性价比高的员工。

2. 团队

在日出库少于1000单时，系统的重要性远不如大家想象得那么重要，10

来个人左右的成熟团队，依托一个简单的稳定系统（含条形码、出入库、退换货等基本功能），出错率稳定在8‰毫无问题。

仓储团队是一个非常强调现场规范操作的团队，日清日高的目标、明确的操作指示是仓储团队的灵魂所在。成熟的团队，3个人可以搞定300单以下的出货量，简单系统下出错率不超过0.1%。

判断仓储团队的优劣其实非常简单，看细节就可以，优质的仓储团队的工作效果是这样的：所有货物都在架上或者托盘上，哪怕刚刚入库，都不会随便堆积在地上；陈列架上的货物，都有防尘措施，特别是有毛绒表面的商品；所有货物如果整箱拆开后没有单个外包装，都要套上外包装再放入外箱；对库位非常熟悉，指哪打哪；所有货物转移，通过转运车而不是在地上拖拉甚至用脚踢；商品条形码完整，包括品牌、商品名、规格、商家货号等完整信息；无论订单数量多少，当日订单当日发出，除非在缺货的情况下，才适当推延；地面清洁，每天定时定人打扫；能及时反馈缺货信息给相关部门。

3. 系统

因为商品的特点千差万别，B2C的增值服务也大相径庭，所以每家做出来的系统都不一样。

卓越当属业界最好的仓储系统，其平行仓与动态库位最为神奇，对操作人员的要求也降到了最低：入库无须寻找指定仓库与库位，哪里有空往哪里放；拣货跟着转运车的指示走，到地方核对条形码无误即可。除了固定资产投资超大之外，出仓成本极低，即使算上非书籍类商品的外箱，也不会超过3元，不到业内水平的50%。

市面上的第三方系统其实大都不是WMS（WMS是仓库管理系统的英文简称），而是ERP，它只能被动地记录每个节点发生的数字变动，不能跟踪每一个动作。真正的WMS，在仓库里面是C/S结构（客户机和服务器结构，它是软件系统体系结构，通过它可以充分利用两端硬件环境的优势，将任务合理分配到Client端和Server端来实现），禁用扫描枪和打印机以外的其他任何设备，没有输出接口，每个动作都予以固化，强制使用系统记录，对每个操作人员有完整的日志记录。更高级的WMS甚至配有RFID（是一种非接触式的自动识别技术，它通过射频信号自动识别目标对象并获取相关数据）技术，每件货物和人员的移动轨迹均记录在案，可谓滴水不漏。

总之，电子商务通过式仓储，是一门现场管理的科学，更多依赖人员素质而非系统，特别是在单量较小的情况下。

二、物流篇

随着电子商务如火如荼的发展，物流的重要性更加凸显。电子商务作为一新兴的商务活动，为物流创造了虚拟的运动空间。可以通过各种组合方式，寻求物流的合理化，使商品实体在实际的运动过程中，达到效率最高、费用最省、距离最短、时间最少的功能。然而，中国的电子商务物流市场却陷入一个怪圈，一方面各大快递的加盟商为求总部返点，低于成本价疯狂揽件；另一方面各大快递总部普遍处于微利或者亏损的边缘却无力提价。

国内绝大部分快递物流企业良莠不齐，很多快递企业从低端市场起步，依靠网点加盟迅速扩张，形成规模，但对终端控制力极弱，也就意味着无法依赖各类增值服务提升盈利水平。盈利能力差，人力成本又在快速上升，持续亏损将成为必然。在此情形下，快递企业必然走向并购时代，随后进入寡头时代。此后，各大快递承运人的服务质量和价格水平必将趋于一致。

电子商务企业的物流战略路径主要包括以下三种。

（1）巨型 B2C：10 亿元销售额以上，一般是平台型 B2C。

达到此级别的电子商务企业，实力雄厚，自建仓储物流服务团队当然不在话下，也势在必行。众所周知，用户数据是所有 B2C 的核心资源，犹如军队之于国家，重要性不言而喻，只有牢牢捏在手心里，夜里才睡得安稳；再者，现如今网购用户期望值越来越高，当前快递企业明显已经无法满足；而自身有足够的物动量规模将仓储物流成本至少拉低到行业平均水平，无论是出仓成本还是每单运费。

京东、卓越、Vancl 就是此类 B2C 的代表。京东 2010 年在仓储物流领域发力频频，跑马圈地，一掷千金。卓越在系统和分仓方面持续保持投入，其先进的电商仓储管理系统，大大降低了其出库成本。

（2）中型 B2C：1 亿 ~ 10 亿元，一般是垂直型 B2C。

达到此能力的企业，自建仓储已是必然，虽然自建全套物流团队成本较大，也不合算，不过可以通过系统做好物流资源整合，延伸物流线，实现开箱验货试穿、半退等增值服务，提升用户体验。

在这方面的佼佼者当属麦考林。麦考林的基本物流策略是：全国分仓打包 + 点对点干线物流外包 + 城市/县指定配送团队。这种星状结构优势明显：在各地选择本地的优势物流团队，终端控制力强，包裹换手率比较低，损耗比较小，COD 回款速度也较快，即便是有纠纷也不会被快递承运人挟持。

民营快递公司深圳东道速递有限公司（以下简称 DDS）就是一个典型的例子。DDS 在业界素有“低价杀手”之称。DDS 白手起家，从 300 元、3 个人、1 间房做起，经过 12 年的艰苦奋斗，于 2009 年达到巅峰，发展成为在全国自建网络近 2000 个、员工 12000 多名、汽车 2400 多辆的公司，日均收件量最多时达 20 多万件的快递公司。然而，DDS 快递公司因拖欠商户货款和员工工资，致使深圳、广州、东莞、佛山等城市相继发生商户、员工聚集讨债、讨薪事件。2009年底DDS在长三角地区发起的第三轮“华东战役”再次遭遇失败，因快速扩张导致资金链断裂，进一步导致了公司业务的大崩溃。2010年1月22日，全国各地DDS全面停业。DDS的倒闭再次宣告了快递业低价竞争局面难以为继。

由此可见，此路径目前问题是用户资料时有泄露，如何做得更好，可能还是需要通过手持设备和面单印刷的技术革新来解决。

（3）小型B2C：1亿元以下，一般是各渠道品牌或商品品牌的电子商务平台。

此类企业，一般都有自己的仓储体系。一般来说，与其改造传统仓储，还不如新建通过式仓储。改造传统仓储更加费时费力，仓储还是新建的好，如果预算少，可以选择先建个小一点的。

物流系统已经成为电商平台发展的瓶颈，电子商务网站的根本问题就是物流的顺畅，线上交易、线下物流，没有稳定的物流系统，电子商务网站便很难吸引用户。因此为了提升电商网站的交易额，自建物流系统已成为必然趋势，如果少了这个渠道，其吸引力自然要大打折扣！

物流决定了商品能否以较快的速度送达用户手中，决定了暂缺商品能否尽快补货，决定着供应链资源配置效率能否实现最大化。物流之于电子商务，一方面是用户体验的保证，另一方面则是供应链效率提升的前提。

物流公司：百花齐放，各有千秋

随着我国经济的快速发展和互联网的迅速普及流行，越来越多的人选择了在网上进行购物，快递业如雨后春笋般涌现出来。而目前我国快递业企业分为四类：第一类是外资快递企业，包括联邦快递（FEDEX）、敦豪（DHL）、天地快运（TNT）、联合包裹（UPS）、高保物流（GLEX）等，外资快递企业具有丰富的经验、实力雄厚，资金充足，拥有发达的全球网络，在市场竞争中占据优势；第二类是国有快递企业，包括中国邮政（EMS）、民航快递（CAE）、中铁快运（CRE）等，国有快递企业凭借其雄厚的背景优势、遍及各地的完善国内网络而在国内快递市场中遥遥领先，令很多快递企业望其项背，可望而不可即；第三类是大型民营快递企业，包括顺丰速运、宅急送、中通快递、韵达快递等，大型民营快递企业，稳准狠，敢拼敢干，强调速度和效益，注重服务品质，很快地打开了自己的市场，它们往往在局部市场站稳脚跟后，迅速向全国扩张。第四类是小型民营快递企业，这类企业规模小，船小好掉头，选项自由，经营灵活，但管理比较混乱，其主要经营特定区域的同城快递和省内快递业务。

国际快递公司在全球各有优势。FEDEX 和 UPS 的强项是美洲线路、日本线路；TNT 在欧洲和西亚、中东有绝对优势；89DHL 则是在日本、东南亚、澳洲有优势。当然，这些优势也往往反映在它们的价格上，每一家的优势线路都要比另外三家都要便宜，而且十分有保障。国际其他知名快递公司在其本土线路上，也有着别家快递公司所不及的优势，如佐川急便的日本线路，顺丰的中国香港线路。

一、国际快递

1. 国际 EMS（Express Mail Service）

价格是公布价的 4 折左右，3 ~ 7 个工作日到达。

优点：折扣低，价格方面比较优惠。，不计体积重量，任何体积的货物都按照重量计算。500 克以下的物品可以按文件价格计算。可以当天收货，当天操作，当天上网，清关能力强。可以寄的东西比较广，能运送出关的物品很多，其他公司限制运送的物品它都能运送，包括一些名牌的仿包、箱、服装、鞋子、液体、粉末、食品、电池、光碟、保健品、化妆品等，各种礼品以及各种特殊商品等。

缺点：时效不是很稳定，速度偏慢，查询网站信息滞后，通达国家较少，一旦出现问题只能做书面查询，时间较长。单件不能超过 30 公斤，而且没有大货价格（21 公斤以上为大货）。

2. 联邦快递（FEDEX）

联邦快递是全球最具规模的快递运输公司之一，为全球超过 220 个国家及地区提供快捷、可靠的快递服务。适合寄送贵重物品和对时效要求高的用户。价格是公布价的 8 折左右（含燃油费），正常情况下 2 ~ 4 个工作日到达。到中南美洲的价格和到欧洲的价格一致，而其他公司则是报价最贵的一区，公布价

格相差30%～40%。

优点：优质、高效。网络覆盖全，拥有全球50000多个投递地点。网站信息更新快，提供即时包裹追踪服务，查询响应快。

缺点：联邦快递国内限时，折扣比同类快递公司高15%左右，体积重量超过实际重量时按体积重量计算，对所运物品限制较多。

总体评价：整体服务质量是全部快递公司中最好的。国内网点相对顺丰较少，但包裹的安全性更高。跟踪反馈信息快。一个包裹通常要经过15～20次扫描，只要包裹在联邦快递控制区域内，可以在最短时间内找到。

3. DHL

价格是公布价的6.5折左右（含燃油费），正常情况下2～4个工作日到达。

优点：网点全，派送网络遍布世界各地；速度比较快，到欧洲只需3个工作日，到东南亚地区只需2个工作日，查询网站货物状态更新及时，遇到问题能够快速解决。21公斤以上的物品更有单独的大货价格，部分地区大货价格比国际EMS还要低，很节省费用。

缺点：对所托运的物品限制比较多，拒收许多特殊商品。且小货折扣高，比国际EMS费用高20%～30%左右，体积重量大于实际重量时按照体积重量计算费用。

4. TNT

TNT是荷兰最大的快递公司，在西欧国家的清关能力比较强。

价格是公布价的7折左右（含燃油费），2～4个工作日到达。

优点：清关能力超强。速度较快，到西欧只需3个工作日，网络覆盖比较全，查询网站信息更新快，遇到问题响应及时。如果需要发一些比较重要的货物，又要时间快，通关力强，但又不怕贵的话，可以选择 TNT。

缺点：价格方面比较贵。在四大国际快递巨头中相对实力比较弱，对所运货物有诸多限制。

5. UPS 联合包裹（United Parcel Service）

UPS 是世界最大的快递公司。价格是公布价的 6.5 折左右（含燃油费），正常情况下 2 ~4 个工作日到达。

优点：专业性强，速度快，到美国只需 48 小时，全世界 200 多个国家和地区都有网络，查询网站信息更新快，遇到问题解决及时。

缺点：折扣高，体积重量大于实际重量时按体积重量计算，对受理物品限制比较多。

二、国有快递企业

1. 中国邮政

中国邮政拥有国内最大的实物传递网络，6 万多个服务网点遍布城乡，有 10 余万人的投递大军，多年的积累积淀与悠久的传统历史，使得他们与老百姓有着天然的亲和力，可信度强，在百姓心目中享有很高的信誉。价格是公布价的 6 折左右。

（1）中国邮政小包。

一般 15 个工作日左右可送达。

优点：运费便宜，直接按首重 50 克续重 1 克计费，首重最低 5 元即可以发到国外；清关能力强，能邮寄物品种类齐全（如化妆品、包、服装鞋子、各种

礼品以及许多特殊商品等），派送网络遍布世界各地。

缺点：限制重量2千克，效率不理想，运送时间比较漫长，到达许多国家的货物状态无法在网站上查询跟踪。

（2）中国邮政大包。

中国邮政大包是区别于中国邮政小包的新业务。一般15个工作日左右可送达。对时效性要求不高而重量稍重的货物，可选择使用此方式发货。

优点：运费便宜，首重和续重都是1千克，清关能力比较强，能邮寄的物品种类繁多（如化妆品、包、服装鞋子、各种礼品以及许多特殊商品等），派送网络覆盖面广，遍及世界各地。

缺点：限制重量约20～30千克，运送时间比较长，到达许多国家的货物状态无法在网站上查询跟踪。

（3）中国香港邮政小包。

一般7～12个工作日可送达。

优点：资费低，全球统一价，以重量“克”为计量单位，不计首重和续重。速递快，丢包率低。一般货代给的价格在100～130元/10克。覆盖面积广，全球化，货物可以到达全球各地，只要有邮局的地方基本上都可以到达，拓展了外贸卖家的市场空间。

缺点：限制重量2千克以内，对物件的体积也有限制，对敏感物件限制较多，且运送时间较长，在内地代理商少，收货地点少。到达许多国家的货物状态无法在网站上查询跟踪。

（4）中国香港邮政大包。

正常运输时间7～12个工作日可送达。

优点：运费便宜，首重和续重都是0.5千克以上，长度小于1.5米。相对于其他运输方式来说，有绝对的价格优势。邮寄方便，服务范围可达全球各地，只要有邮局的地方基本上都可以到达。具有很高的信誉优势，且安全高效。中转速度快，中国香港作为国际航空中转站，是亚洲最大的中转中心。通关能力强，中转速度远高于其他地区。

缺点：限制重量30千克，运送时间比较长，到达许多国家的货物状态无法在网站上查询跟踪。

EMS就是Express Mail Service，中文全称是邮政特快专递服务，它是中国邮政提供的一种快递服务。

邮政EMS优势：网点多，全国没盲区，通达全国（包括乡村），是目前中国范围内最广的快递，全国2000多个自营网点，可以说国内任何一个地方都能派送到。到全国各大中城市为10天，到县乡20天。运营规范，实力有保证，安全性较高，货物丢失损坏率一直维持在1%以下。邮政EMS运货的车辆在某些方面会受到特殊照顾（如进出某些关口）。邮政EMS通达全球。法定节假日均保持营业，天天配送（农村地区节假日除外）。

EMS速度和几家国际快递公司差不多。缺点是定价灵活性不足，费用偏高，整体服务素质有待提高，效率有些地方不如快递公司。航空件可能比普通件还慢，国内件有的要自取。网站查询有待进一步改善。

在涉及快递公司派送不了的偏远地区或者派送比较贵重的商品时，选择EMS。一般来说，根据地区远近，EMS可在1~4天到达。

总体评价：以前EMS的服务和追踪系统跟不上，现在EMS的追踪系统水平提高了很多，虽然资费贵，但信誉度高，安全性比较高。

2. 民航快递

民航快递是唯一具有全国配送网络、“中国500最具价值品牌”和“亚洲品牌500强”的专业快递公司。民航快递价格和顺丰不分上下，都比较贵。网

点比顺丰的少，服务质量有待提升。靠以前积累的老客户（一般是公司客户）在维持。

3. 中铁快运

中铁快运具有网络资源优势和铁路运输安全、准时、快捷、环保、全天候优势。拥有全国铁路行李包裹运输资源。

中铁快运特别适合很重的大件商品、大件保价的商品，当商品走其他快递公司超过30元以上时，可以考虑用中铁快运。可以上门取件，帮忙包装，只要是全国有火车站的地方都到。但是只到站，如果到门，则会多收钱，一般50~200元不等。选择中铁要选择正规的中铁，不要选择个人承包的中铁。

三、大型民营快递企业

1. 顺丰速运

顺丰速运是一家主要经营国际、国内快递业务的港资快递企业。是目前中国速递行业中投递速度最快的快递公司之一。

顺丰速运网络全部采用自建、自营的方式，有国内同城件、国内省内件、国内省外件、香港件、即日件、次晨达、次日件，还可提供寄方支付、到方支付、第三方支付等多种结算方式。顺丰速运派送步骤：收货—到货—卸货—分拣—装车—出货。

顺丰速运优势明显：

（1）速度快，航空运输，快捷安全，在正常情况下可实现快件“今天收明天到”。有独立的免费包装袋。

（2）365天全天候服务，一年365天不分节假日提供服务。服务好，态度好，员工素质高，有全国统一服务电话，监督机制好。

（3）经营灵活。顺丰实行门到门、手对手交接、上门收件送件、对大顾客实行派驻专人给客户提供上门送件服务。收货检查细致，必须收货人本人签字，所以贵重商品、易碎商品宜选用此快递。

顺丰速运的缺点：

（1）在网点上的分布存在局限性。顺丰快递走的是中高端路线，网络覆盖只能在经济比较发展的乡镇及其附近的村庄。很多稍微偏远的地方还没有网点。

（2）费用普遍比其他快递贵。顺丰速运的服务质量和服务态度都很好，但是价位比市场平均水平高出一倍，适用于急件和贵重物品以及易碎品，但是重量一定不要太大。

（3）宣传力度不够，对外联络不够广泛、不够主动。

总体评价：在速度及安全性方面顺丰速运是国内民营快递中的佼佼者，只要航班能够起飞，可以直飞的城市基本上都是 24 小时内到货，中转城市可能需要 2 天，一般很少有超过 2 天的。但是网点较少，价格偏高。

2. 圆通速递

圆通速递的服务涵盖报关、报检、海运、空运、进出口货物的运输服务、中转、国际国内的多式联运、分拨、仓储及特种运输等一系列的专业物流服务，提供国内件、国际件、限时服务。

圆通以“安全、时效、服务、创新”为企业核心价值观。作为行业内老牌快递公司，经验丰富，网点也比较多。而且快递出了问题，可以找总部投诉。

圆通作为大众快递，速度是平价里相对快的，航空走货，在 3 ~ 4 天内到达。在北方比较普及，价格比其他快递公司便宜，为淘宝卖家常用的快递

公司。

缺点：存在丢件和盗件现象，而且服务态度有待提升，很多县级市和地级市尚且覆盖不到，在要求快递上门取件之前，一定要问好是否能送到目的地。

总体评价：网点比较多，北京、江浙沪地区、广州、深圳的速度还可以，一般在2～3天。有的省内包裹甚至需要3～4天，到小一点的城市5～6天都有可能。

3. 申通快递

申通快递的业务流程：客户下单—通知取件—上门取件—快件入库—分拨转运—出库派运—客户签收—交款交单。

特点：主要承接非信函、样品、大小物件的速递业务，主要经营市内件和省际件。

优点：价格相对便宜。采用航空运输，速度快，在4天内到达。运输相对安全，很少有损件的事故，但存在丢件和盗件，是淘宝卖家常用快递公司。网点最全，全国一般的城市基本上都有，全国任何地方都能到达。如果圆通公司到不了的可以选择申通公司，申通的业务员报价一般都很高，但可以砍价，一般的东西，不管到哪里12元以下就是正常价格。服务好，收货取货都是上门服务。

总体评价：网点多，速度有保障，江浙沪地区一般2天，一般大中城市3天内就能到，小城市可能4天左右，个别偏远地区如新疆的非省会城市可能需要5天。申通的价格也适中。

4. 韵达快递

韵达是具有中国特色的物流及快递品牌，结合中国国情，用科技化和标准化的模式运营网络，已在全国拥有一千余个服务规范的服务站点，致力于不断向客户提供富有创新和满足客户不同需求的解决方案，提供国内件和同城当天件服务。近距离管理和控制服务网点，限时把包裹送达收货人。开设韵达网站，为客户和服务网点查询提供便利。

总体评价：网点覆盖比较全，价格较便宜，但速度较慢。韵达物流快递公司服务人员数量众多，良莠不齐。流动性较大，服务态度有待提高。

5. 宅急送

宅急送曾经是国内最大的民营快递公司，以“安全、准确、亲切、视服务为生命”为经营训诫。网点比较全面，在全国有 3000 多个经营网点，网络覆盖全国2000 多个城市和地区。宅急送每年进出港货物逾亿件，真正做到了物畅其流，货通天下。服务质量好。在淘宝上的价格比较有优势，就是名气比较小。

宅急送大货物价格最好，货物安全有保障。

6. 中通快递

服务项目有国内快递、国际快递、物流配送与仓储等，提供“门到门”服务和限时（当天件、次晨达、次日达等）服务。同时，中通快递开展了电子商务配送、代收货款、签单返回、到付和代取件等增值业务，服务网点近 1800 个，分拨中心 36 个，运输、派送车辆 5000 多辆。

中通快递优点：价格优势。统一定价，量多优惠。

情感优势。首家开展快递情感祝福、道歉、礼物、温馨食品等情感快递。

服务优势。专业的办公热线，优秀专业的中通客服、优秀的派收业务员，及时为您处理问题。

缺点：速度一般，网点较少，投诉稍多。

总体评价：平价快递，速度一般，没有太明显的优惠，偏远地区价格更高些。

总结：EMS、顺丰快递、联邦快递的网点都是自建的，员工经过统一的培训体系培训上岗，价格相对其他快递较贵，如果要寄价值较高的物品这三家是最好的选择。

速度：联邦快递 > 顺丰快递 > EMS；安全性：联邦快递 > 顺丰快递 > EMS；递送区域：EMS > 顺丰快递 > 联邦快递。

其他国内民营快递的很多网点是加盟网点，所以包裹安全性大打折扣。就网点数量、服务质量来说，圆通、申通、中通、韵达、宅急送旗鼓相当，价格相差不大，所以寄一般包裹这些都是不错的选择。

各个快递公司都有自己的长处与不足，卖家可以根据实际情况考虑选用哪家快递公司。如果所出售的商品价值比较低，对时间的要求不太高，可以走中国邮政小包或大包。如果你所出售的商品价值比较高，或有许多特殊敏感商品，但对运送时间要求又不高，（如果国际 EMS 网络能到达的话）建议走国际 EMS。如果所出售的商品价值比较高，而且对时效的要求很高，最好是选择 DIIL、UPS、TNT、FEDEX，它们的价格是相对高一些，但时效有保证，发生问题处理比较及时。

省下来的是利润：教你降低物流费用

网店要想提高利润，不仅要开源，还要节流。对于网店来说，每个月有很大一笔邮寄方面的开销，虽然羊毛出在羊身上，邮费最终要转嫁给顾客，但对于同质量的产品来说，相同的价格，自然要选择邮费更低的公司，降低了运费将使我们的产品更具竞争力。对于生意好的卖家来说，一个月的邮费是非常多的，几乎相当于一个实体店铺门面的月租了。如果巧妙运用一些比较实用的技巧，减少运费开支，可以节省不少费用。

一、快递省钱攻略

如今快递公司的快递业务已经很完善了，服务一流，包裹由专人上门收取。快递员接收包裹后，顾客便可以通过网络、电话等随时查询包裹的位置和状态。由于快递的数量与快递员的工资直接挂钩，快递的服务态度特别好，可以不辞劳苦、不厌其烦地为你解答提问、帮助查询。快递省钱方面窍门如下：

（1）不同的快递公司到相同的地方收费不一样，建议索取快递公司报价单，发货之前相互比较一下，价比三家，选择价格最低的快递公司。

（2）鸡蛋不放在一个篮子里，选择快递公司也不要只在一家发件。如果发货量比较大，可以试着同时找几家快递公司，使它们产生竞争心理，价格战和

服务战自然就打起来了。“鹬蚌相争，渔翁得利”，此时的卖家就可以花小钱，享受高服务。

（3）部分快递公司对重量要求严格，有时超重一点就要多收费用，卖家可以自备小秤，如果超重较少可以拿掉一点填充物。

（4）快递公司的信用很重要，不要只图便宜。有些小公司确实便宜，但基本都是联盟性质的小公司，速度慢不说，还经常出现包裹丢失的情况。

（5）让快递员有危机感，不要让快递员感觉你已经是个稳定的客户了，总是把邮件交给一家来发，时间久了，自然会“因熟而失礼”，导致取件不守时，发件拖延等问题。

（6）把快递公司的发货时间了解清楚，免得因为某个公司的快递员较忙，而耽误你的发货。通常，下午发可以赶在当天晚上的班机，而第二天上午发是赶在第二天中午的班机。

各个地方的市场行情不一样，价格也不一样。大多数快递都是收15元。牧槿一开始也是实实在在地给15元。后来听说可以砍价，就常常砍到12元，用的是申通快递。再后来牧槿又找到另一家快递，一般只要8元，发了几次，速度太慢，一个件要4~5天才能送到，于是又改回用申通快递。结果申通快递的业务员一听牧槿用了别家快递，顿时产生了竞争心理，直接给牧槿全国10元的优惠价，即除了一些太远的地方，像云南、广西、新疆等外，其他地方全10元，有时候超重都不另外收钱。有时也用中通快递，速度和申通差不多，也给了全国10元的价格。但因为业务员不太守时，开始用得较少。但过了两天业务员又给出了8元的价格，于是，牧槿就换了中通快递。

二、邮局省钱方法

邮局的包裹分为普通包裹、快递包裹、特快专递三种。通常特快专递容易分辨，而普通包裹、快递包裹不易分辨，后两种包裹的邮费差了一倍多，都不承诺送达时间，不提供查询服务，在路上耽误十天半个月也是常有的事。所以填单时要擦亮眼睛，不同的包裹单颜色是不一样的，关键要看清楚最上面一行字。

（1）邮局普通包裹。

邮局普包的主要费用包括：包裹单，邮局包裹单0.5元/张，也可以在网上购买包裹单，网上大概0.25元购买到；邮费，以500克为计算单位，最好、最省的方法是买打折邮票，一般可以打7折；打包费，有些邮局对自带包裹箱的顾客收取打包费，如果想节省，可以自带封箱胶；包裹箱，邮局的包裹箱较贵，可联络卖鞋或卖电脑的朋友，鞋盒和电脑配件的盒子是很好的包裹箱材料，也可在网上购买，12号纸箱0.25元即可买到。

（2）邮局快递包裹。

邮局快递包裹与普通包裹几无差别。首重500克，费用在7~15元不等，视距离远近收取。邮局快递包裹速度并不快。

（3）邮政特快专递。

邮政特快专递简称EMS，由消费者付出较贵的费用以获得快速的邮政传递服务，常应用于必须快速发送的重要信函或邮件。是邮政系统最快的发货方式，使用航空邮递，一般省内24小时之内到达，外省一级城市之间48小时到达，全国范围内基本上是72小时到达，可以电话网络查询……邮递方式多样，方便快捷，安全，丢失的概率非常低，但价格相对来说比较昂贵，单据费是1.50元，业务首重规定为20元，1000公里内每增加500克加6元，1000公里以上每增加500克加9元，2000公里以上每增加500克加15元。东西很重的话寄起来费用不菲，不过如果一定要使用EMS，也是有办法省钱的。

现在的很多快递公司、物流公司，都有EMS代理业务，代发价一般是7~8

折，而且不收单据费。省时省心，不用自己跑邮局。

对于偏远地区的 EMS 建议交给快递公司处理，可以节省三成到四成的费用。除此之外，对于比较轻巧的物品，不妨邮寄挂号信，速度比较快，一般外省5~7天就到了。

包装时注意物品要多包几层以免积压损伤。邮寄首饰时建议大家不要使用挂号信，邮局都是机器盖章，很容易被压坏。挂号信资费标准：20 克以内，邮费 3.8 元（同城 3.6 元），每超重 20 克加 0.8 元。

发国际小包也可以找快递，如 EMS、UPS、DHL 等都可以拿到 5~7 折。有的还能走水路，但速度不理想，邮一个件要两个月。

一般来说，一个铁路大包不会超过 10 元，远的也不会超太多，适合一些不易碎或者包得坚固的大东西。缺点是要到火车站发货和取货，而且只能送到通火车的地方。

近水楼台先得月，向阳花木易为春。快运物流公司十分注重“地利”，一般都选择离批发市场或港口比较近的地方，北京的快运物流公司在大洋路，大连的在香炉礁，沈阳的在五爱。快运物流公司有的用火车发运，像中铁快运。有的用汽车发运，比如天天快运。一般来说，省内的物件（大约 25 寸电视加盒子那么大）不超过 10 元，省外的视路程而定，但肯定比平邮便宜，还比平邮快，比铁路大包略贵。

选择物流公司及谈判

网上开店的关键，一头是货源，另一头是物流。如何才能找到合适的快递公司？如何在物流方面节省点成本？要知道，节省的成本都是利润啊！但是，也不能以绝对节省成本为目标，如果快递服务不到位，可能导致用户的退货、差评等。

1. 选好快递公司最重要

开网店，选择一家好的快递公司，能够保证货物快速有效到达，能提高客户满意度，也能间接提高自己的店铺信誉。如果快递公司没有选好，会使快件延误损失了客户的购物体验，甚至丢失你的货物并拒绝赔偿，还会给网店造成经济损失，所以，选择可信赖的快递公司尤为重要。

选择一家什么样的快递公司，要根据自身的情况来确定。一般来讲，除了邮政的 EMS 是全球任何一个地方都可以到达外，其他的快递公司的覆盖范围都有盲点。

邮政的 EMS 价格比较贵，如果不是邮政的大客户的话，就要花一般快递两倍的价钱来发货；而且，邮政 EMS 的速度不如其他快递的速度快，一般的快递公司，发达地区或距自己比较近的地区隔日甚至次日即到，但邮政 EMS 往往要

慢上一两天。邮政 EMS 送件一般会送到收件人手中，或者是送到公司学校的收发室，允许单位的门卫和收发室签收，可能会造成收件人不能签收。但是，邮政 EMS“最不势利”，不管你身处经济发达的大城市，还是处在穷乡僻壤，山沟陋巷，它都能到达。你不必担心哪里能到，哪里不能到，全球无盲点的庞大网络让其他所有的快递公司都难以望其项背。

如果觉得邮政 EMS 价格太贵，可以选择你所在地区的快递公司，如今快递公司发展迅猛，竞争激烈，比较注重服务态度，一般来说，只要不是特别偏远的地方，大部分快递公司都能够把你的件送达目的地。

2. 发货前先查询收件地址在不在你选择的快递公司的派送范围

发货前先查询你发货的收件地址，是不是在你选择的快递公司的覆盖范围内。很多卖家发货前不进行查询，匆匆忙忙直接填单发货，往往会造成更多的麻烦：

一是你填的地址快递根本到不了，因为每一家快递都有自己的覆盖范围，一旦超出覆盖范围货物便无法送出。

很多地方的快递公司条件有限，不具备即时查询的条件，或者根本不提供查询服务，而且全国这么多地方，取件员也无法全面掌握哪里有网点，哪里没有网点。如果货已发出，送到没有网点的地方，货物便没法继续送。超出覆盖范围的货物，快递公司只能退回，或者转成 EMS。这样的话就需要多付 22 元的 EMS 费用。误事又多花钱，白白浪费时间。

二是收件地址能到，但不在派送范围内，这种货物被称为超区件，快递公司一般不予派送超区件，不提供送货上门服务，要求收件人自己去快递公司取货。遇到不挑剔的买家还好，遇到路途远不方便自提或嫌麻烦的顾客，直接给个中差评便得不偿失。

羽珮新店开张，由于经验不足，发往江浙地带一个快件之前没有做好充足的查询工作，结果几天后顾客很恼怒地质问羽珮，说是快递到他所在的市就不往下派送了，他在这个市下面的一个县城，快递公司打电话让他去取，但相距几十公里，如何去取？最后经过他与快递公司的沟通协调，又花了10元才让班车给捎到县城。

顾客遇到这种事，当然生气，第一时间肯定是找卖家。庆幸的是这个顾客很通情达理，经过羽珮真诚道歉后，顾客怒气消了，也不再追究羽珮的责任。

在淘宝，因为快递原因得中评或差评的卖家比比皆是，这也是除了产品质量和服务之外，得中差评的另一大因素。

三是如果收件地址恰好在快递公司的派送范围，便再好不过。但我们面对的顾客天南海北，而快递公司却未必有这么大的覆盖范围。所以，不要寄希望于每次都这么好运，还是踏踏实实做好发货前的查询工作，以确保安全快捷地把货品送达顾客手中。

3. 少花钱多发货绝招：和快递砍价

和快递公司议价，就像顾客到店里购物要议价一样。很多人直接选择淘宝推荐物流下单，或者是不习惯讲价，甚至看不上那几元钱，殊不知，积少成多，生意是一元一元赚的，节流也要一点一点的节省。等每月不菲的快递费单摆在你面前，就知道讲价的必要性了。

其实，无论是淘宝推荐物流网上下单的快递，还是你自己联系的快递公司，都是可以讲价的。

不过最好是固定一家或几家快递公司，这样能成为快递公司的老客户或大客户，久而久之，你就可以根据自己的业务量向快递要求降价。

现在快递公司竞争激烈，很多快递公司害怕失去稳定客户，往往就会给出

比较优惠的价格。

现在羽珮的网店已经做到了皇冠，她积累了相当多的经验，她现在发货经常选择圆通快递，只有圆通快递到不了的地方，才选择申通或其他快递。羽珮通过与圆通快递多次协商约定，保证经常在圆通快递发货，圆通快递给予了羽珮一定的优惠价格，这样，每个月算下来，省了不少钱。

千万别不好意思议价，一般快递公司上门收件都会收一个高价，不讲价会白吃亏。同一家快递公司、同一份快递，出现不同价格是普遍现象。由于快递公司多采取加盟制，对于快递费，各加盟网点有一定的定价自主权。当然，发件量越多，价格才能越低，如果你一个月只发一个件，估计快递公司也不一定会给你多少优惠。邮政 EMS 也可以讲价，发货量大的话，可以跟邮政 EMS 协商，签约成为其大客户，几乎能省下一半的费用。

砍价是要讲求技巧的，要学会跟快递员砍价，比方说："这个件别家公司几元钱就可以发，你要的太贵了，便宜点吧，我以后就在你这边发了，不便宜就只能改用其他家快递公司了。"说话要成熟一些，显得有经验，且内行。

沁沁就是个谈价高手，下面是她和快递员的一段经典谈价对话。

沁沁问："你们发快递多少钱？"

快递员说："15 元上门拿件！"

沁沁说："你的报价太贵了。我是做网店的，经常发货，你这边最低多少钱？"

快递员说："做网店的啊？你现在一天几个件？"

沁沁说："大概三四个，我现在是跟申通做的。"

快递员说："那给你 13 元吧！"

沁沁说："不是吧？！这么贵啊！"

快递员说："最低 10 元，不能再少了。"

沁沁淡定地说："我以前发货都是8元的，你这边贵了点。"

快递员稍微考虑了下："那你全从我这边走，我也能发这个价钱。"

沁沁说："一般都是这个价钱的，我现在暂时还发它们的，我先发几个看看你们速度怎么样，可以的话我以后全部都走你们。"

快递员说："好，以后有件给我打电话吧！"

快递的贵和便宜其实就取决与你的发送量和你跟业务员沟通的技巧，在中等城市一般业务员的量都不算多，因为生意难做，就算量小他们也会去努力争取。但是对量少的客户给低价他们心里并不愿意，甚至是很矛盾的，当快递员犹豫不决，不知道是否该接这个货物时，就要舌绽莲花，靠你的口才发挥作用了。

4. 发货前先把快递单填好

这样可以省事省时。如果经常选择一家快递公司发货，可以要一些空白快递单，方便有快件时填好单直接发货。快递员也乐于这样做。否则，等快递公司上门取件时再要快递单，填单子，非常浪费时间。

5. 跟踪物流保证快捷安全

快递公司发货后，会及时把单号通过系统传到网上，就可以很方便地查询货件的行踪。作为卖家，经常关注自己发货的物流情况是一个很好的习惯，如果中间出现问题，能及时联系，及时向买家通报情况。

查询物流的便捷方法是，找到我的淘宝，在已卖出的交易中，点击详情，就会出现详细的交易页面，点击收货和物流情况，输入单号，点击查看详情，进入交易发货页面，点击右上角的单号，就可以跟踪到物流情况。

具体流程为：我的淘宝—已卖出的商品—卖家已发货详情—物流和收货信

息—查看详情—点击单号—把查询情况告诉客户。

当然，前提是发货后及时把货单号填在已卖出的商品里，只有发货状态变成“卖家已发货”才可以供查询。作为一名卖家，一定要及时跟进物流情况，掌握货件的行踪，就像风筝飞得再远都有线牵着一般，要掌握主动权，最忌买家来问时，一问三不知。